MW00815428

La Biblia de Internet

Miguel Lederkremer

PC Forum S.A.
Moreno 2062, 1094 Buenos Aires, Argentina
Tel. 954-1884, fax 954-1791

ISBN 987-97441-0-1

Hecho el depósito que marca la ley.

Primera edición impresa en febrero de 1999, Sociedad Impresora Americana S.A.I.C. ,
Lavardén 153/157, Capital Federal, Argentina.

Nada se hace sin un buen motivo.
Estar conectado con la gente que quiero es para mí
una buena razón para usar Internet.
Dedico entonces este libro...
A mi papá, Jehoszua (lederkremer@yahoo.com),
que a los 68 años se convirtió
en "La Fiera del Correo Electrónico".
A mi mamá, Rosa (lederk@quimor.qo.fcen.uba.ar)
que me envía e-mails para invitarme a cenar.
A mis hermanos, Javier (mostrance@yahoo.com)
y Gerardo (gerardo@post.tau.ac.il), que viven lejos,
pero gracias a Internet, los tengo un poco más cerca.
A los amigos, que me mandan chistes
y me invitan a tomar cerveza por e-mail.
A Silvina Jara, por haber estado a mi lado
durante la gestación de este libro.

Sobre el autor...

Miguel Lederkremer se formó como periodista de computación en la revista PC Users, a la que ingresó en 1992. En los últimos años se especializó en Internet, dictando más de un centenar de seminarios a lo largo de todo el país y escribiendo en 1996 el libro Internet Para Todos. Actualmente se desempeña como Director Editorial de MP Ediciones. Cuando no está conectado le gusta ver películas, remontar su barrilete doble comando y andar en moto.

Ilustraciones: LUNIK

Prólogo

En el principio el Hombre creó la Computadora.
Y dijo el Hombre: no es bueno que la Computadora esté sola, la pondré en red.
Luego dijo: que toda la Humanidad esté conectada, y así fue Internet...

En junio de 1996, cuando terminé de escribir "Internet para Todos", Internet cumplía un año de vida en nuestro país. Las cosas cambiaron mucho desde aquel libro, basado en Netscape 2. Hoy en día, Windows 98 trae incluido Internet Explorer 4, y sobre él está escrito este libro.

Luego de publicar mi libro anterior, comencé a dar clases y a dictar el seminario "Internet - Primeros Pasos"; así pude conocer bien de cerca los problemas y las dudas más comunes de la gente. En los últimos meses, la gente empezó a conectarse masivamente a Internet, y las consultas que me hacían familiares y amigos comenzaron a multiplicarse de manera alarmante. Esto terminó de decidirme: "*Tengo que escribir un libro para explicarles a todos de una sola vez, sólo así voy a poder descansar en paz*".

Otro motivo para escribir este libro fue esa excitación de conocer algo buenísimo y querer compartirlo con la mayor cantidad de gente. Internet es una verdadera revolución tecnológica que cambiará nuestra vida cotidiana en los próximos años: la nueva economía basada en la información, las comunidades virtuales, el teletrabajo, el fin de las distancias, la aparición de una nueva conciencia global...

De todos modos, aclaro que dediqué muy poco de este libro a reflexionar sobre Internet, creo que ya hay suficientes opiniones dando vueltas. Preferí concentrarme en dos cosas: **qué se puede hacer** en Internet y **cómo hacerlo**, para que experimente usted mismo este viaje alucinante.

Puede leer el libro de corrido, consultarlo como manual de referencia (utilice el completo índice alfabético)

A lo largo del libro encontrará estas viñetas:

Curiosidades, datos divertidos y locuras varias que podemos encontrar en Internet.

Información valiosa, direcciones clave, respuestas a preguntas frecuentes...

Trucos para realizar distintas tareas de manera más rápida o eficaz. Consejos sabrosos de un usuario experimentado.

Información y trucos para usuarios avanzados o inquietos. ¡Todos llevamos un genio adentro (el asunto es encontrarlo)!

¡Esas palabras raras ya no pueden asustar a nadie después de leer su definición!

Problemas típicos o metidas de pata frecuentes con los que se cruza el usuario y cómo evitarlos. ¡Guarda la tosca!

o puede abrir cada tanto una página al azar (como suele hacerse con la Biblia) para leer una de sus simpáticas viñetas con trucos y consejos prácticos.

¿Por qué "La Biblia de Internet"? Suena un poco pretencioso, ¿no? Le puse La Biblia, no porque éste sea el libro definitivo, sino porque pretende ser un libro de iniciación, una guía para entrar en un mundo nuevo. Espero que les resulte útil y divertido.

Miguel Lederkremer
Febrero de 1999

EN EL CD-ROM

10 HORAS GRATIS DE INTERNET

Encontrará el formulario para pedirlas en la carpeta \SSD del CD. Sólo debe completarlo y enviarlo por fax al teléfono indicado. En la misma carpeta encontrará también una lista de nodos en más de 30 ciudades de la Argentina a los que puede conectarse con esta promoción.

SOFTWARE

Más de 100 programas en 8 categorías, entre ellos, Internet Explorer 4.01 y Netscape Communicator 4.5. A los más avanzados les recomiendo Outlook 98, el poderoso programa de correo y agenda personal de Microsoft en versión completa y sin límite de tiempo (sección E-mail).

TUTORIALES PASO A PASO

Instrucciones para realizar distintas tareas. Atención, hay material adicional al del libro, como la explicación detallada para diseñar y publicar gratuitamente una página web o el curso completo del programa ICQ.

TESTS DE AUTOEVALUACIÓN

Al final de cada capítulo ponga a prueba los conocimientos adquiridos intentando pasar estos entretenidos tests de preguntas y respuestas.

HUMOR

Acá podrá ver los fabulosos chistes que ilustran este libro. Pero eso no es todo: en la carpeta \humor\jpg encontrará los chistes en formato JPG ¡para que se los envíe a sus amigos por e-mail!

VIDEOS

Le muestran cómo instalar un módem interno y externo.

CÓMO CONTACTAR AL AUTOR

Si tiene comentarios sobre el libro o sugerencias para una próxima edición, puede enviar un e-mail al autor (leder@mponline.com.ar) incluyendo la palabra `Biblia` en el asunto del mensaje.

contenido

contenido

contenido

¿Por dónde empezar?

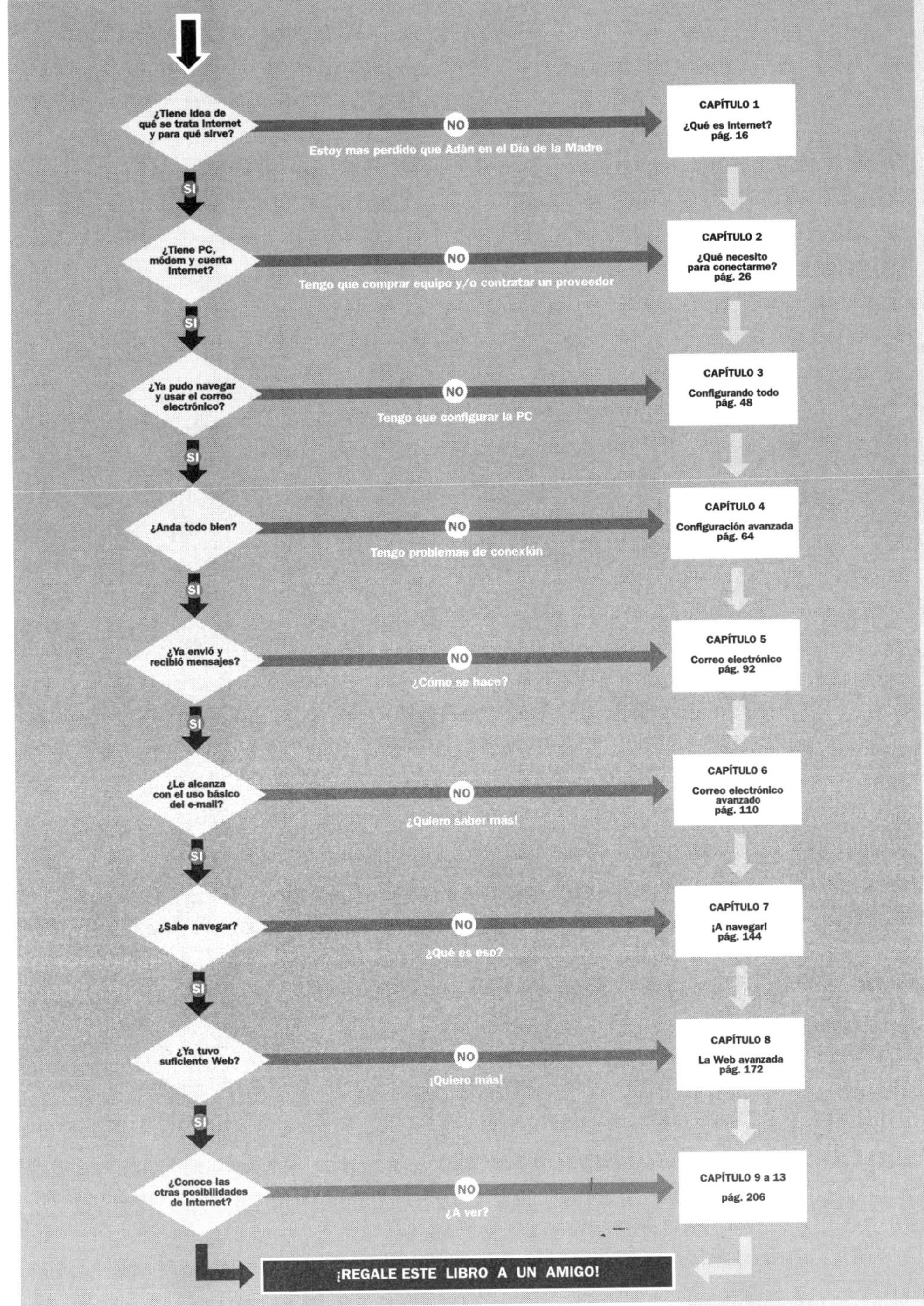

¿Tiene idea de qué se trata Internet y para qué sirve?
NO
Estoy mas perdido que Adán en el Día de la Madre
CAPÍTULO 1
¿Qué es Internet?
pág. 16
SI
¿Tiene PC, módem y cuenta Internet?
NO
Tengo que comprar equipo y/o contratar un proveedor
CAPÍTULO 2
¿Qué necesito para conectarme?
pág. 26
SI
¿Ya pudo navegar y usar el correo electrónico?
NO
Tengo que configurar la PC
CAPÍTULO 3
Configurando todo
pág. 48
SI
¿Anda todo bien?
NO
Tengo problemas de conexión
CAPÍTULO 4
Configuración avanzada
pág. 64
SI
¿Ya envió y recibió mensajes?
NO
¿Cómo se hace?
CAPÍTULO 5
Correo electrónico
pág. 92
SI
¿Le alcanza con el uso básico del e-mail?
NO
¿Quiero saber más!
CAPÍTULO 6
Correo electrónico avanzado
pág. 110
SI
¿Sabe navegar?
NO
¿Qué es eso?
CAPÍTULO 7
¡A navegar!
pág. 144
SI
¿Ya tuvo suficiente Web?
NO
¡Quiero más!
CAPÍTULO 8
La Web avanzada
pág. 172
SI
¿Conoce las otras posibilidades de Internet?
NO
¿A ver?
CAPÍTULO 9 a 13
pág. 206
¡REGALE ESTE LIBRO A UN AMIGO!

Sólo para tontos

En realidad, nadie es "tonto" para la computación, sólo hay gente que necesita pasar más horas frente a la PC, a la que yo llamaría, más bien, "inexperta". En esta sección van, entonces, algunas aclaraciones para inexpertos, que los "genios" pueden saltear sin problemas (o pueden leer cuando nadie los esté mirando).

ALGUNAS EXPRESIONES COMUNES QUE ENCONTRARÁ EN EL LIBRO	
Abrir	Hacer clic con el mouse sobre un elemento para ver su contenido. Puede ser un ícono, un menú o un elemento cualquiera (como un mensaje). En algunos casos, debe hacer doble clic (sólo la experiencia le dirá cuándo).
Alt derecha + 2	Pulsar la tecla Alt de la derecha (Alt Gr) junto con el 2.
Arrastrar	Mover un objeto de un lado a otro. Para lograrlo: 1. Pulsar el botón del mouse encima del objeto 2. Sin soltar el botón, llevar el objeto hacia el destino deseado 3. Soltar el botón del mouse.
Caja de diálogo	Cualquier ventana donde su PC le está preguntando algo.
Clic derecho	Hacer un clic con el botón derecho del mouse sobre un elemento.
Doble clic	Hacer clic dos veces seguidas con el botón del mouse (sin moverlo, por favor).
Seleccionar	1. Marcar un elemento para luego realizar una acción sobre él. El elemento debe quedar "pintado". Para seleccionar texto se hace clic en el comienzo del mismo y se arrastra el mouse hasta el final. 2. Elegir una opción determinada de un menú o una caja de diálogo.

10 consejos para principiantes

1. Tómese su tiempo para leer, con atención y paciencia, **toda la pantalla**. ¡La solución a sus dudas está ahí!
2. Si hay una caja de diálogo frente a usted, es porque la máquina le está preguntando algo. Léala cuidadosamente. **No podrá hacer nada** hasta que no decida qué acción seguir (generalmente, las opciones son Aceptar, Cancelar o Cerrar). Ante la duda, Cancelar.
3. Si quiere saber **para qué sirve un botón** de la barra de herramientas, detenga un segundo el cursor del mouse sobre él, y aparecerá un cartelito indicando su función.
4. **Un campo** es un cuadro en blanco dentro del cual se espera que usted tipee texto (por ejemplo, el campo de direcciones de Internet Explorer o el campo de búsqueda de Yahoo!). Para llenar un campo: 1. haga clic dentro de él, 2. tipee el contenido deseado, 3. pulse Enter. Si hay más de un campo, puede pasar al siguiente con la tecla Tab.
5. **Configurar** es ajustar las opciones de un programa para que se comporte como queremos. Esto se hace, por lo general, desde `Ver` ➡ `Opciones` o `Herramientas` ➡ `Opciones`. Revise las `Opciones` de los programas, siempre se descubre algo interesante.
6. **Investigue**, recorra todos los menúes, pruebe todo, no va a romper nada.
7. ¡Consulte la **Ayuda** del programa! Así aprendí yo.
8. La **Barra de estado** de los programas es el borde inferior de la pantalla. Préstele atención: suele haber información útil.
9. Si todo falla, pruebe **la tecla Esc**. Si sigue fallando, **apague y prenda la PC**.
10. Si no hay caso, antes de llamar otra vez a su amigo el que sabe, anote el error con detalle y la serie de acciones que lo llevaron a él. Y, por favor, cuando venga a ayudarlo, no lo haga tipear encima de su hombro, ¡lo menos que puede hacer es dejarle su asiento!

¿Qué es Internet?

Internet es el medio de comunicación definitivo, la tecnología que cambiará de manera drástica la manera en que vivimos. Dentro de poco tiempo, tener Internet será tan común como tener televisión. En esta introducción, veremos qué es, cómo funciona y para qué sirve.

1

Capítulo 1

Redes

SERVIDOR
Es una máquina que ofrece algún servicio (archivos, impresión u otros) a las otras de la red, llamadas clientes.

Internet es una **red de computadoras**, esto es, muchas máquinas conectadas entre sí. Si en su oficina usted trabaja con una PC, seguramente lo hace en red. Cuando desde una máquina usted accede a los archivos que están en el disco de otra máquina, está utilizando una red. Cada vez que envía algo a imprimir y el documento sale por una impresora conectada a otra PC, está utilizando una red. La idea de una red es **compartir recursos e información** entre computadoras. Cualquier empresa que tenga más de 10 PCs, seguramente las va a disponer en red, para poder intercambiar fácilmente información entre ellas y aprovechar al máximo recursos como discos e impresoras. Para entender el uso de una red en la oficina, veamos un par de ejemplos de redes.

- La gente del sector Arte de nuestra editorial necesita utilizar una impresora láser color, que cuesta unos $10.000. En Arte hay unas 10 computadoras; sería una locura poner una de estas impresoras por cada máquina. Pero como están conectadas en red, compramos sólo una y todas las máquinas imprimen en la láser color sin problemas.
- La lista de los libros que vende una librería es un archivo muy grande. No es práctico copiar ese archivo en cada PC del negocio. En lugar de eso, la base de datos se deja en una sola máquina, llamada **servidor**, y todas las demás acceden a esa base de datos a través de la red.

Para que las máquinas se puedan conectar en red, necesitan dos cosas:

- Una **conexión física** entre ellas.
- Un **protocolo**: lenguaje en común para que las máquinas puedan entenderse entre sí.

Los ejemplos mencionados arriba son de una red tipo **LAN** (*local area network*, red de área local); así se llaman las redes que unen a las máquinas dentro de un área chica, un edificio o un grupo de edificios. En este

caso, la conexión física entre las computadoras es un cable que se conecta a las placas de red de las distintas máquinas.

Muy bien, imagínese que se conectan en red todas las computadoras del mundo y que puede leer la información disponible en cada una de ellas. Eso es Internet: una red, igual que una LAN, sólo que, en lugar de conectar 50 computadoras en un edificio, conecta 50 millones de computadoras en todo el planeta.

Ahora, usted, un lector inquieto, se preguntará *"¿cuál es el cable que conecta todas las computadoras del mundo, pasa por mi casa y conecta mi máquina?"*... ¿Qué cable podemos aprovechar, que pasa por casi todas las casas? Sí, **la red teléfonica**.

Conexión Telefónica a Internet

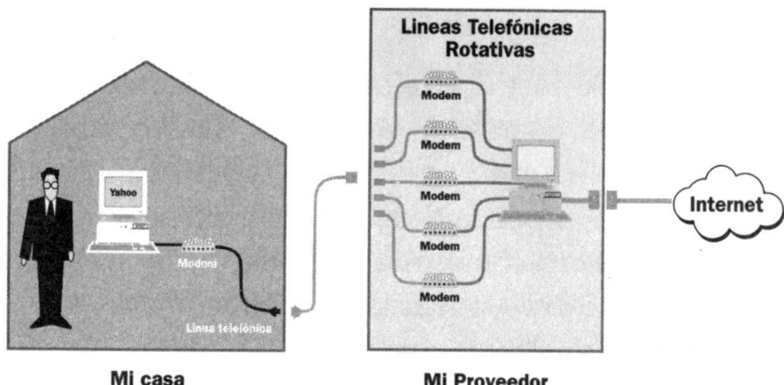

Para conectarnos a Internet llamamos con la computadora, mediante un módem, a la computadora de nuestro proveedor Internet. Él se encargará de conectarnos con el resto de la Red. Por eso podemos conectarnos a cualquier computadora del mundo pagando solamente una llamada local.

Los servicios de Internet

Internet ofrece distintos y variados servicios. Éstos son los más utilizados por ahora:

- **World Wide Web**
- **Correo electrónico**
- **Grupos de noticias** o ***newsgroups***
- **Teleconferencias** o **chat**
- **Videoconferencia** y **telefonía**

¿Por qué digo "por ahora"? Porque Internet es nada más que un montón de computadoras y los cables que las unen. Esta infraestructura se puede utilizar de muchas maneras diferentes; cada una de ellas es lo que llamamos un servicio, que utiliza un distinto protocolo. Entonces, a los servicios de los que hablamos en este libro, vaya a saber cuántos más se irán sumando a medida que los inventen...

¿Para qué sirve Internet?

Muy bien, veamos algunos ejemplos concretos de lo que usted puede hacer en Internet.

- **Comunicarse con otras personas**
  El **Correo Electrónico** permite enviar y recibir mensajes al instante entre usuarios de Internet, de manera tan sencilla y cómoda, que está desplazando al correo, al fax e, incluso, al teléfono. En **Telefonía y videoconferencia** veremos cómo hablar con otros usuarios de Internet, realizando llamadas de larga distancia prácticamente gratis e, inclusive, cómo verse las caras usando una camarita conectada a la PC.
- **Obtener información**
  La **Web** es una gigantesca enciclopedia mundial donde es posible encontrar DE TODO: cuál es la mejor película para ir a ver esta noche, una receta de locro, una foto de Valeria Mazza... Toda la información del mundo está a un clic de distancia, sólo hay que saber encontrarla.
- **Hacer compras**
  Librerías virtuales con millones de libros y CDs disponibles, completos shopping centers donde podemos comprar desde pizza hasta un elefante. Todo desde casa, con la tarjeta de crédito y sin ni siquiera levantar el teléfono.
- **Conocer amigos, conseguir pareja**
  No les voy a mostrar exactamente cómo se hace, pero les voy a dar una idea. En **Teleconferencias**, veremos cómo juntarse virtualmente con personas de todo el mundo para un vertiginoso intercambio de mensajes

La Web es una gigantesca enciclopedia mundial donde puede encontrar de todo.

¡INTERNET NO ES DE NADIE!
Así es, Internet es sólo un estándar en el que se pusieron de acuerdo muchos países, un sistema al que se puede "colgar" el que quiera. Un ejemplo similar es la red telefónica mundial: llamamos de una parte del mundo a la otra, gracias a que todas las empresas involucradas se entienden entre ellas.

escritos en vivo: el **chat**, una nueva manera de comunicarse que está revolucionando la relación entre las personas.

- **Conseguir programas**
  Se puede conseguir gratuitamente todo tipo de programas en la Web, desde uno que le calcule su carta natal o un jueguito, hasta un programa antivirus.
- **Discutir ideas**
  En **Grupos de Discusión** veremos cómo participar de foros públicos, donde el mensaje que usted envía es leído por miles de personas. Estos grupos crean comunidades virtuales y son la manera ideal de realizar consultas sobre algún tema específico o contactar gente que comparta sus intereses.
- **Leer las noticias**
  Todos los diarios importantes del mundo tienen su versión electrónica en Internet. Para qué talar miles de árboles, hacer papel, llenarlo de tinta y repartirlo con camiones por todo el país, si puede leer las noticias de manera mucho más limpia, rápida y, sobre todo, gratuita, ¡por Internet!

Internet es una red que conecta 50 millones de computadoras en todo el planeta.

El adiós a la televisión

La Web es el servicio más popular y el que se está instalando como el nuevo medio masivo de comunicación. Para entender sus características revolucionarias, comparemos la Web con la televisión, algo que todos conocemos.

¿Cómo funciona la televisión? Una persona (con mucha plata y poder) envía su programación a todo el mundo y la gente la mira. La televisión es un sistema de **uno hacia muchos**: la información se mueve en **una sola dirección**, de la estación de TV al telespectador. La televisión no promueve la comunicación entre los televidentes; basta ver la típica escena familiar en las casas donde está prendida durante la cena: los integrantes de la familia no hablan entre sí, ni siquiera se miran, todos contemplan la pantalla con la boca abierta.

Internet es, a diferencia de los medios de comunicación tradicionales, un sistema de **muchos hacia muchos**. A un coleccionista de Taiwan le interesan las mariposas y pone todo sobre ellas en su página en la Web. Yo entro a un sistema de búsqueda, escribo "mariposas", encuentro su página y la recorro. Me conectaré con la misma facilidad al diario La Nación, leído por millones de personas, que a la revistita punk que hacen dos estudiantes de España. En Internet, cualquier persona, sólo con tener su computadora conectada, puede poner su página en la Web. **¡Su propio canal de televisión!** En los foros públicos, puedo fácilmente dejar un mensaje que será leído por miles de personas en el mundo. Esta manera de comunicarse, **grupal y en todas las direcciones**, no existía hasta ahora.

Internet es un sistema de muchos hacia muchos.

En la televisión, nuestra actitud es **pasiva**: podemos usar el control remoto para elegir distintos canales, pero nunca modificar su contenido. La Web, por el contrario, es **interactiva**, pues para navegarla, debemos realizar elecciones constantemente: hacer clic en distintos elementos, realizar búsquedas e, incluso, podemos agregar nuestra propia información.

El problema con la televisión es físico; radica en la tecnología misma, que está pasada de moda: los mensajes se disparan al aire (o al cable), no se pueden enviar a un

usuario específico, los espectadores son una gran masa indistinguible.

En Internet, por el contrario, cada persona que se conecta tiene una dirección única (su dirección IP), y cada paquete de información que viaja por Internet lleva un destino preciso.

En ese sentido, Internet se parece más a la red telefónica, con la diferencia de que en el teléfono, cuando se establece una llamada, quedan ligados físicamente los dos aparatos, y para hablar con otra persona, tenemos que cortar la comunicación y volver a marcar. En Internet, sólo hay que "ponerle otra dirección" al próximo paquete que uno envíe, la conexión entre computadoras es dinámica.

Internet es un medio de comunicación más inteligente que la televisión.

Así, vemos cómo Internet es el medio de comunicación más **inteligente** inventado hasta el momento, un sistema que permite el **multicast**: un sitio en Internet le puede enviar **a cada usuario lo que pide en el momento en que lo desea**. En comparación, la televisión es bastante boba para transmitir información, es un sistema de **broadcast**: le envía a **todo el mundo lo mismo, al mismo tiempo**. Si usted llegó tarde a su casa para ver a Tinelli, se lo perdió. Tinelli, en un par de años, será un sitio en la Web, al que usted se podrá conectar cuando quiera para ver cualquiera de los programas de los últimos meses.

La televisión	Internet
65 canales	Millones de sitios
De uno hacia muchos	De muchos hacia muchos
Unidireccional	Multidireccional
Pasiva	Interactiva
Broadcast	Multicast
Controlada	Libre
Para ser emisor hace falta mucho dinero	Cualquiera puede emitir

Y, por último, la característica más revolucionaria (y polémica): a Internet **no la controla nadie**, los usuarios pueden publicar en la Web lo que se les ocurra. Esto es lo que le puso los pelos de punta a la conservadora sociedad norteamericana cuando, hace un tiempo, intentó (sin éxito, por suerte) censurar el contenido de la Red.

Ya sé, señora, usted se estará diciendo: "¿Entonces mi nene va a poder ver cualquier porquería en la Red?". No necesariamente, porque muchos programas utilizados para navegar la Web, como Internet Explorer, tienen **filtros** que se pueden activar para controlar qué páginas se pueden ver y cuáles no en su casa. Esta alternativa es mucho más saludable que la censura centralizada (en el capítulo La Web Avanzada se explica cómo activar estos filtros).

EN EL CD

Test de autoevaluación

Todo esto hace que Internet sea increíblemente libre y democrática como nunca lo fue ningún medio de comunicación hasta hoy. Las posibilidades que ofrece aún están descubriéndose. Internet parece sacada de las utopías anarquistas: un espacio sin autoridades ni poder central, en el cual podemos expresarnos e interactuar libremente.

¿Qué necesito para conectarme?

Tiempo libre y dinero, eso es lo que necesita para conectarse a Internet. ¿Cuánto tiempo? Con este libro, en una hora sale andando. ¿Cuánto dinero? Digamos unos $ 900 para comprar la PC con todo lo necesario y unos $ 50 por mes para pagar al proveedor de Internet y la cuenta telefónica. ¿Necesita más detalles? ¡Lea este capítulo!

2

Capítulo 2

Para conectarse a Internet, necesitará:

INGREDIENTES NECESARIOS

1. Una PC
2. Línea telefónica
3. Módem
4. Cuenta con un proveedor de Internet
5. Software
6. ¡Este libro!

Veámoslos uno por uno, en detalle.

La PC

Procesador y memoria

Cualquier computadora, hasta una vieja 386 (¡hasta una Mac!), sirve para conectarse a Internet. La velocidad de la conexión está dada más por el módem que por la velocidad de la computadora. Si va a comprar una PC ahora, mi recomendación es que no se compre el procesador más rápido que hay en el mercado, porque pagará muy caro el precio de ser el pionero. Es preferible comprar un procesador no tan veloz, y la plata que se ahorró gastarla en más memoria RAM o en una buena placa de video; se notará mucho más en la performance de la máquina. En este momento, por ejemplo, estoy escribiendo en Vilma, una notebook Pentium 120, un procesador lento para lo que hay ahora, pero como tiene 32 MB de RAM, anda muy bien.

EN EL CD

La PC por dentro
Sección Videos

Disco rígido

El disco no lo tiene que preocupar, lo más chico que hay ahora en el mercado es 2 GB (2 "gigas", unos 2.048 megas), de sobra para casi cualquier usuario. Para que tenga una idea, mi carpeta `Windows` ocupa 250 MB y mi carpeta `Archivos de programa`, cargada con docenas de programas, 170 MB.

¿Y las notebooks?

Las notebooks (PCs portátiles) están bárbaras, no ocupan lugar, las podemos llevar de un lado al otro y hay módems del tamaño de una tarjeta de crédito para conectarnos a Internet desde cualquier parte del mundo donde haya un enchufe de teléfono. La mala noticia es que las notebooks cuestan más del doble que una PC desktop (la PC estándar de escritorio) equivalente.

Sonido

La tarjeta de sonido, definitivamente, vale la pena. Nos permitirá oír las páginas de Internet con sonido, escuchar las emisiones de radio por Internet y, principalmente, ¡utilizar Internet para hablar gratis a larga distancia! Todas las PCs actuales se venden con tarjeta de sonido y parlantes. Si usted no tiene, por menos de $ 50 puede comprarse ambas cosas.

CD-ROM

La mayoría del software viene hoy en día en CD-ROM, incluyendo muchas veces los programas que le da el proveedor para conectarse. Es cierto que casi todos los programas se pueden bajar de Internet, pero bajarse, por ejemplo, Microsoft Internet Explorer 4.01 completo demora varias horas (¡es más barato comprar este libro, que trae incluido el IE 4.01 en el CD!).

DATOS ÚTILES

CELULARES

Conectarse utilizando un teléfono celular es posible: necesitará un módem especial para conexiones celulares (norma MNP10). Sin embargo, la velocidad obtenible es muy lenta y tendrá que pagar caro el tiempo de aire del celular mientras esté conectado.

La línea telefónica

Para conectarse a Internet, necesitará tener una línea telefónica donde conectar el módem. Recuerde que mientras esté conectado a Internet, nadie más podrá utilizar la línea. Si piensa pasarse largo rato navegando, para no quedar incomunicado con el mundo puede pedir a su empresa telefónica el servicio **CALL** (Telecom, $ 3 al mes) o **Memobox** (Telefónica, gratis). Cuando usted dispone de este servicio, si su línea está ocupada, la gente le puede dejar mensajes que quedan almacenados en la central telefónica. Otra opción, más barata, es el servicio de **Señal de Llamada en Espera** ($1,80 por mes, Telecom); si configura su PC de cierta manera, puede hacer que la conexión se interrumpa cuando llama alguien, y atenderlo.

Si en su familia son muchos y piensa utilizar a menudo Internet, considere pedir una línea adicional, ya no son tan caras.

VER...
Pág. 79
¿Y si llama alguien mientras estoy conectado?

¿Cuánto cuesta la llamada?

Las llamadas por módem cuestan lo mismo que las llamadas comunes: para la empresa telefónica es lo mismo si se están comunicando dos computadoras o usted con su tía. Pero más importante aun, se trata de una **llamada local**. Aunque se conecte vía Internet a una computadora en Hong Kong o en Tailandia, la llamada telefónica que usted realiza es sólo hasta su proveedor Internet, que, si tiene suerte, está en su misma ciudad. Las conexiones internacionales van entonces por cuenta del proveedor, usted sólo paga la llamada local.

Por si no sabe los costos telefónicos, en la Argentina una llamada local (hasta 30 km) cuesta unos $ 0,80 la hora en horario reducido (lunes a viernes de 20 a 8, sábados a partir de las 13 y domingos todo el día). En horario comercial, la tarifa telefónica es el doble, $ 1,60 la hora (pero en horario comercial, llamamos desde el trabajo, así que mucho no importa, ¿no?).

Haciendo cuentas, para un adicto moderado como yo, que se conecta un par de horas todas las noches, la factura telefónica puede subir unos $ 60 por mes. Cuando mi proveedor habilitó una línea 0610, esta cifra se redujo a la mitad.

DATOS ÚTILES

EL PULSO TELEFÓNICO

Desde el 1-oct-98 vale u$s 0,0459 + IVA. En horario comercial es un pulso cada 2 minutos, si no, es uno cada 4 minutos (15 pulsos por hora).

El 0610

Algunos proveedores, además de sus números telefónicos comunes, ofrecen un número de acceso 0610. Al llamar a un proveedor Internet por una línea 0610, las empresas telefónicas le hacen un descuento sobre la tarifa normal, según el siguiente esquema:

CAMBIO EN LA NUMERACIÓN

A partir del 24 de enero del 99 debe agregar un 4 al número telefónico de su proveedor internet. Si es un número 0610, debe repetir dos veces más el número siguiente al 0610. Ejemplos: 678-2342 pasa a ser 4678-2342, el 0610-2-5634 pasa a ser 0610-222-5634.

Telecom: cobra la llamada a mitad de precio a partir de los 12 minutos de conexión.

Telefónica: cobra 15 minutos por cada 30 minutos de conexión.

Fíjese que si se conecta menos de 12 minutos por Telecom o menos de 30 minutos por Telefónica, no le hacen ningún descuento sobre la tarifa telefónica común. Pero para conexiones prolongadas, el descuento resulta ser, aproximadamente, del 50%: llamar a una línea 0610 en horario de tarifa reducida le costará unos 40 centavos la hora.

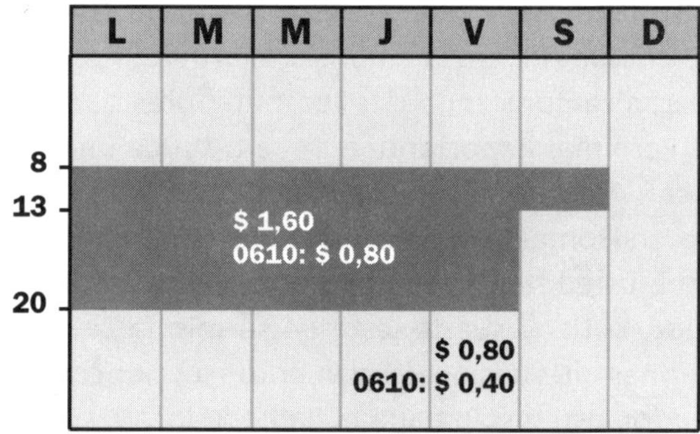

Costo telefónico por hora de conexión, según el horario

Si se conecta a Internet a través de una línea 0610, su gasto telefónico se reducirá a la mitad.

Instale una toma telefónica para su módem

Para conectar el módem a la línea telefónica, no utilice adaptadores que fallan o prolongadores y cables colgando, con los que se tropezará. Instale una toma telefónica al lado de su PC y se ahorrará problemas. Le costará, en total, unos $ 10 y menos de una hora de trabajo. Su máquina se lo agradecerá. Yo, como tengo una notebook y me gusta poder conectarme desde cualquier lado, tengo conexión telefónica en el escritorio, al lado de la cama, debajo del sillón y, pronto, en el baño.

Para instalar una toma telefónica al lado de su computadora, vaya a la ferretería y compre lo siguiente:

LISTA DE COMPRAS

- Una **toma de teléfono** tipo americano (nombre técnico: hembra RJ-11) de exterior (no de embutir). Compre la que viene con autoadhesivo, que es más fácil de instalar.
- **Cable telefónico**: los metros necesarios para llegar desde la toma más cercana hasta el lugar donde tiene su PC (sus brazos extendidos miden, más o menos, 1,50 m de punta a punta). Compre siempre un par de metros de más, es barato y mejor que zozobre y no que fafalte.
- **Adhesivo vinílico**, el que se usa para sellar vidrios (también puede usar grampitas para agarrar el cable a la pared, pero no quedan tan bien y, además, hay que martillar).

❶ Pele con una tijera una punta del par telefónico y deje un centímetro descubierto de cada cablecito.

❷ Abra la toma telefónica en uso; algunas tienen un tornillo, otras, sólo una pestaña plástica. Conecte los dos cablecitos junto a los que ya están conectados en la cajita.

❸ Pegue el cable telefónico a lo largo del zócalo con el adhesivo.

❹ Corte (no lo haga muy justo) y pele la otra punta del cable telefónico. Conecte los dos cablecitos a los terminales de la cajita nueva. En las que tienen 4 terminales use la roja y la verde.

❺ Quite el papel del autoadhesivo de la caja y péguela en la pared. Pruebe la nueva conexión con un teléfono. ¡Oia, hay tono!

El módem

El módem es el dispositivo que le permite a nuestra PC hablar por teléfono con otras computadoras y conectarnos a Internet. No es un dispositivo caro comparado con el resto de la PC (cuestan entre $ 40 y $ 250), por lo que no conviene ahorrar acá y comprarse el mejor que pueda conseguir.

La diferencia entre un módem de marca reconocida (US Robotics, Hayes, Intel, Zoltrix) y uno "truchex" es que los primeros, al tener mejores circuitos, le permitirán obtener conexiones de mayor velocidad, especialmente en lí-

neas ruidosas. Aparte de la marca, deberá decidir si quiere un módem **interno o externo**, la **velocidad** y si tendrá **voice** o no.

¿Interno o externo?

En rigor, hay tres tipos de módem:

- **Internos**: son una tarjeta que se conecta dentro de la PC.
- **Externos**: son una caja que va fuera de la máquina.
- **PCMCIA**: son los módems usados en las notebooks, tienen el tamaño de una tarjeta de crédito. De todos modos, si tiene un módem externo, también podrá conectarlo a su notebook.

Los tres tipos de módem difieren en su aspecto exterior y en su forma de conexión, pero sus circuitos internos son similares y no hay diferencia de velocidad entre ellos.

Personalmente, prefiero los módems internos a los externos, entre otras razones, porque no ocupan lugar en el escritorio, pero acá le muestro una tabla de ventajas y desventajas, para que usted decida.

¿MÓDEM INTERNO O EXTERNO?

	Módem interno	Módem externo
Ventajas	• Más barato • No molesta en el escritorio	• Fácil de instalar, se enchufa a la PC, y listo • Las lucecitas nos permiten ver su estado • Se puede mover fácilmente de PC a PC
Desventajas	• Hay que abrir la PC para instalarlo • Puede ser más difícil de configurar • Ocupa una ranura interna de la PC	• Más caro • Hay 2 cables más en la maraña • Ocupa espacio en el escritorio • Hay que encenderlo aparte

Voice

Los módems con voice son capaces de transmitir y procesar **voz,** además de datos. Esto le permite a nuestra PC funcionar como un teléfono común, si tenemos una placa de sonido, micrófono y parlantes. También podemos dejar nuestra PC prendida y que el módem atienda nuestras llamadas, grabándolas en formato WAV en nuestro disco rígido. Este contestador automático en la PC tiene varias ventajas con respecto a los tradicionales. Entre otras características, permite crear varias casillas de mensajes para distintas personas. La persona que llame escuchará: "Pulse 1 para enviar un fax, 2 para dejar un mensaje a Ventas, 3 para Servicio Técnico...". Aunque después sea la misma persona la que lea todos los mensajes, esto le dará a nuestra empresa un aire importante.

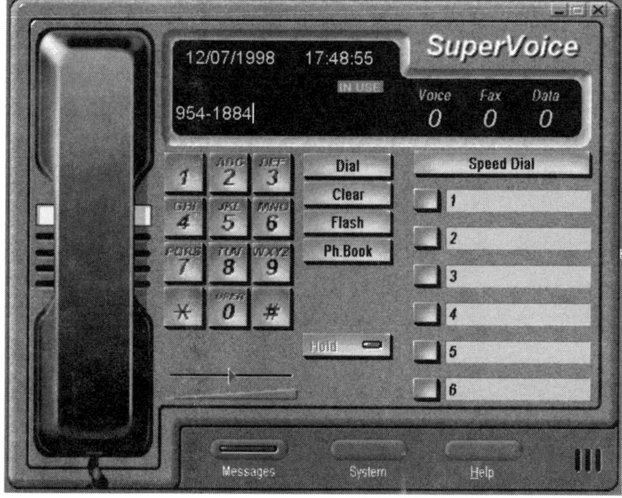

Los módems con voice vienen con programas que transforman su PC en un teléfono común.

No confundir

Los módems con voice permiten utilizar la PC como un teléfono común con contestador automático y fax; ***estos servicios no utilizan Internet****.*

No confundir con la telefonía por Internet, que veremos más adelante.

Instalando un módem externo

Sólo se trata de conectar cada cable al lugar que corresponde.

Los cables tienen una única manera de conectarse, sólo tiene que cuidar de conectar el cable telefónico al conector que dice Line, Wall o Telco (no al que dice Phone).

EN EL CD

Cómo instalar un módem externo Sección Videos

Conexión de un módem externo

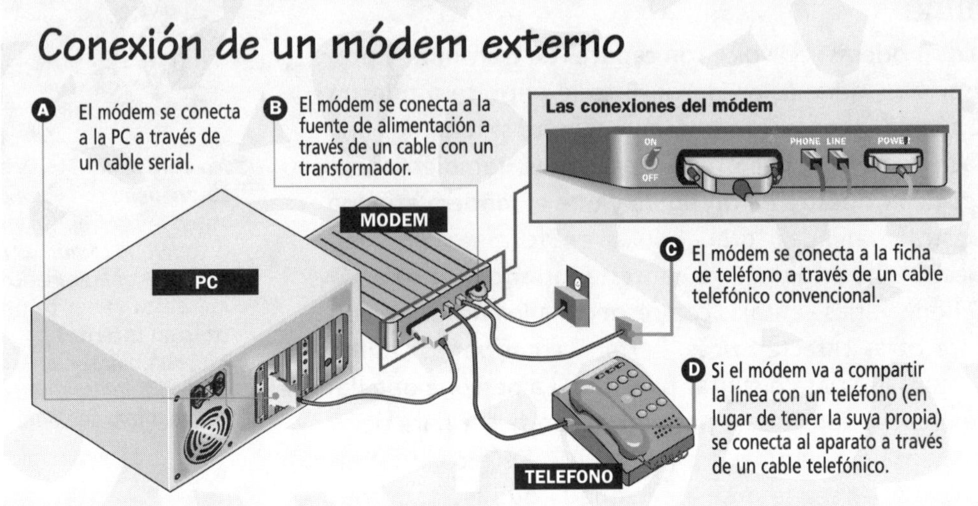

A El módem se conecta a la PC a través de un cable serial.
B El módem se conecta a la fuente de alimentación a través de un cable con un transformador.
Las conexiones del módem
ON
OFF
PHONE LINE
POWER
MODEM
PC
C El módem se conecta a la ficha de teléfono a través de un cable telefónico convencional.
D Si el módem va a compartir la línea con un teléfono (en lugar de tener la suya propia) se conecta al aparato a través de un cable telefónico.
TELEFONO

Cuando encienda su PC con el módem conectado y prendido, Windows instalará automáticamente el driver para el módem.

Módem externo

Llave de encendido.

En este conector redondo va el cable de la fuente de alimentación (transformador) que va enchufada a la pared.

El cable de datos va a la salida serie de la PC (conector DB-25 macho). No hay manera de equivocarse, el conector de impresora de la PC es similar, pero hembra.

El cable telefónico va al enchufe que dice "Line" o "Wall". La otra punta del cable telefónico va a la pared. Si en la pared tenemos un enchufe telefónico de tres patas, tenemos que comprar un adaptador.

Las lucecitas de los módems externos

Los módems externos tienen unos simpáticos LEDs o lucecitas que, ya que están, sepamos qué significan (pueden variar según el modelo):

LUZ	NOMBRE	SIGNIFICADO
AA	Auto Answer	El módem está configurado para atender el teléfono si alguien llama.
CD	Carrier Detect	El módem estableció una conexión exitosa con otro módem.
RD	Receive Data	Recibiendo datos.
SD	Send Data	Enviando datos.
TR	Terminal Ready	La PC está lista para comunicarse con el módem.
CS	Clear to Send	Módem listo para comunicarse con la PC.
OH	Off Hook	El módem tiene el "tubo levantado".
MR	Módem Ready	El módem está encendido y listo.
ARQ/FAX	Error Control / Fax	Se estableció una conexión con control de errores. Flashea cuando el módem debe reenviar datos o cuando está en modo Fax.

CONVIERTA SU PC EN FAX

Todos los módems pueden convertir nuestra PC en una máquina de fax, pero éste está condenado a la desaparición por el auge del correo electrónico, más práctico y barato. Un fax no se envía por Internet y, si lo emitimos a otra ciudad, se paga como una llamada de larga distancia.

Instalando un módem interno

Si usted va a comprar un módem interno después de haber comprado la PC, averigüe si la instalación está incluida. Si no lo está, vaya a otro negocio o, si es guapo, instálelo usted, no es difícil. Sólo necesita un destornillador tipo Philips (punta en cruz).

1. Quite los 5 ó 6 tornillos que sujetan la tapa del gabinete. Retire la tapa. Podrá ver el motherboard y las tarjetas conectadas.
2. Busque una ranura libre. Atención, hay dos tipos de ranura: PCI (blancas) e ISA (negras); fíjese en cuál entra el módem. Despeje los cables de la zona (¡sin desconectar nada!).
3. Saque la tapita metálica de detrás del gabinete, que coincide con la ranura libre. Puede venir atornillada o unida por un pedacito de metal, que hay que romper.
4. Inserte el módem en la ranura y atornille su chapita trasera al gabinete.

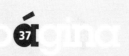

EN EL CD

Cómo instalar un módem interno Sección Videos

❺ Coloque la tapa al gabinete y luego sus tornillos. Yo pongo sólo 2, por si vuelvo a abrir la máquina.
❻ Conecte el cable telefónico al módem y a la pared.

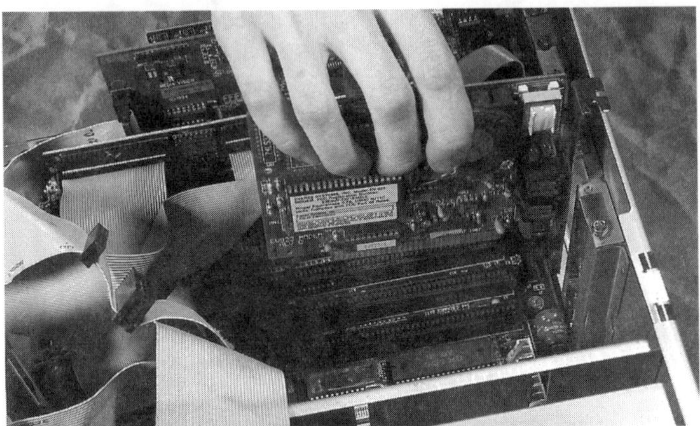

❼ Cuando prenda su PC, Windows instalará automáticamente el driver del módem.

La velocidad

La velocidad que tengamos en nuestra conexión a Internet determinará si navegar por la Web será una experiencia placentera o una tortura, y cuánto tendremos que esperar a que se dibujen las pantallas o a recibir un archivo. Pero, atención, porque hay varias velocidades distintas y diversas maneras de medirlas, cosa que confunde bastante al usuario. Si usted no está interesado en los detalles técnicos, le recomiendo saltear toda esta discusión; para los demás, vamos a ver si aclaramos un poco el asunto.

1. Velocidad del módem

Ésta determina la velocidad **máxima** a la que nuestro módem puede conectarse con el proveedor de Internet, y está especificada por el modelo de módem que tenemos. Si va a comprar un módem ahora, adquiera un 57.600, el más rápido que hay en el mercado; ya no hay mucha diferencia de precio con los de 33.600.

BPS

Bits por segundo o baudios, es la unidad utilizada para definir la velocidad de un módem. Un Kbps (kilobaudio) equivale a 1.024 bps.

BYTES / SEG

Bytes por segundo o caracteres por segundo (cps). Se utiliza esta unidad para medir la velocidad de transferencia en Internet. 1 byte/Seg. equivale a 10 bps. Un KB/Seg (kilobyte por segundo) es igual a 1.024 bytes/Seg.

Modelo	Precio	Máxima velocidad de transferencia que pude obtener yo:	A esta velocidad, transferir 1 MB demora...
33.600 (33 K)	$ 45 - $ 100 US Robotics: $ 115 - $ 150	3,6 KB/Seg.	5 min.
57.600 (56 K)	$ 60 - $ 100 US Robotics: $ 140 - $ 180	5,2 KB/Seg.	3 min. 17 seg.

MÓDEMS DE 56 K

Los módems de 56 K no pueden aprovechar su velocidad máxima en cualquier línea: para poder conectarse a una velocidad mayor a 33.600, su central telefónica tiene que ser digital, así como la conexión entre su central telefónica y la del proveedor. Además, no debe estar utilizando un conmutador telefónico como los de las empresas u hoteles.

Hasta hace un tiempo, existían dos normas distintas de módems de 56 K: **X2** de US Robotics y **KFlex** de Motorola, ambas incompatibles entre sí; si tenemos un módem X2 y los módems de nuestro proveedor son KFlex, no se puede establecer una comunicación a 56 K: nos conectaremos, como máximo, a 33.600. A mediados del 98 se estableció el estándar V.90, al que irán adhiriendo, de a poco, todos los proveedores. Averigüe a cuál de las normas adhiere su proveedor. Si es V.90, conéctese al sitio Internet de la empresa fabricante de su módem, ahí encontrará gratis un programita que convertirá su módem al nuevo estándar.

A TRASNOCHAR

La velocidad varía muchísimo con el horario. Siempre que pueda, conéctese fuera del horario pico (la hora del almuerzo y de 20 a 24). Las mejores conexiones las consigo entre la 1 y las 7 AM.

2. Velocidad de la conexión con el otro módem

En el momento de conectarse con el proveedor, nuestro módem decide a qué velocidad se va a establecer la conexión con el otro. Esta velocidad está dada por:

- **El módem que hay en la otra punta** (el del proveedor): si nuestro módem es de 57.600 bps, pero el proveedor tiene módems de 28.800, la conexión se establecerá, como máximo, a 28.800.
- **El ruido de la línea**: si la línea telefónica tiene mucho ruido, el módem baja la velocidad de conexión para poder entenderse bien con el otro (como dos personas que hablan más lento cuando no se oyen

bien). Por eso, a pesar de tener un módem de 33.600 y el proveedor también, muchas veces veremos que la conexión se establece a velocidades raras, como 31.200. Si cortamos y volvemos a llamar, la velocidad de conexión puede cambiar. En los módems de 57.600, esto es más notable. La conexión más veloz que conseguí en mi vida fue a 52.000 bps, en una noche clara y con viento a favor.

- **La calidad de nuestro módem**: llamando a la misma hora y al mismo proveedor, con la PC Jacholandia (de mi hermano) me conecto a 52.000 y con mi notebook Vilma, a 44.000; las dos tienen módem de 56 K e, incluso, son de la misma marca: US Robotics, pero, evidentemente, el de Vilma, al ser PCMCIA, no tiene circuitos tan buenos como el que tiene Jacholandia, un módem interno estándar.

VELOCIDADES DE CONEXIÓN DEL MÓDEM

Acá va la lista de todas las velocidades posibles de conexión. Los fanáticos pueden hacer una marquita en la velocidad obtenida cada vez que se conectan y elaborar estadísticas sobre la calidad del módem, proveedor y línea telefónica.

28.800	46.666
31.200	48.000
33.333	49.333
33.600	50.666
37.333	52.000
41.333	53.333
42.666	54.666
44.000	56.000
45.333	57.333

Para ver la velocidad de la conexión cuando esté conectado a Internet:

❶ Haga doble clic en el ícono de la conexión, abajo a la derecha.

❷ Aparecerá el siguiente cartel, donde se indica la velocidad de la conexión. Acá va la peor y la mejor velocidad que conseguí:

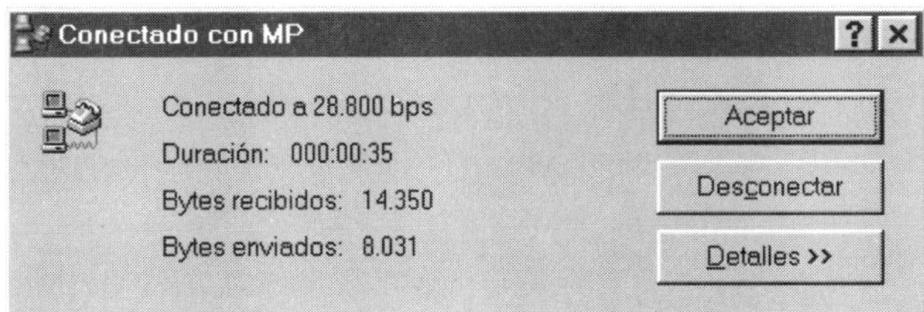

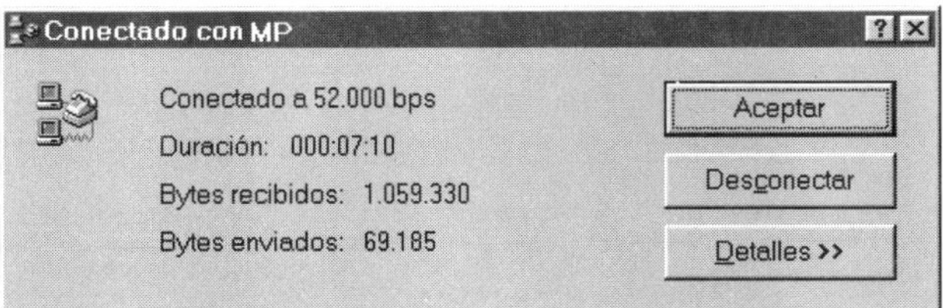

La peor y la mejor conexión que conseguí.

Módems engañosos
Si la velocidad mostrada en "Conectado a" es de 57.600 o de 115.200, es porque su módem no le está mostrando la velocidad de la conexión con el otro módem, sino la velocidad de la conexión entre ***su PC y su módem*** *(dato que no sirve para nada), así que no podrá saber a qué velocidad está conectado. Algunos fabricantes incluso publicitan su módem como de 115.200. No, el módem es de 56 K o de 33 K, 115.200 es la velocidad de conexión entre su PC y su módem.*

3. Velocidad de transferencia

Ésta es la **velocidad real** –la única que nos importa, en última instancia– a la que se transfieren datos entre nuestra PC y una ubicación cualquiera de Internet. La velocidad de transferencia con un sitio determinado está condicionada por una cantidad de factores:

- Velocidad y calidad de nuestro módem
- Velocidad y calidad del módem del proveedor
- Ruido de la línea telefónica
- Tráfico en nuestro proveedor (depende de la hora en nuestra ciudad)
- Tráfico en el sitio remoto (depende de la hora en la ciudad del proveedor remoto)
- El tipo de archivo que estemos transfiriendo (comprimido o no)

La velocidad de transferencia la muestra Internet Explorer en el momento de **bajar un archivo**. Esta velocidad se mide en miles de caracteres por segundo o **KB-/Seg**. Un KB equivale a unos 10.000 bps. Si es muy lenta, la velocidad se medirá en **bytes/Seg**.

COMPRESIÓN DE DATOS

Los módems comprimen los datos que envían y reciben para transferirlos más rápido. Si el archivo a recibir ya viene comprimido (como los archivos de tipo ZIP, GIF y JPG), el módem no puede comprimirlos mucho más. Pero en archivos de texto y otros, la velocidad de transferencia se multiplica varias veces gracias a la compresión que realiza el módem.

Pág. 183
Bajando archivos

Con un módem de 33.600 se puede obtener una velocidad máxima de transferencia de unos 3,6 K; con un 57.600, lo mejor que conseguí son unos 5,2 K. Acá vemos dos ejemplos de transferencia: una lenta y una rápida. Ambas las obtuve con cinco minutos de diferencia, utilizando el mismo proveedor, pero conectándome a dos sitios distintos, uno congestionado y el otro no:

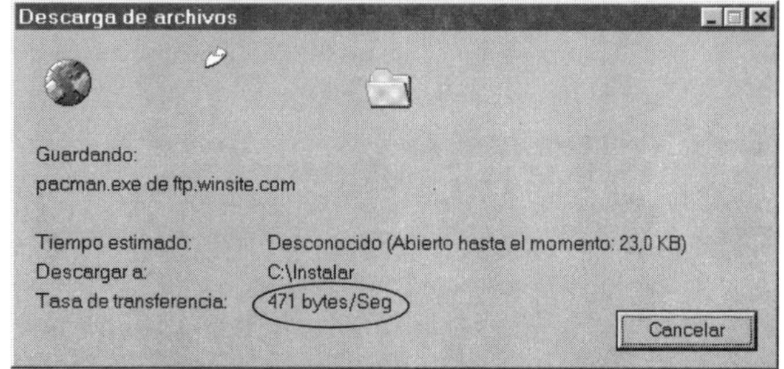

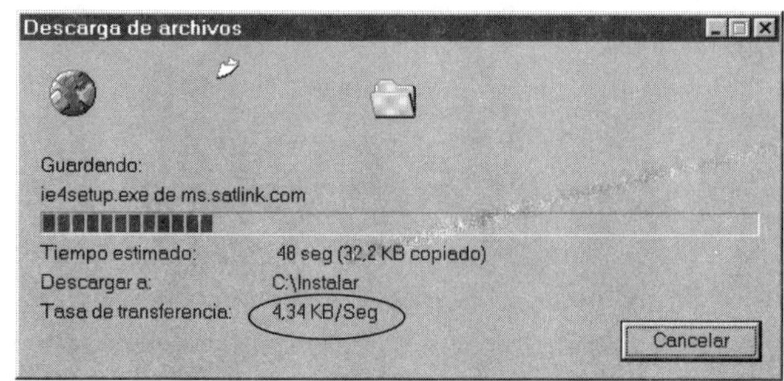

Una transferencia lenta y otra joya.

Cablemódem

Este servicio lo brindan las empresas de televisión por cable. El cable que llega a casa se bifurca al televisor y al cablemódem, que, a su vez, se conecta a la PC mediante una tarjeta de red. El cable coaxil es de mucho mejor calidad que el par telefónico que llega hasta nuestra casa, por lo que se pueden transmitir datos a velocidades bastante mayores que por la línea telefónica.

Las empresas de cable aseguran que se pueden lograr 10 Mbps (10 millones de bps); mediciones más realistas ponen la marca en 200 Kbps. De todos modos, es bastante, comparado a los 52 Kbps que se pueden

obtener, en el mejor de los casos, con los módems comunes.

La otra ventaja de los cablemódems es que la conexión a Internet es permanente y no utiliza la línea telefónica: nos ahorramos el gasto en pulsos telefónicos y no tenemos la línea ocupada. Pero (siempre hay un pero) el servicio es aún demasiado caro para el usuario común: **unos $ 150 por mes**.

Cablemódem

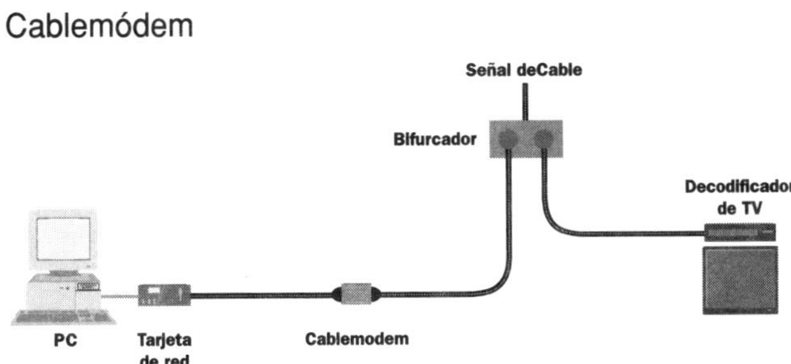

SÓLO PARA GENIOS

CORRECCIÓN DE ERRORES

¿Las líneas telefónicas comunes se bancan los módems de alta velocidad? Sí, porque tienen corrección de errores: si su línea se pone ruidosa, el módem se encarga de filtrar la basura que llega; la conexión se pondrá más lenta, pero funcionará.

El proveedor Internet

Para conectarnos a Internet, debemos contratar una **cuenta** a un proveedor Internet (*Internet Service Provider* o ISP). El sistema es igual que la televisión por cable: pagamos un abono por mes y nos dan el servicio. Actualmente, hay unos 200 proveedores de Internet en el país, peleándose ferozmente entre ellos. Veamos algunos puntos a tener en cuenta al elegir proveedor:

EN EL CD

El la carpeta \SSD encontrará un formulario para obtener 7 días de conexión gratuita a Internet por el proveedor Internet Center Ssd.

Tarifa

Hay dos tipos de tarifa:

Tarifa plana (o *flat*): es una suma fija por mes. Podemos conectarnos todas las horas que queramos. Esto cuesta actualmente entre $ 20 y $ 60.

DATOS ÚTILES

ABONO CERO

Algunos proveedores ofrecen una cuenta con abono mínimo por cero horas: si usted no utiliza la cuenta, no paga nada.

DATOS ÚTILES

CORREO ELECTRÓNICO GRATIS

Si pertenece a una institución como una universidad, colegio o cárcel, es posible que tengan cuentas de correo electrónico gratuitas para sus integrantes; averigüe.

Tarifa por hora: consta de un **abono mínimo**, que incluye cierta cantidad de horas, y un cargo adicional por cada hora extra que estemos conectados. Por ejemplo: $ 15 por el abono mínimo, que incluye 5 horas, $ 0,10 por cada minuto extra en horario nocturno y $ 0,20 el minuto en horario no comercial. Este último tipo de tarifa es algo molesto, ya que sentimos el reloj siempre corriendo y no podemos colgarnos a gusto por el ciberesapacio. Pero calcule su consumo promedio, haga las cuentas y vea cuál le conviene.

En estos días, hay una guerra feroz de precios entre los proveedores Internet, pero, en general, se cumple lo de "más caro es mejor".

Tipo de cuenta

Cuenta Internet Full o **Internet on line.** Es la que busca todo el mundo, pues nos autoriza el acceso a todos los servicios de Internet, especialmente la popular World Wide Web.

Cuenta de Correo Electrónico (e-mail). Este tipo de cuenta sólo nos permite enviar y recibir correo electrónico. En muchos casos, esto nos sobra para nuestras necesidades, especialmente, si son comerciales o académicas. La gran ventaja es el costo: una de estas cuentas cuesta unos $ 10 o $ 15 por mes y no se cobra por tiempo de conexión.

Conexión punto a punto. Si somos los felices dueños de una empresa, podemos contratar un enlace directo permanente con un proveedor. Éste nos instala un módem digital conectado a una línea punto a punto, que se conecta, a su vez, a todas las computadoras de la empresa. En ese caso, las máquinas no tienen que utilizar módem, ¡desde que se las enciende hasta que se las apaga, están conectadas a Internet! Una conexión de este tipo cuesta varios miles de pesos por mes.

Velocidad

Ésta es la principal diferencia entre un proveedor bueno y uno malo. Aunque tengamos el módem más rápido del mundo, un mal proveedor hará todo más lento. Una conexión lenta nos tiene siempre esperando y convierte a Internet en una experiencia frustrante.

Los datos en Internet se comportan como el agua: el proveedor tiene un **caño** (se le dice realmente así) por el que se conecta a Internet. Si ese caño es grande, será un proveedor veloz. Al tamaño del caño se lo llama técnicamente **ancho de banda**, y se mide en Kbps, igual que los módems. Pero la velocidad del proveedor no dependerá sólo del tamaño de su caño, sino también de la cantidad de abonados que tenga: si mucha gente abre la canilla al mismo tiempo, saldrá poca agua.

Hay dos maneras de saber la velocidad del proveedor:

1. Creyéndole al vendedor.
2. Pidiendo recomendaciones a otras personas. Podemos tratar de conseguir una cuenta provisoria para probarlo, y si nos gusta, lo contratamos.

DEFINICIONES

ANCHO DE BANDA O "CAÑO"

Es la cantidad de datos que pueden transmitirse por segundo. Determinará la velocidad de nuestra conexión Internet. Se mide en kilobits por segundo (Kbps) y se le llama K. Un proveedor chico puede tener un caño de unos 64 K. Cuando nos conectamos en hora pico, estamos compartiendo esos 64 K con todos los abonados que estén conectados en ese mismo momento al proveedor.

Cantidad de líneas

De nada sirve un excelente proveedor si, cada vez que queremos conectarnos, las líneas dan ocupado. Esto depende de la relación entre la cantidad de líneas y la cantidad de abonados que tiene el proveedor. Antes de contratar a un proveedor, pruebe a llamar varias veces a su número de acceso y vea cuántas le dio ocupado.

Soporte técnico

Es inevitable, siempre necesitaremos una ayudita telefónica de nuestro proveedor, especialmente al principio, por algo que no funciona o por algún dato que nos falta para configurar nuestra conexión. Intentemos llamar al teléfono de soporte técnico del proveedor: si contesta alguien, considerémonos afortunados. En general, aquí tienen ventaja los proveedores chicos,

DATOS ÚTILES

ROAMING
IBM Global Network y Compuserve ofrecen servicios de roaming mundial.

DATOS ÚTILES

¡QUE TE ATIENDAN!
Los proveedores de Internet se agrupan en la Cámara Argentina de Bases de Datos y Servicios en Línea-CABASE (Tel.: 4953-2969).

DEFINICIONES

VERSIÓN BETA
Es una versión aún no terminada de un programa. Suele tener errores.

especialmente los del Interior, que tienen una atención al cliente más cuidada y personalizada. Muchos, incluso, envían un técnico a casa para configurar por primera vez la cuenta.

Servicios adicionales

Los proveedores suelen ofrecer algunos servicios extra, incluidos en el abono o por unos pesos más. Algunos de ellos son:

- Publicación de una página Web.
- Transmisión de sus mensajes de correo electrónico a su radiomensaje.
- Servicio de **roaming**: los proveedores con filiales en varias ciudades le permiten conectarse a Internet desde cualquiera de ellas con la misma clave, llamando al proveedor local.

El software

Lo único que nos falta ahora es el software necesario para conectarnos. Acá tengo excelentes noticias para darle: los programas que necesitamos para navegar por la Web, enviar correo electrónico y otros servicios de Internet, son **gratis**. El proveedor se los dará en disquetes o CD-ROM, cuando contrate la cuenta. Las actualizaciones o los programas adicionales los puede conseguir en la misma Internet. En el CD-ROM que acompaña este libro, encontrará todo el sofware necesario.

Hay dos programas compitiendo en el mercado de los navegadores: **Microsoft Internet Explorer 4.01** y **Netscape Communicator 4.5**. En el momento de escribir este libro, está en **versión beta Internet Explorer 5**.

Hasta hace un par de años, el 70 u 80 por ciento de los usuarios utilizaba Netscape, ya que Microsoft entró más tarde al mercado de los navegadores, pero con el imparable poder de Bill Gates, a fines del '98, Explorer superó en cantidad de usuarios a Netscape.

Con la inclusión de Internet Explorer en Windows 98, la guerra está terminada. ¿Cuántos usuarios se van a tomar la molestia de instalar otro navegador, si ya viene uno incluido con el sistema operativo?

Muy bien, ya tenemos todo lo necesario: compramos nuestra PC, le instalamos el módem, lo conectamos a la línea telefónica, contratamos un proveedor Internet y tenemos el programa necesario. ¡Vamos a los bifes!

EN EL CD

Navegadores

- *Microsoft Internet Explorer 4.01.*
- *Microsoft Internet Explorer 5 beta.*
- *Netscape Communicator 4.08.*
- *Netscape Communicator 4.5 beta.*

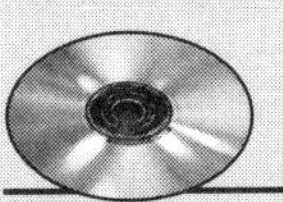

EN EL CD

Test de autoevaluación

Configurando todo

En este capítulo, dejaremos nuestra PC lista para conectarse a Internet. Vamos a instalar Internet Explorer 4 y configurar la conexión con el proveedor y la cuenta de correo electrónico.

3

Capítulo 3

Para dejar su máquina lista para acceder a Internet, tendrá que configurar, por un lado, la conexión telefónica con el proveedor y, por otro, su cuenta de correo electrónico. Pero, antes de poner manos a la obra, asegúrese de tener, sí o sí, los siguientes datos, que debe darle su proveedor Internet:

Datos necesarios

1. Números telefónicos de acceso

Ojo, no son los números para consultas por voz, sino los de acceso por módem del proveedor. Pídale todos los que tenga (los 0610 y los comunes); los va a necesitar.

2. Nombre de usuario

El proveedor se lo dejará elegir a usted, ¡qué sea fácil!

3. Clave de acceso

También la elegirá usted. ¡No se la olvide!

4. Dirección de correo electrónico

Es la que le asignó el proveedor a usted.

5. Servidores de correo entrante y saliente

Su nombre técnico es servidor POP3 y servidor SMTP. Suelen ser el mismo. Es algo parecido a esto: `mail.proveedor.com.ar`

6. Servidor DNS

Pregúntele a su proveedor Internet: *"Dígame, **¿el servidor DNS se asigna automáticamente?**"*. Si le dice "sí" (el 90% de los casos), olvídese del tema. Si le contesta "no", pídale la dirección del servidor DNS (es un número parecido a esto: 200.80.234.15). Suele haber dos servidores, uno primario y otro secundario. Si el DNS no se asigna automáticamente, en el paso 7 de la instalación, vaya a **Configuración avanzada**.

7. Inicio de sesión

Pregúntele a su proveedor Internet: *"Disculpe que lo moleste de nuevo, pero, cuando llamo ¿la conexión se inicia de manera automática o debo ingresar manualmente mi nombre de usuario y clave?"*. Si le contesta la primera opción, quédese tranquilo. Si es la segunda, en el paso 7 (pág. 55) tendrá que darse una vueltita por **Configuración avanzada**.

Una vez que tiene estos siete datos prolijamente anotados en un papelito, puede sentarse frente a su computadora. Internet Explorer 4 viene con un muy práctico **Asistente para la conexión Internet**, que lo ayudará a realizar todas las tareas necesarias para conectarse con su proveedor hasta dejar su máquina lista para navegar y recibir correo electrónico.

PASO A PASO Configurando la conexión con el proveedor

1 ***Dispare el Asistente para conectarse***

Si usted tiene Windows 98, encontrará el Asistente en el escritorio como el ícono `Conectarse a Internet`. Si no lo ve ahí, vaya a `Inicio` ➡ `Programas` ➡ `Internet Explorer` ➡ `Asistente para la conexión a Internet`. Si utiliza Windows 95, luego de instalar Internet Explorer 4.01 desde el CD-ROM que acompaña este libro, se disparará automáticamente el Asistente. Lo mismo ocurrirá si intenta correr el Explorador de Internet o el programa de correo Outlook Express sin haber antes configurado la conexión.

2 ***¿Configurar la conexión o sólo el correo?***

En la primera pantalla seleccione la **segunda opción**. La primera no tiene utilidad, muestra una lista de proveedores mundiales donde no figura la Argentina. La tercera no configura una conexión Internet, lo lleva directo a la configuración del correo electrónico.

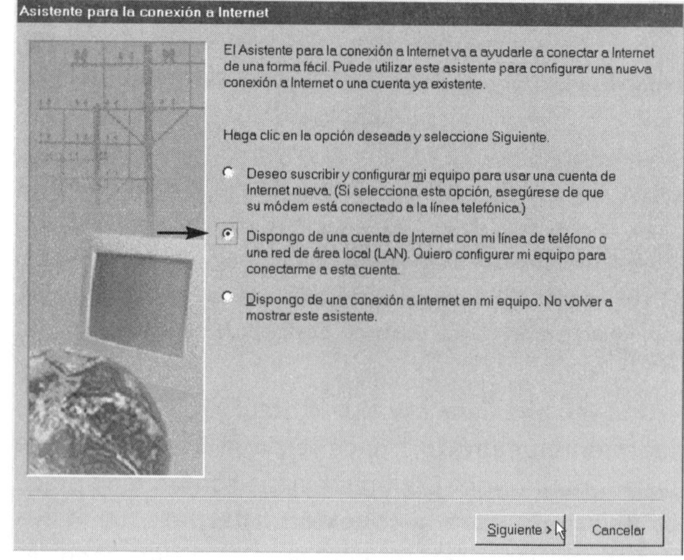

3 *Una pantalla inútil*

Si aparece, acá seleccione la primera opción.

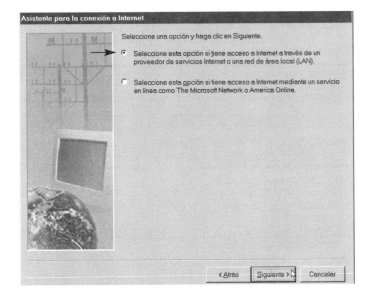

Asistente para la conexión a Internet

Seleccione una opción y haga clic en Siguiente.

Seleccione esta opción si tiene acceso a Internet a través de un proveedor de servicios Internet o una red de área local (LAN).

Seleccione esta opción si tiene acceso a Internet mediante un servicio en línea como The Microsoft Network o America Online.

< Atrás | Siguiente > | Cancelar

4 *¿Por módem o por red?*

Aquí vamos a elegir la opción de conectarse mediante la línea telefónica. La conexión por red es para usuarios en empresas o poseedores de cablemódem, que utilizan una tarjeta de red.

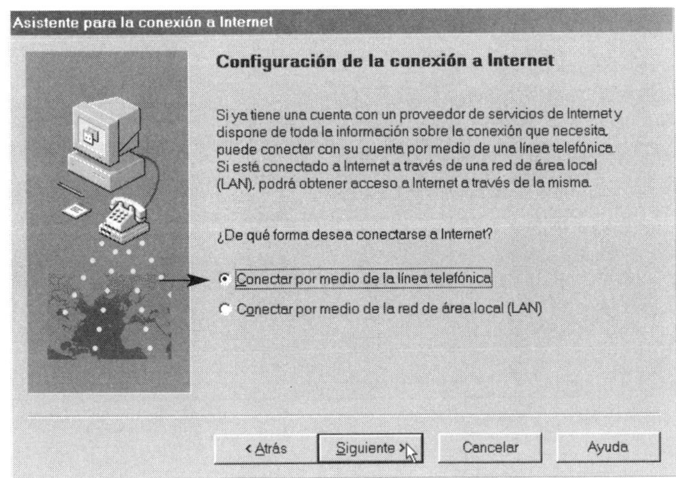

SÓLO PARA GENIOS

CONEXIÓN POR RED

Si está en la PC de su empresa y tiene conexión por red a Internet, le toca al Administrador del Sistema (o al "muchacho que sabe") dejar su máquina configurada para conectarse. Si igual quiere meter mano, necesitará que le pasen los siguientes datos: dirección IP, máscara de subred, puerta de enlace (gateway) y servidores DNS.

Número telefónico del proveedor

Si no quiere complicarse con códigos de área, desmarque la opción señalada. Si piensa llamar a larga distancia o desde un conmutador telefónico que necesita prefijo, déjela marcada.

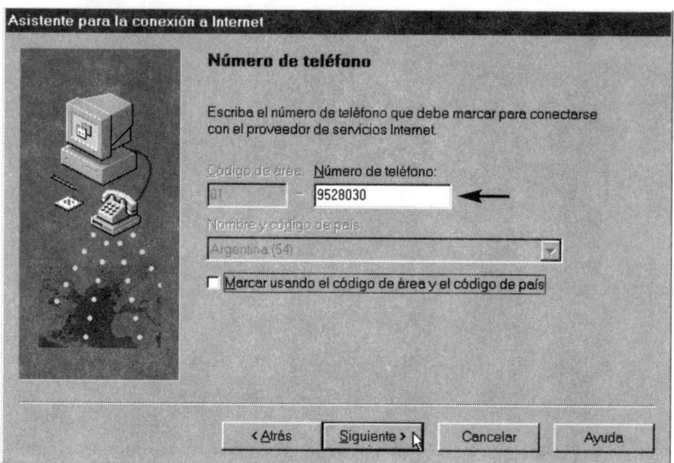

6 **Nombre de usuario y clave**

Aquí ingrese cuidadosamente los datos que le asignó el proveedor.

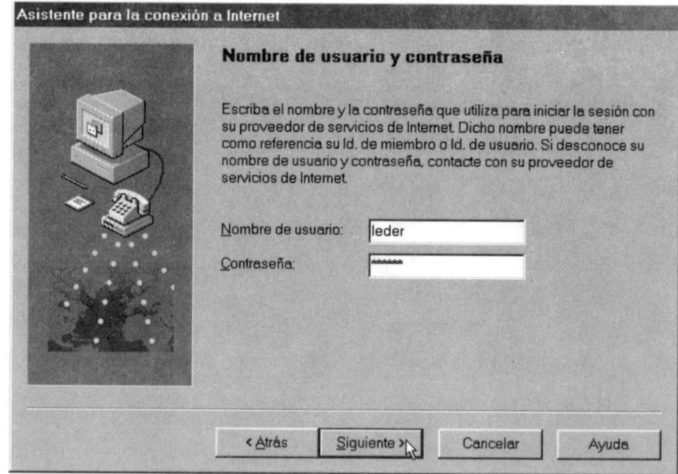

7 *¿Es un proveedor complicado?*

Si tiene que utilizar la configuración avanzada, según está explicado al comienzo del capítulo, en el cuadro Datos Necesarios, en esta pantalla seleccione `Sí` y vea en el capítulo siguiente **Configuración avanzada de la conexión.** Si no está seguro ponga `No`, casi siempre funciona.

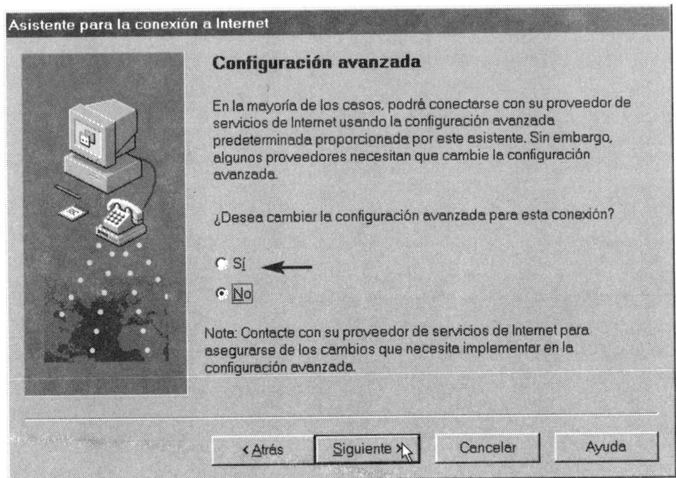

8 *Déle el nombre que le guste a la conexión*

Acá ingrese el nombre de su proveedor o cualquier nombre que quiera.

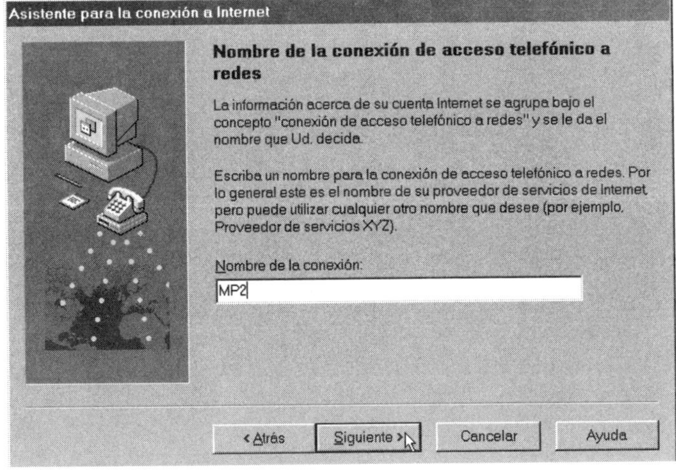

¡QUE NO LE DÉ OCUPADO!

Configure una conexión para cada número telefónico del proveedor. Así, si un teléfono da ocupado (cosa bastante común, especialmente con las líneas 0610), puede probar con las otras conexiones sin tener que ponerse a cambiar el número de la conexión actual. Para configurar un nuevo acceso con el mismo y otro proveedor, vuelva a disparar el `Asistente para conexión a Internet` e ingrese los mismos datos pero con el nuevo número telefónico. No es necesario que vuelva a configurar la cuenta de correo.

¿Quiere configurar también el correo?

Si llegó hasta acá, ya puede conectarse a Internet y navegar. Pero si tiene todos los datos a mano, le conviene matar dos pájaros de un tiro y **configurar su cuenta de correo**. Si ya lo hizo anteriormente, seleccione No.

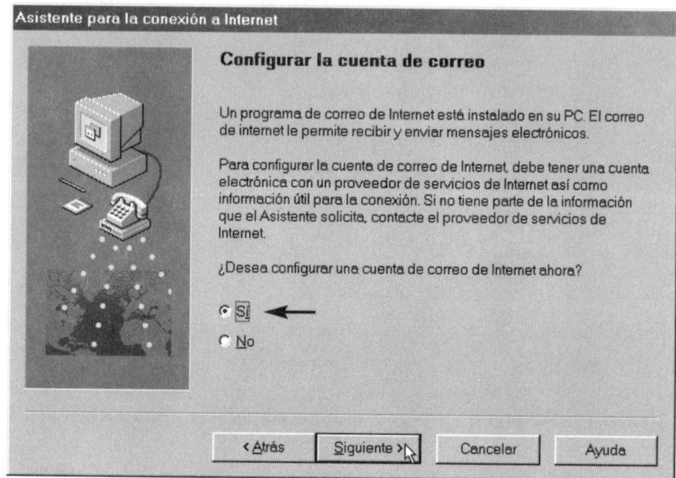

PASO A PASO — Configurando el correo electrónico

Su nombre completo

Éste es el nombre que verán sus remitentes cuando usted les envíe un mensaje.

Si ya configuró antes el correo, acá se le ofrecerá usar la cuenta existente, elija crear una nueva.

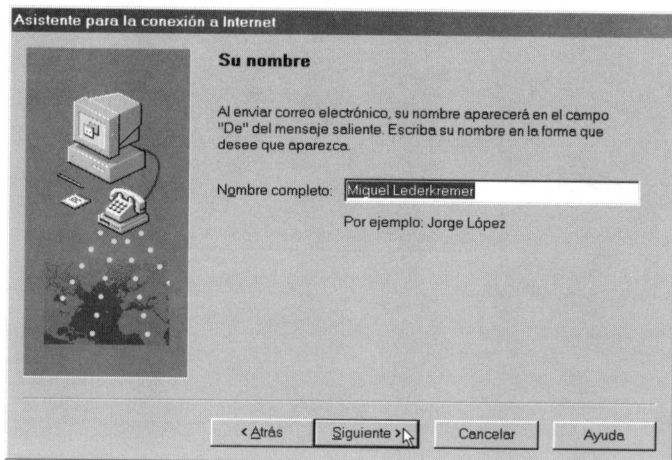

Su dirección de e-mail

Tipee la dirección de correo electrónico que le asignó su proveedor.

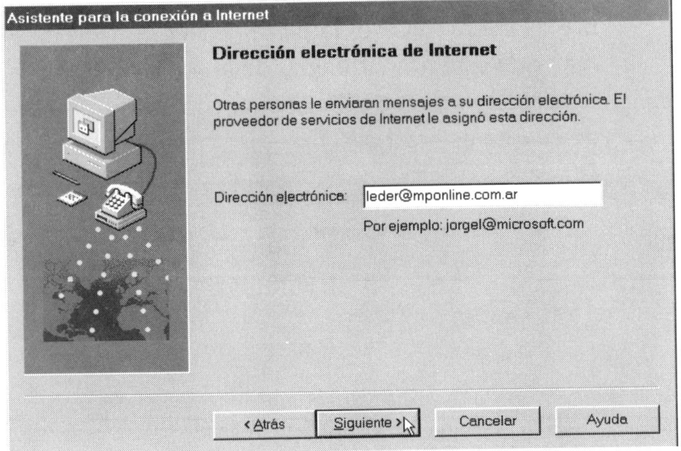

Servidores de correo

Los **servidores de correo entrante y saliente** se los tiene que haber dado el proveedor, por lo general son el mismo. El tipo de servidor entrante es siempre POP3.

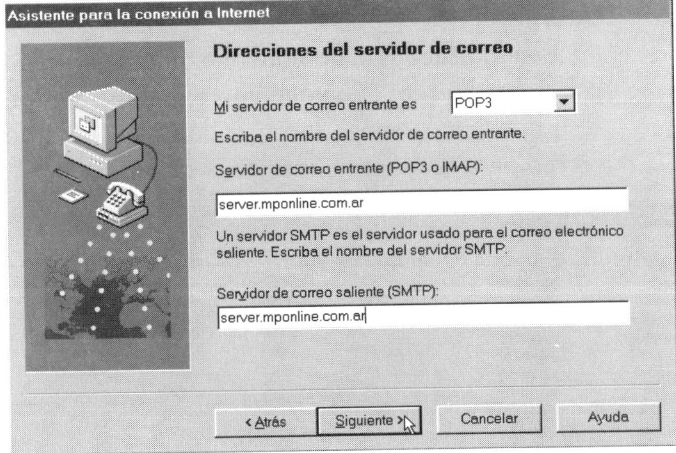

Ingrese bien su dirección

¡Si acá ingresa mal su dirección de correo electrónico, podrá enviar mensajes, pero las respuestas nunca le llegarán! Lea con atención ***Problemas comunes con las direcciones electrónicas****,* *pág. 142.*

SÓLO PARA GENIOS

SMTP SIMPLE MAIL TRANSFER PROTOCOL

Es el protocolo usado por los servidores (o hosts) de Internet para enviarse los mensajes entre ellos. SMTP forma parte de la familia de protocolos TCP/IP.

POP3 POST OFFICE PROTOCOL

Es el protocolo que utiliza nuestra PC para bajar los mensajes del servidor de correo. El protocolo IMAP es más moderno y tiene ventajas, pero aún no se utiliza en nuestro país.

13 *Nombre de usuario y clave*

El nombre de cuenta POP y la clave son, por lo general, los mismos que usted utiliza para conectarse telefónicamente con el proveedor (paso 6). El nombre de cuenta POP es la parte de su dirección de e-mail que está a la izquierda de la @. Por ejemplo, si su dirección es cacho@picheuta.com.ar, su nombre de cuenta es "cacho".

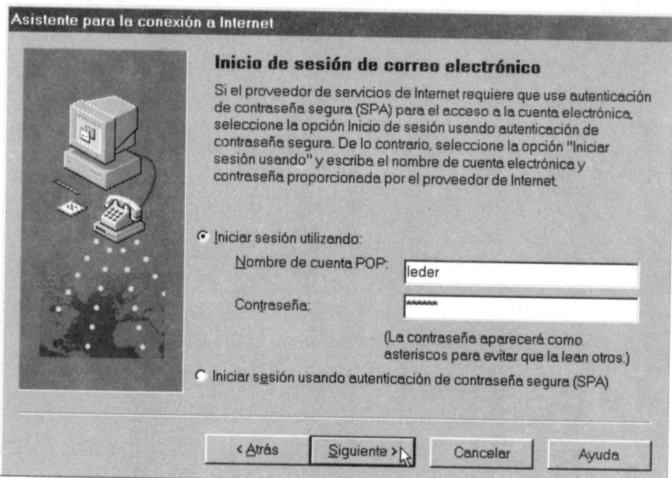

14 *Déle el nombre que le guste a la cuenta de e-mail*

Puede ingresar acá el nombre que quiera para esta cuenta de correo, generalmente el del proveedor, o su nombre personal, si consiguió una cuenta de correo para cada integrante de la familia.

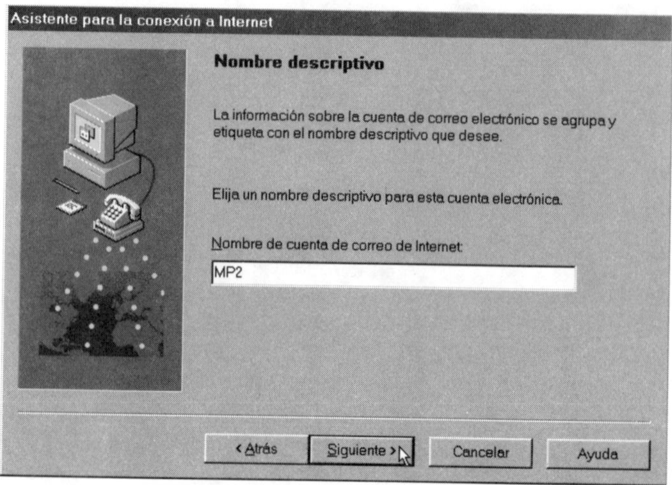

Newsgroups

El sistema de noticias lo dejaremos para más adelante, ya que la mayoría de los proveedores no tiene un servidor de noticias. En el capítulo Grupos de discusión se enterará de qué se trata y cómo utilizar este servicio.

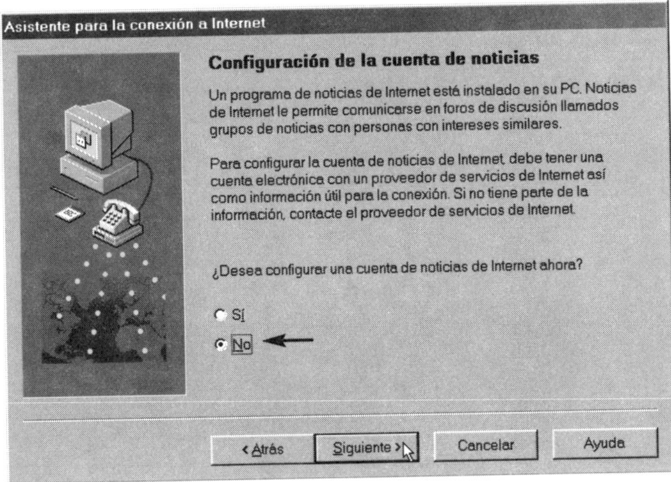

Servicio de "guía telefónica"

El sistema LDAP no está difundido, por ahora, entre los proveedores de nuestro país, seleccione No.

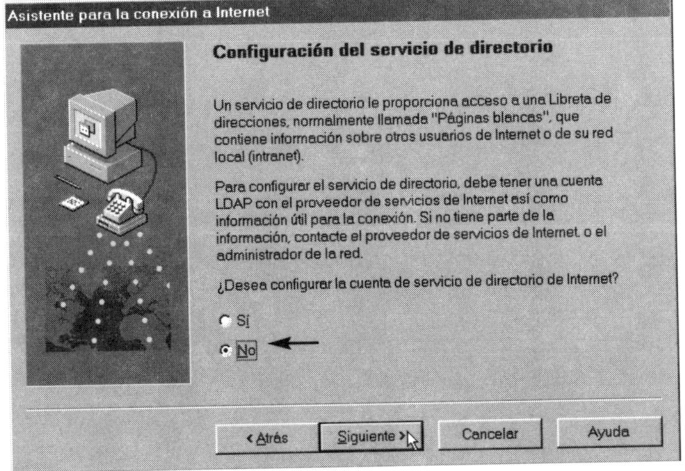

¡PRUEBE SI FUNCIONA!

¿No tiene con quién probar si funciona el correo? ¡Envíese un mensaje a sí mismo!

Lugar del disco donde se guardarán los mensajes

Si es la primera vez que utiliza el correo en su PC, le aparecerá esta pantalla. Sencillamente, seleccione Aceptar. ¡Ya tiene su cuenta de correo electrónico configurada!

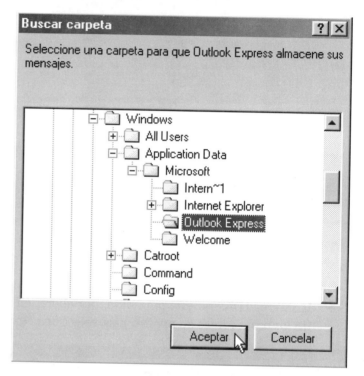

Buscar carpeta

Seleccione una carpeta para que Outlook Express almacene sus mensajes.

Windows
All Users
Application Data
Microsoft
Intern~1
Internet Explorer
Outlook Express
Welcome
Catroot
Command
Config

Aceptar
Cancelar

¿Qué me instaló?

La instalación completa de Internet Explorer 4 creará los siguientes íconos, que puede encontrar en `Inicio` ➡ `Programas` ➡ `Internet Explorer`. Acá van uno por uno, ordenados por frecuencia de uso.

Conectarse al proveedor

El Asistente se ejecuta automáticamente al instalar Internet Explorer 4. Se utiliza sólo la primera vez, para configurar la conexión a Internet con su proveedor. Únicamente debe volver a ejecutarse si contratamos a un nuevo proveedor y debemos configurarlo.

Navegar por la Web

El Explorador de Internet es el componente principal del paquete Explorer; le permitirá navegar por la Web e, incluso, por su propio disco rígido.

Correo electrónico

Para enviar y recibir mensajes, privados o públicos (en los grupos de noticias). Outlook Express soporta mensajes en HTML, de manera que usted no está restringido a enviar sólo texto, puede remitir una página Web.

Agenda personal

Guarda todos los datos de las personas que le interesan, desde la dirección de correo electrónico hasta el número del celular. Se puede acceder desde distintos programas de Microsoft.

Creación de páginas

Una sencilla herramienta, mediante la cual cualquiera puede generar su propia página en la Web. Si bien no es tan poderoso como su hermano mayor Frontpage 98, es más que suficiente para la creación de una página personal.

DATOS ÚTILES

¡YO NO TENGO TODOS ÉSTOS!

Si no tiene alguno de los programas acá mostrados, los puede instalar yendo, en Windows 98, a `Panel de Control` ➡ `Agregar o quitar programas` ➡ `Instalación de Windows`**, o, si tiene Windows 95, ejecutando el programa de instalación de Internet Explorer que está en el CD-ROM de este libro.**

Publicación de páginas

Una vez creada su página personal, puede publicarla en el sitio de su elección utilizando esta herramienta, que lo guiará paso a paso en la tarea de enviar sus archivos al proveedor de Internet en el que publicará su página.

Teleconferencias

Le permitirá intercambiar mensajes escritos "en vivo" entre usuarios de todo el mundo. Microsoft Chat tiene un modo Cómic, por el cual las conversaciones se ven como una historieta en la que cada usuario es un personaje, y sus mensajes aparecen en globitos.

Telefonía y video

Para establecer comunicaciones por voz y video con otras personas a través de Internet. También le permite intercambiar archivos, escribir en una pizarra común y compartir aplicaciones. Pensado para el trabajo a distancia.

Conviértase en un sitio web

Este programa convierte su PC en un sitio de la Web, para que pruebe en su propia máquina las páginas que diseña antes de enviarlas a un servidor remoto (sólo en la versión de Explorer 4 incluida en Windows 98).

Multimedia

Para recibir audio y video en tiempo real por Internet. Cuando usted se conecte a una página con contenido multimedia en el formato específico soportado por Netshow, este componente se activará automáticamente. Explorer también soporta otros formatos populares de audio y video, como RealPlayer.

EN EL CD

Test de autoevaluación

Muy bien, si llegó hasta aquí y todo salió bien, ya puede navegar y utilizar el correo electrónico... y pasar directamente al Capítulo 5. Ahora, si su proveedor necesita configuración avanzada, o tuvo algún problema o, simplemente, es usted un lector inquieto, dése una vuelta por el capítulo que viene, Configuración Avanzada.

Configuración avanzada

Este capítulo del libro es para los usuarios más atrevidos. No necesita leerlo si puede navegar y utilizar el correo sin problemas. Aquí encontrará trucos para optimizar la conexión con su proveedor y las soluciones a problemas comunes que se presentan.

Capítulo 4

Configuración avanzada de la conexión

PASO A PASO

Si su proveedor Internet tiene las características mencionadas al principio del capítulo anterior (DNS y/o inicio de sesión no automáticos), cuando esté configurando su cuenta con el `Asistente para la conexión a Internet` tendrá que seleccionar en cierto momento `Cambiar la configuración avanzada`; entonces, le aparecerá la siguiente serie de pantallas:

1 ***Protocolo***
Acá seleccione PPP; la conexión de tipo SLIP ya no se utiliza, que yo sepa.

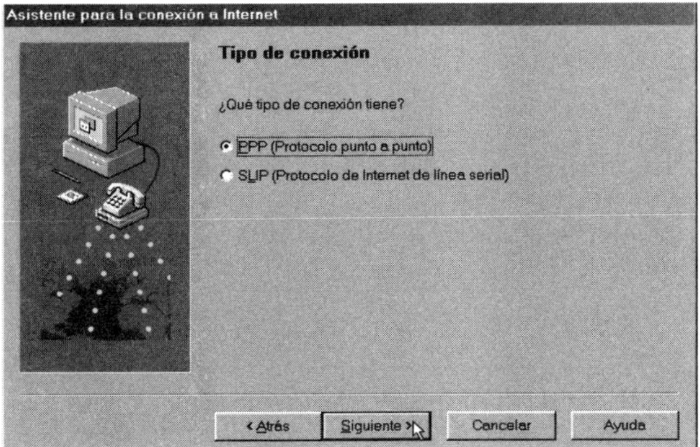

2 ***Inicio de sesión***
Iniciar la sesión manualmente abrirá una ventanita negra ("ventana de terminal") cuando se conecte con la computadora del proveedor, para que ingrese su nombre de usuario y clave. Si el inicio de sesión es automático, esto no es necesario (debe preguntarle al proveedor cuál es su caso).

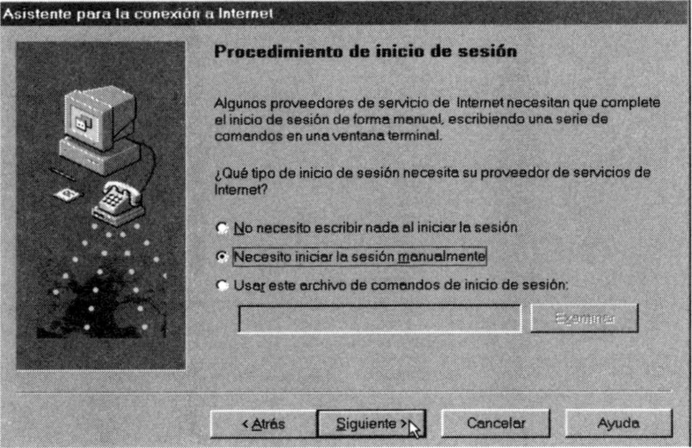

SÓLO PARA GENIOS

DIRECCIÓN IP

Cada computadora conectada a Internet tiene una dirección IP única en toda la Red. La dirección está compuesta por 4 números del 0 al 255 separados por puntos (algo como esto: 200.32.52.100). Esta dirección normalmente nos la asigna nuestro proveedor cada vez que nos conectamos (dirección IP dinámica). En las conexiones a Internet por red (no telefónicas) dentro de una empresa, tenemos una dirección IP fija.

SÓLO PARA GENIOS

DNS

***Domain Name System.* Las máquinas conectadas a la Web, además de tener una dirección IP, tienen también un nombre de dominio, por la sencilla razón de que es más fácil recordar server.proveedor.com.ar que 200.40.81.20. El servidor DNS funciona como una guía telefónica: guarda en una base de datos todos los nombres de dominio de Internet y sus respectivas direcciones IP.**

Cada vez que nos conectamos a un sitio con Internet Explorer, nuestra máquina consulta primero al servidor DNS para saber la dirección IP del sitio.

Dirección IP

El único caso que conozco de un proveedor que asigna direcciones IP fijas es el de un banco que ofrece acceso a Internet a los clientes y realiza esto por seguridad. En todos los demás casos, el proveedor nos asigna una dirección IP automáticamente en el momento de conectarnos ("**dirección IP dinámica**").

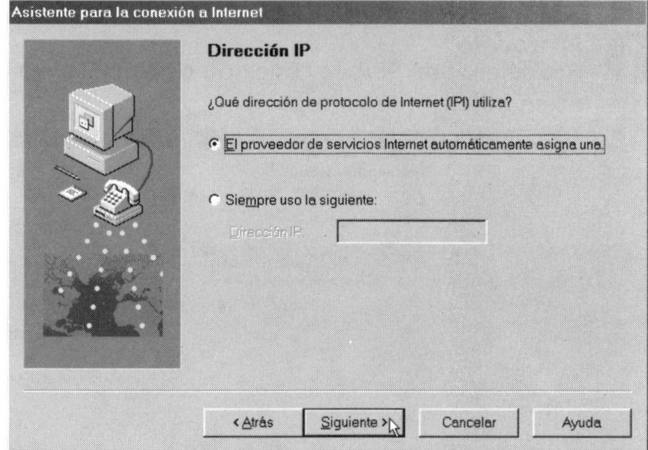

4 *Servidores DNS*

Aún hay proveedores que no asignan un servidor de DNS automáticamente. Si es el caso del suyo, ingrese aquí la(s) dirección(es) del servidor DNS que le dio el proveedor. El servidor alternativo es por si falla el primero; no es obligatorio ingresarlo.

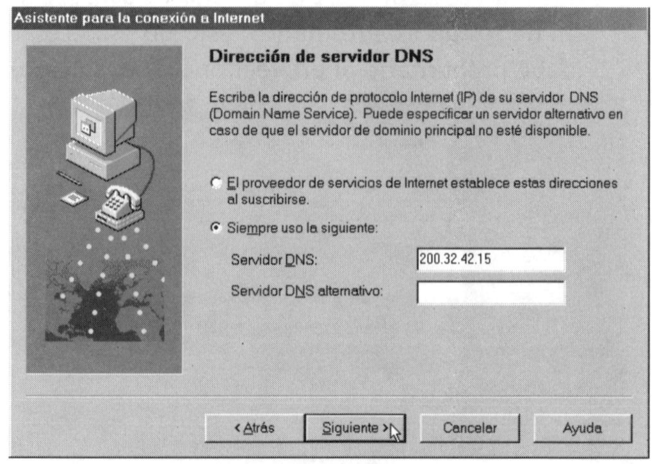

Cambiando la configuración actual

Una vez instalada la conexión con el proveedor, verá el nuevo ícono con la conexión si va a `Mi PC` ➡ `Acceso telefónico a redes`. Lamentablemente, Windows no es muy consistente en la configuración de los distintos elementos de una conexión: hay que entrar por varios lugares distintos; en cada lugar se pueden encontrar sólo algunas cosas, otras se superponen y no se entiende bien qué configuración tiene prioridad.

Como en este capítulo cambiaremos varias configuraciones, mostraré acá cómo llegar a cada una, así no lo tengo que explicar cada vez. Si es un usuario inquieto, le sugiero visitarlas todas para conocer a fondo el comportamiento de su PC. Cada una de las propiedades puede tener varias fichas, que puede ver como pestañas en la parte superior.

Propiedades de la conexión

Para cambiar:

- **Número telefónico y código de área del proveedor**
- **DNS (Configuración TCP/IP)**
- **Script (archivo de comandos) de inicio de sesión**

❶ Vaya a `Mi PC` ➡ `Acceso telefónico a redes`

❷ Haga clic derecho sobre la conexión y seleccione `Propiedades`

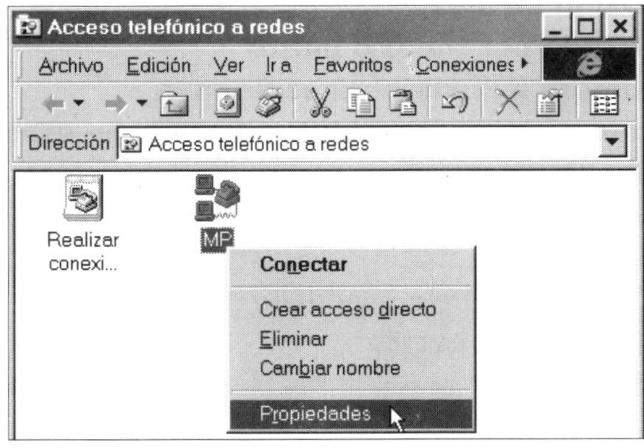

IDEAS

PASANDO UNA CONEXIÓN DE UNA PC A OTRA

En Windows 98, usted puede arrastrar una conexión de `Acceso telefónico a redes` **a un diskette, para luego arrastrarla al** `Acceso telefónico a redes` **de otra PC, y así copiar fácilmente los datos de una conexión con un proveedor.**

Propiedades del módem para la conexión

Para cambiar:

- **Volumen del parlantito del módem**
- **Marcar sin esperar tono**
- **Abrir ventana de terminal después de marcar (inicio manual de sesión)**

❶ Vaya a las **Propiedades de la conexión** (pág. 69)

❷ Clic en `Configurar...`

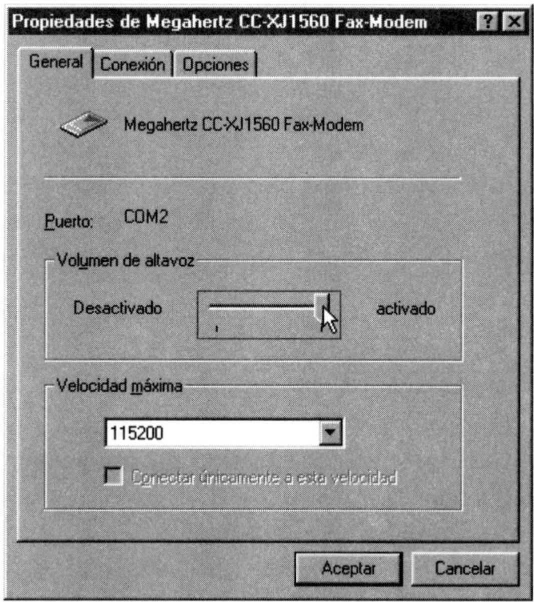

Propiedades de marcado

Para cambiar:

- **Código de área**
- **Discado por tonos o pulsos**
- **Número a discar para pedir línea**
- **Número para deshabilitar llamada en espera**

❶ Vaya a `Mi PC` ➡ `Acceso telefónico a redes`

❷ Haga doble clic sobre su conexión como si fuera a conectarse

❸ Cuando se abre el cuadro de conexión, haga clic en `Propiedades de marcado`

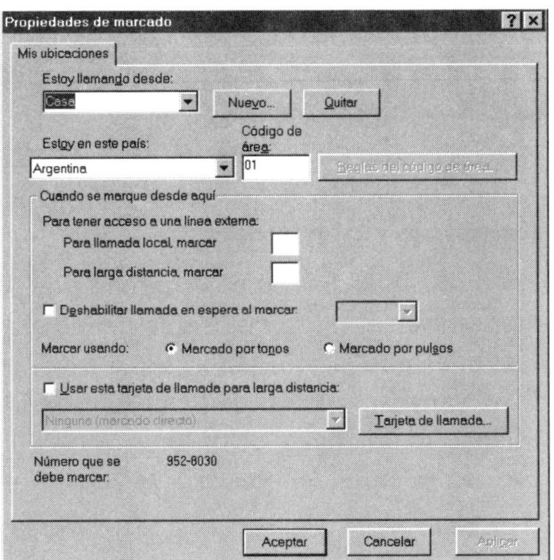

Configuración de marcado

Estos cambios son para todos los proveedores, pero la mayoría no tiene efecto porque tiene prioridad la configuración de cada proveedor. Puede cambiar:

- **Qué proveedor marcar automáticamente (si tiene varios)**
- **Cantidad de reintentos al marcar**
- **Segundos a esperar entre intentos (no funciona)**
- **Nombre de usuario y contraseña**

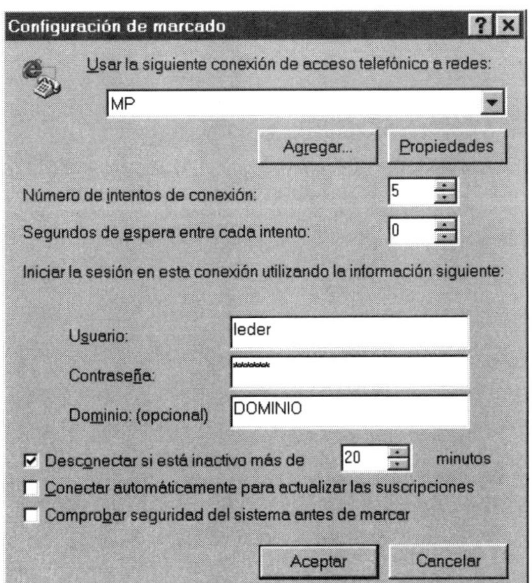

SÓLO PARA GENIOS

VERSIONES

Notará pequeñas diferencias según la versión de Internet Explorer 4 que esté usando; para ver cuál es la suya, en Internet Explorer vaya a `Ayuda`➡`Acerca de...`

- **4.71.17xx.x**
  Internet Explorer 4.0
- **4.72.21xx.x**
  Internet Explorer 4.01
- **4.72.31xx.x**
  Internet Explorer 4.01 Service Pack 1 (incluido con Windows 98)

- **Desconexión automática por inactividad**

Vaya a `Mi PC` ➡ `Panel de control` ➡ `Internet` ➡ `Conexión` ➡ `Configuración`

Propiedades de módems

Le permite cambiar los mismos parámetros que en ítems anteriores, pero los cambios sólo tienen efecto en las nuevas conexiones a proveedores que usted cree de ahora en adelante, no en las que ya están creadas, así que su utilidad es limitada.

Vaya a `Mi PC` ➡ `Panel de Control` ➡ `Modems` ➡ `Propiedades`

Propiedades de Acceso telefónico a redes

Para cambiar:

- **Aparición del cartel solicitando información antes de marcar**
- **Cantidad de reintentos al marcar**
- **Segundos a esperar entre intentos**

❶ Vaya a `Mi PC` ➡ `Acceso telefónico a redes`

❷ Vaya al menú `Conexiones` ➡ `Configuración`

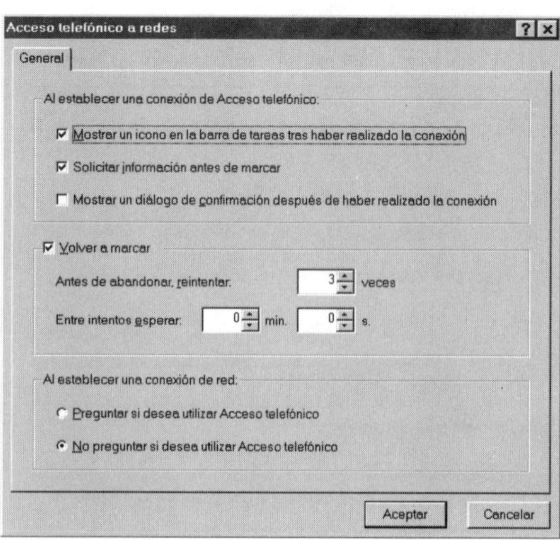

PROVEEDORES DIFÍCILES

Si su proveedor le da siempre ocupado, aumente la cantidad de veces a rediscar y disminuya la espera entre reintentos a 0.

Creando un script

Si su proveedor tiene **inicio de sesión manual**, pronto se aburrirá de tener que tipear su nombre de usuario, contraseña y "ppp" en la ventanita negra cada vez que quiere conectarse. Windows 98 le permite automatizar esta tarea mediante un **archivo de comandos o *script*.** Veamos cómo hacerlo.

EN WINDOWS 95

Si quiere usar un script, tendrá que instalar el componente adicional `Automatización de Acceso telefónico`, que, quién sabe por qué, está bastante oculto en el CD-ROM de Windows 95:

1. Introduzca en la lectora el CD-ROM de Windows 95.
2. Vaya a `Panel de control` ➡ `Agregar o quitar programas` ➡ `Instalación de Windows` ➡ `Utilizar disco...`
3. Utilice `Examinar...` para navegar en el CD-ROM hasta `admin95\apptools\dscript`, donde aparecerá seleccionado el archivo `rnaplus.inf`.
4. Clic en `Aceptar` ➡ `Aceptar.`
5. Marque `SLIP y Automatización de Acceso telefónico.`
6. Clic en `Instalar.`

ARCHIVO DE COMANDOS (*SCRIPT*)

Es un archivo con instrucciones para que la PC realice automáticamente una tarea repetitiva, evitándonos tener que tipear comandos cada vez.

Cómo automatizar la conexión

PASO A PASO

Tipear el script

Vaya a `Inicio` ➡ `Programas` ➡ `Accesorios` ➡ `Bloc de notas` para abrir un nuevo **archivo de texto**. Tipee lo siguiente:

```
proc main
waitfor "Username: "
transmit $USERID
transmit "^M"
waitfor "Password: "
transmit $PASSWORD
transmit "^M"
waitfor ">"
transmit "ppp^m"
endproc
```

Notas:

• *"^M" le indica al script que envíe el código correspondiente a pulsar la tecla Enter.*

• *Este archivo de comandos o script es el más común, pero puede haber variaciones. Lo mejor es que, cuando se conecte manualmente con el proveedor, anote lo que va apareciendo en la ventana de terminal, para poder adaptar este script a su proveedor. Éstos son algunos de los cambios que tal vez tenga que hacer:*

• *Con algunos proveedores deberá reemplazar* `"Username: "` *por* `"login: "` *o algo similar.*

• *En otros proveedores no es necesario ingresar* `"ppp"` *luego del nombre de usuario y clave, por lo que debe eliminar la penúltima y antepenúltima líneas del listado.*

• *Si necesita que en algún momento se tipee Enter (por ejemplo, antes de ingresar su nombre de usuario), intercale una línea que diga* `transmit "^M"`.

• *En este script, por razones de seguridad, no figura su nombre de usuario y clave de acceso. El script envía las variables* `$USERID` *y* `$PASSWORD`*, que serán reemplazadas por el nombre y la clave que usted ingresa en el momento de conectarse. Si no le preocupa que alguien le pueda robar la clave (por ejemplo, el tipo del servicio técnico), puede reemplazar la variable* `$USERID` *por su nombre de usuario entre comillas ("cacho"); lo mismo con la clave* `$PASSWORD`.

Aquí va un script un poco distinto:

```
proc main
waitfor "login: "
transmit "cacho"
transmit "^M"
waitfor "Password: "
transmit "eaeapepe"
transmit "^M"
endproc
```

Guardar el script

Una vez escrito el script en el `Bloc de notas`, vamos a `Archivo` ➡ `Guardar` y lo ubicamos en el directorio que muestro en la pantalla siguiente, con cualquier nombre, pero acabado en `.scp`, que es la terminación usada para los archivos de script.

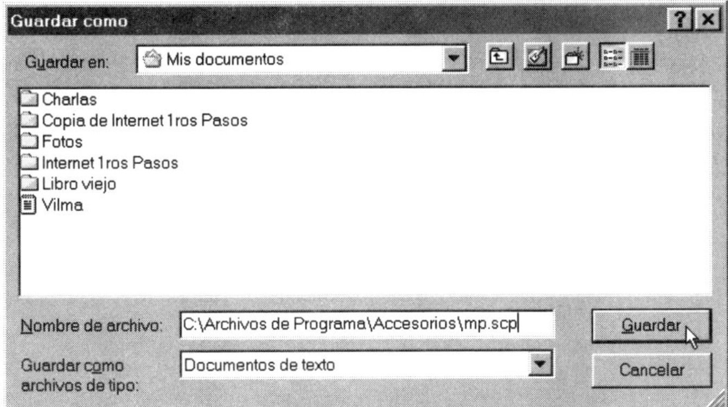

3 *Asignar el script a la conexión*

Una vez grabado el script, vamos a las **Propiedades** de nuestra conexión (ver más arriba cómo llegar). En la ficha **Automatización**, vamos a **Examinar**, buscamos el script creado y marcamos los casilleros como se muestra.

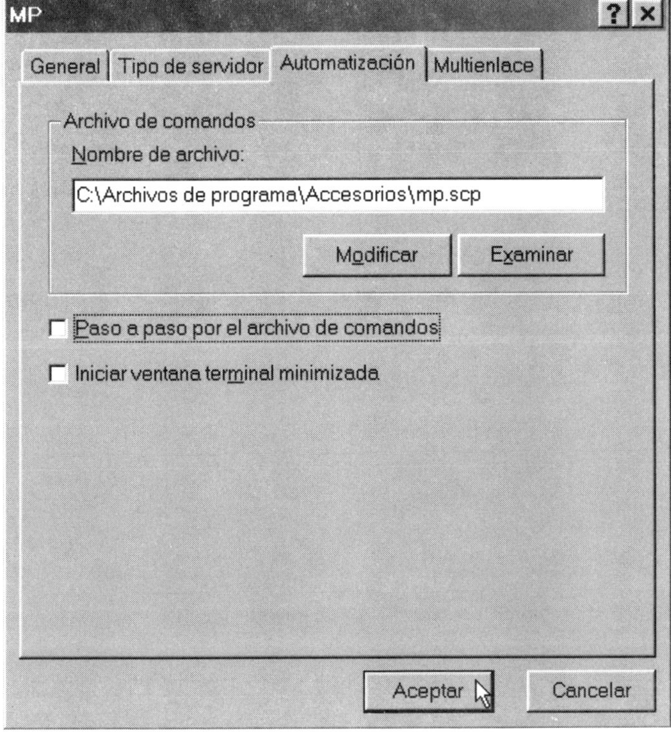

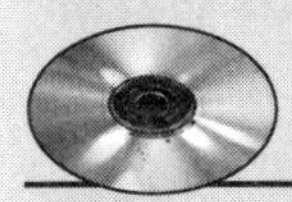

EN EL CD

ConnectPal Professional 6.0.3
Calcula el costo de las llamadas y otras funciones útiles.
Sección Utilitarios

¡QUE NO LE CORTEN!

Si alguien en su casa levanta el tubo del teléfono mientras usted está conectado a Internet, posiblemente se le corte la conexión. Aquí, un sencillo truco para evitarlo: antes de conectarse, pegue el grito ¡ME VOY A CONECTAAAAARR! El volumen a utilizar depende del tamaño de su casa y de la cantidad de integrantes de su familia. Si vive solo, puede gritar igual, pero no es necesario.

4 ***Desactivar el inicio manual***

Sin salir de las `Propiedades de la conexión`, vamos ahora a la ficha `General` y hacemos clic en `Configurar`; vamos a la ficha `Opciones` y desmarcamos el casillero `Mostrar ventana de terminal después de marcar...` Esto es porque el script automático no se disparará si se abre la ventana de terminal para el ingreso manual de los datos.

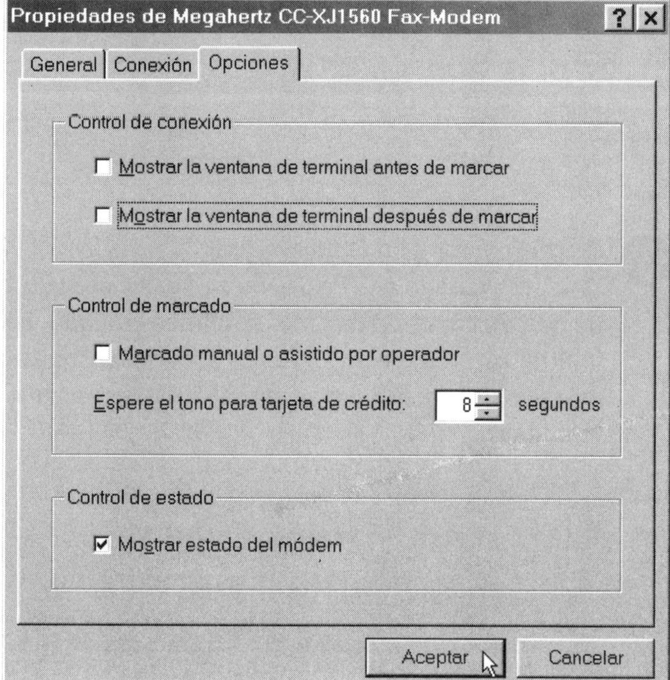

Ahora sí, podemos llamar al proveedor para probar nuestro script.

Cómo llamar desde un conmutador telefónico

En una empresa o en un hotel es común tener que discar un 9 o algo así antes del número, para **pedir línea**. Veamos cómo explicarle a nuestra PC que lo haga. Primero, cree la conexión con el proveedor como está explicado en el capítulo anterior, luego...

Cómo pedir línea — PASO A PASO

1 Abra la conexión: `Mi PC` ➡ `Acceso telefónico a redes` ➡ doble clic en la conexión con su proveedor. Una vez abierto el cuadro de conexión, vaya a `Propiedades de marcado`.

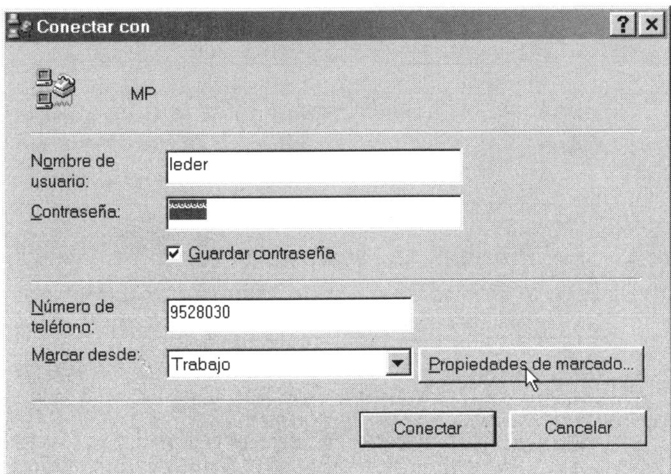

2 Haga clic en `Nuevo...` y donde dice `Nueva ubicación`, ingrese un nombre para el lugar desde donde está llamando (idea: "Casa", "Oficina", etc.).

3 En `Para llamada local, marcar...` ingrese **9** ó **0**, o el número que utilice su central para pedir línea. Luego del número ponga una coma para que el módem haga una pausa luego de pedir línea, así le da tiempo a la central de darle tono.

Centrales antiguas
Si su central tiene discado por pulsos, en las **`Propiedades de marcado`** *no se olvide de seleccionar* **`Marcado por impulsos`***.*

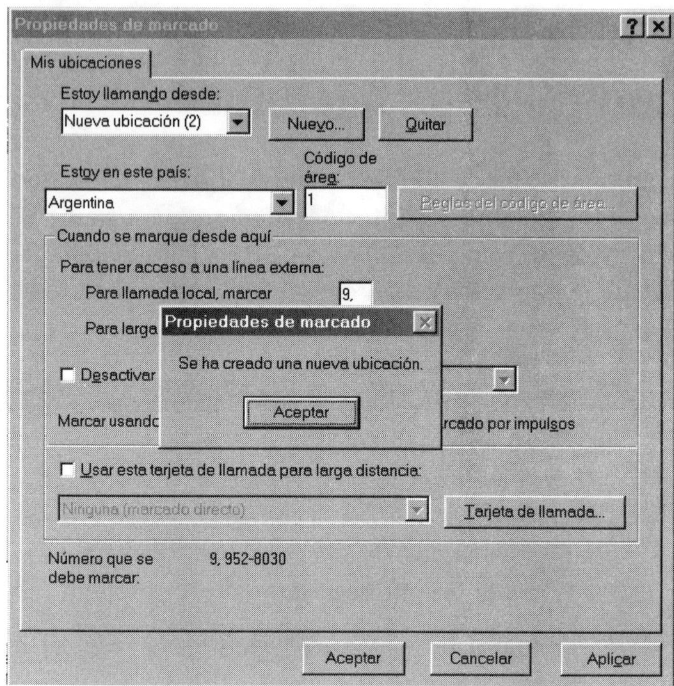

Haga clic en `Aceptar` para crear la nueva ubicación.

4 ***Si el módem no reconoce el tono***

Pero acá no se acaba todo. Al intentar llamar desde una central telefónica, es muy probable que su módem no reconozca el tono raro que suelen tener algunas centrales y le diga que no hay tono. Esto también sucede cuando usted tiene en el teléfono de su casa el servicio CALL o Memobox. En ese caso...

Vaya a `Mi PC` ➡ `Acceso telefónico a redes.`

5 Haga un clic derecho en la conexión con su proveedor y seleccione `Propiedades` ➡ `Configurar...`

6 Vaya a la ficha `Conexión` y desmarque el casillero `Esperar el tono antes de marcar.`

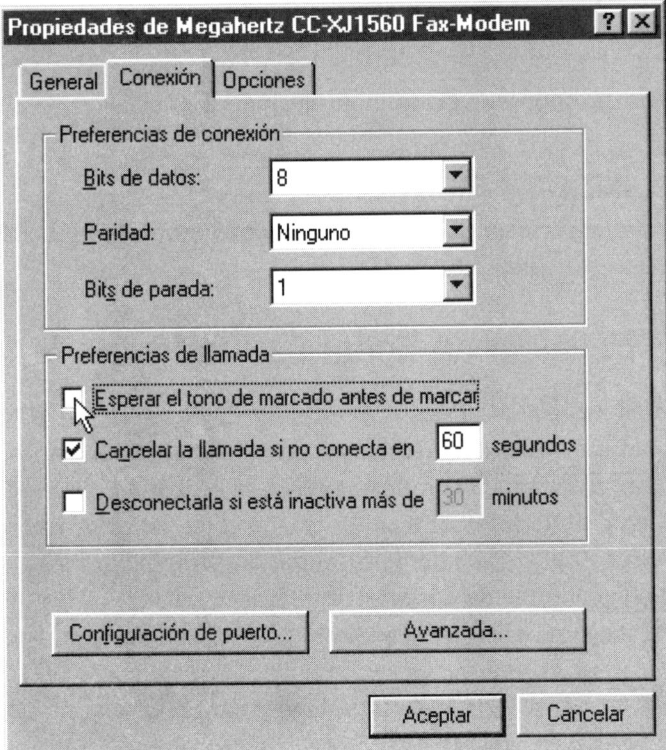

Tarjetas de llamada

Las tarjetas de crédito y algunas empresas como Telecom le ofrecen este servicio, cuya principal utilidad es la de evitar los terribles recargos (100% es común) que cobran los hoteles por llamar desde la habitación. La idea es que usted llama a un número gratis (0868) que el hotel no le factura, luego ingresa su código de tarjeta y el número telefónico; la llamada se facturará a su tarjeta. En `Propiedades de marcado` ➡ `Tarjeta de llamada` puede hacer que su PC utilice este sistema.

¿Y si llama alguien mientras estoy conectado?

Lo que suceda dependerá de los servicios especiales que usted tenga contratados a su empresa telefónica, si usted tiene...

• Servicio CALL o Memobox

La persona que llame será atendida por un contestador automático de la central telefónica. Cuando más tarde usted levante el tubo, escuchará un tono distinto, indicándole que tiene mensajes pendientes.

• Ningún servicio

A la persona que llame le dará ocupado mientras usted esté conectado a Internet.

• Servicio de Señal de Llamada en Espera

El sonido que se escucha cuando está entrando una llamada corta la comunicación en la mayoría de los módems. Si usted quiere evitar que le corte la transmisión, puede hacer que su PC deshabilite automáticamente el servicio antes de conectarse a Internet:

❶ Vaya a las **Propiedades de marcado** de su conexión (pág. 70).

❷ Seleccione el casillero `Deshabilitar llamada en espera al marcar`.

❸ En el cuadro tipee **#44#**, que es el código que hay que ingresar, con Telecom, para deshabilitar el servicio (si tiene Telefónica, averigüe).

❹ No se olvide, cuando termine de conectarse a Internet, de volver a habilitar el servicio discando en su teléfono ***44#**.

Ahora bien, a mí, en realidad, **me gusta** que la señal de llamada en espera me interrumpa la conexión. Así, si alguien me llama mientras estoy conectado, se corta la conexión y puedo atenderlo. De esa manera me conecto tranquilo todo el tiempo que quiero, sabiendo que mis amigos pueden llamarme.

El asunto es que en mi módem (US Robotics Sporster 57 K), la señal de llamada en espera no corta la conexión. La gente que me llama mientras yo estoy conectado escucha que el teléfono suena unas cuantas veces y luego da ocupado. Yo ni me entero de que alguien trató de llamar.

Luego de arduas investigaciones, estoy en condiciones de darle **un truco exclusivo para que la señal de llamada en espera corte la conexión a Internet**:

Vaya al `Panel de control` ➡ `Modems` ➡ `Propiedades` ➡ `Conexión` ➡ `Avanzada` y en el cuadro `Configuraciones adicionales` ingrese `S10=1`, como se muestra en la pantalla siguiente:

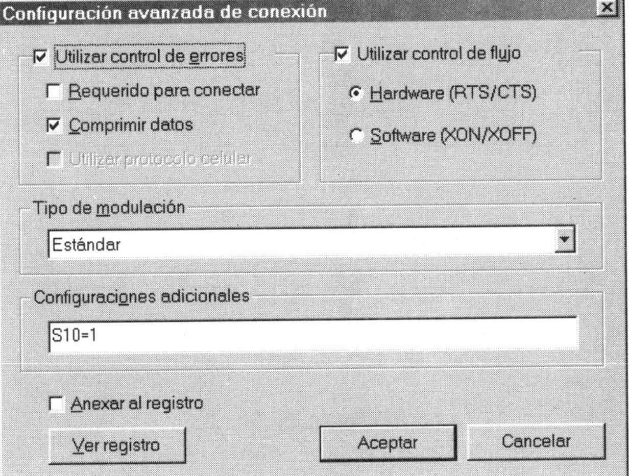

SÓLO PARA GENIOS

S10=1

Este comando configura el tiempo, en décimas de segundo, que nuestro módem debe esperar antes de cortar cuando perdió la señal del otro módem. El valor por defecto es 7. Al colocarlo en 1, la señal de llamada en espera cortará la conexión. Si usted desea el efecto contrario (que la señal de llamada en espera no le corte la conexión), pruebe subiendo este valor a 15.

Cinco trucos para acelerar la conexión con el proveedor

1 ***Configure el proxy***

Algunos proveedores utilizan el disco rígido de su PC como un caché gigante. Esto acelera, en algunos casos, la navegación. Si su proveedor tiene un proxy, para configurarlo:

1. Vaya al `Panel de control` ➡ `Internet` ➡ `Conexión`
2. Marque el casillero `Usar proxy...`
3. Complete el cuadro con los datos de su proxy

2 ***Optimice la velocidad PC-módem***

Todos los módems (salvo los antiguos 14.400) pueden intercambiar datos con la PC a 115.200 baudios. Sin embargo, muchas veces Windows los configura a 57.600. Para arreglar esto, en las

Propiedades de la conexión (pág. 69) vaya a `Configurar` y coloque la velocidad al máximo.

Propiedades de Megahertz CC-XJ1560 Fax-Modem
General
Conexión
Opciones
Megahertz CC-XJ1560 Fax-Modem
Puerto: COM2
Volumen de altavoz
Desactivado
activado
Velocidad máxima
57600
4800
9600
19200
38400
57600
115200
Aceptar
Cancelar

❸ *Evite una pantalla inútil*

Si en la ventana que aparece siempre antes de marcar seleccionó `Guardar contraseña`, y su nombre y clave aparecen correctamente cada vez que

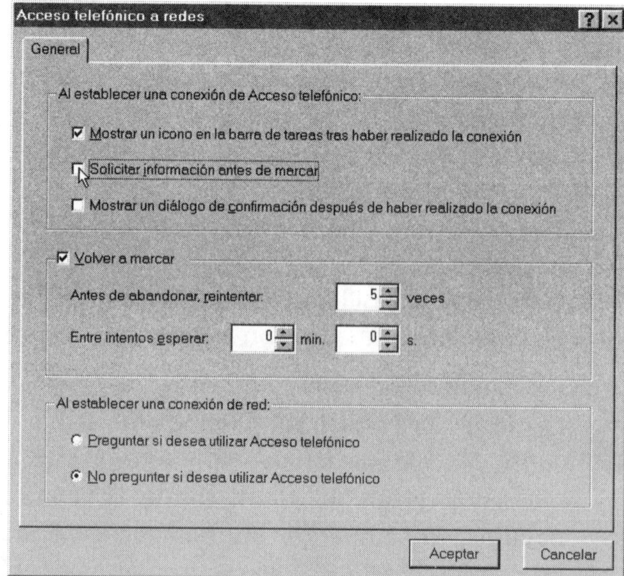

va a conectarse, ya no es necesario que esta ventana aparezca más: vaya a las **Propiedades de Acceso telefónico a redes** (pág. 72) y desmarque el casillero `Solicitar información antes de marcar`. En esta pantalla también puede pedir que su PC vuelva a llamar varias veces cuando da ocupado el proveedor.

4 *Deshabilite protocolos que no usa*

Vaya a las **Propiedades de la conexión** (pág. 69), y en la ficha `Tipo de servidor`, marque los casilleros como se muestra; eliminará protocolos que no se usan y la conexión se establecerá mucho más rápido.

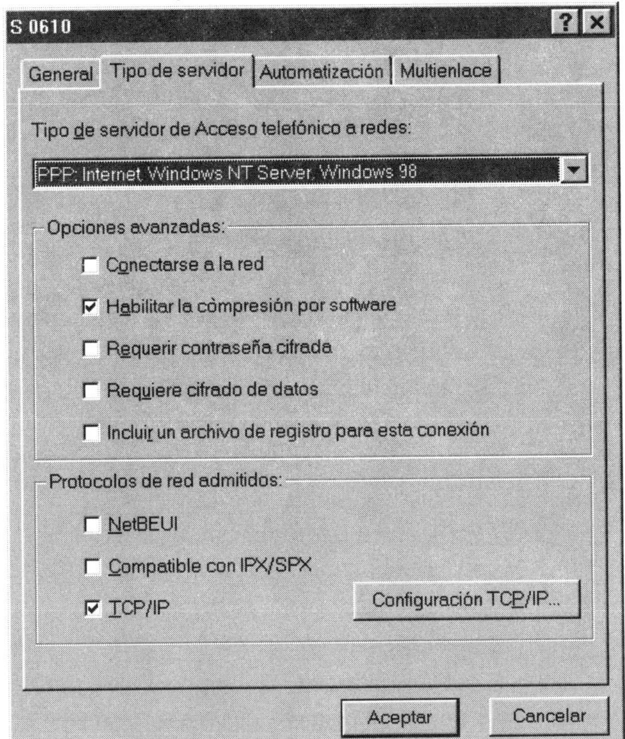

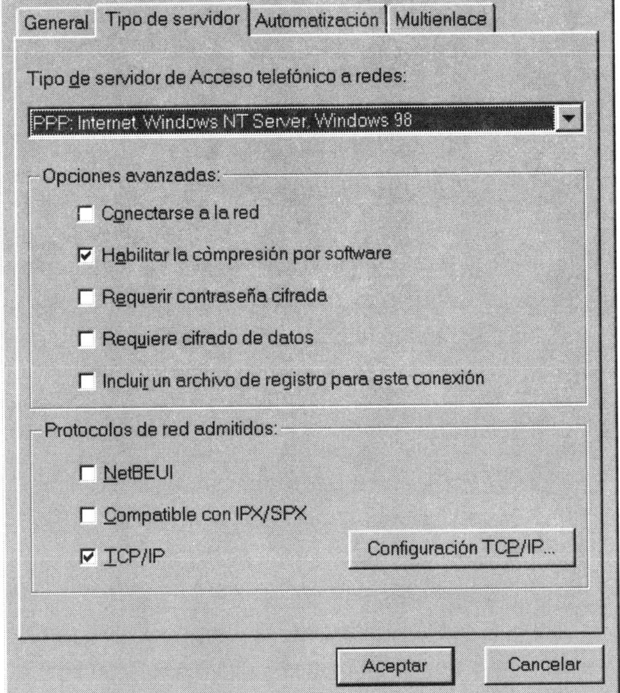

5 *Utilice un script*

Aunque su proveedor tenga inicio de sesión automático, resulta más rápido iniciar la sesión con un script como está explicado en páginas anteriores.

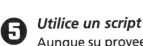

EN EL CD

TweakDUN 2.2
Mejora la conexión con el proveedor optimizando algunos parámetros del protocolo TCP/IP.
Sección Utilitarios

Algunos protocolos usados en Internet

Protocolo	Significa	Se utiliza para...
FTP	*File Transfer Protocol*	Transferir archivos
HTTP	*HyperText Transfer Protocol*	Transferir la información en la World Wide Web.
HTTPS	*Secure HyperText Transfer Protocol*	Transferir información codificada en la WWW.
IMAP		Pretende reemplazar al POP, permite dejar siempre los mensajes en el servidor. No se usa aún en la Argentina.
LDAP	*Lightweight Directory Access Protocol*	Buscar direcciones en un directorio global desde el programa de correo.
MIME	*Multipurpose Internet Mail Extensions*	Estándar para describir los distintos tipos de archivo enviados en Internet desde un servidor a una PC.
NNTP	*Network News Transfer Protocol*	Acceder a los grupos de noticias (newsgroups).
PAP	*Password Authentication Protocol*	Enviar automáticamente al conectarse con el proveedor Internet el nombre de usuario y clave. Los proveedores que no lo tienen necesitan inicio manual de sesión.
POP3	*Post Office Protocol*	Transferir el correo desde el servidor hasta su PC.
PPP	*Point to Point Protocol*	Conectarse al proveedor. Establece el protocolo TCP/IP por teléfono. Mejor que SLIP.
S/MIME	*Secure Mime*	Transferencia de correo codificado.
SLIP	*Serial Line Internet Protocol*	Conectarse a Internet por teléfono. Ya se reemplazó por PPP.
SMTP	*Simple Mail Transfer Protocol*	Transferir correo entre servidores.
SSL 3	*Secure Sockets Layer*	Transferencias seguras, protegidas contra intrusos.
TCP/IP	*Transport Control Protocol / Internet Protocol*	Comunicación básica entre computadoras en Internet.
UDP	*Usr Datagram Protocol*	Más rápido que TCP/IP pero sin corrección de datos. Lo usan programas que transfieren sonido y video en tiempo real.
V.90		Protocolo unificado de los módems de 56K.

¿Problemas?

Veamos acá los problemas comunes **al tratar de conectarse**. Los problemas específicos navegando en la Web o con el correo se tratan al final de los capítulos Correo Electrónico Avanzado y Navegantes Avanzados.

El módem no responde

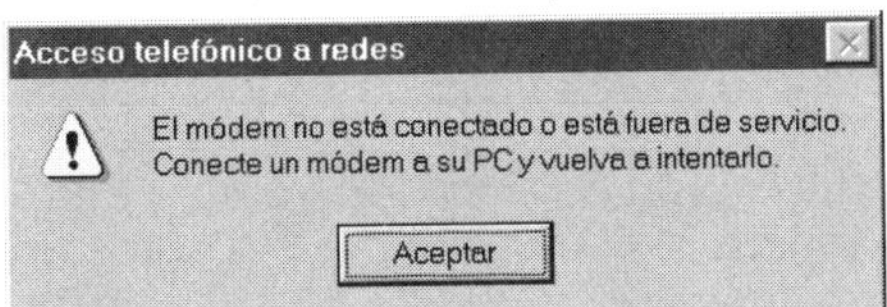

- Si es un módem externo, chequee que esté prendido y bien conectado el cable serie que lo une a la PC.
- Realice un diagnóstico del módem para ver si está respondiendo:

1. Vaya a `Panel de control` ➡ `Módems` ➡ `Diagnóstico`.
2. Seleccione el puerto al que está conectado el módem.
3. Clic en `Más información`. Le tiene que aparecer algo como esto:

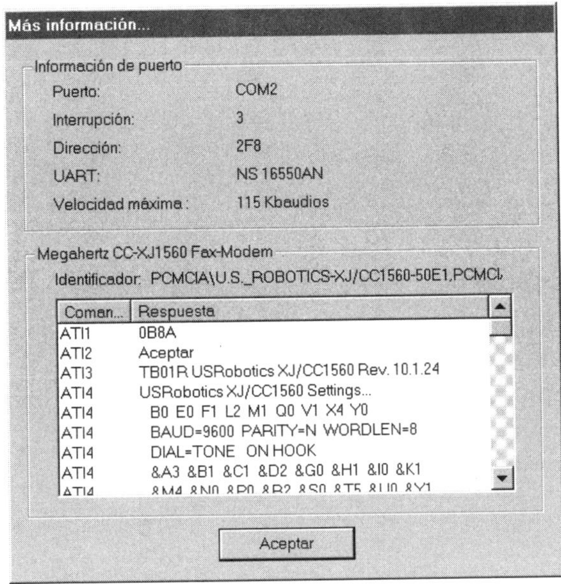

Si no responde, pruebe...

SÓLO PARA GENIOS

MÓDEMS ANTIGUOS

Antes de que salieran los modems *plug & play* (conecte y use), en los módems internos había unas llavecitas (dip-switches) para configurar el puerto COM manualmente. Si es el caso del suyo, pruebe el puerto COM3, ya que COM1 y COM2 son utilizados por las salidas serie que vienen con la PC. Al COM1 lo utiliza el mouse, la salida COM2 suele utilizarse para un módem externo, eventualmente puede deshabilitar el COM2 desde el Setup de la PC para utilizarlo con un módem interno.

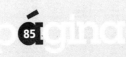

MULTIENLACE

En Windows 98, si tiene dos o más módems y otras tantas líneas telefónicas, puede conectarse al mismo tiempo con varios módems para multiplicar la velocidad de su conexión.

Reinstalando el módem

❶ Desde `Panel de control` ➡ `Modems` haga `Quitar`.

❷ Vaya a `Panel de control` ➡ `Agregar nuevo hardware`.

Si Windows no detecta su módem, usted está en problemas, consulte al que se lo vendió.

No hay tono

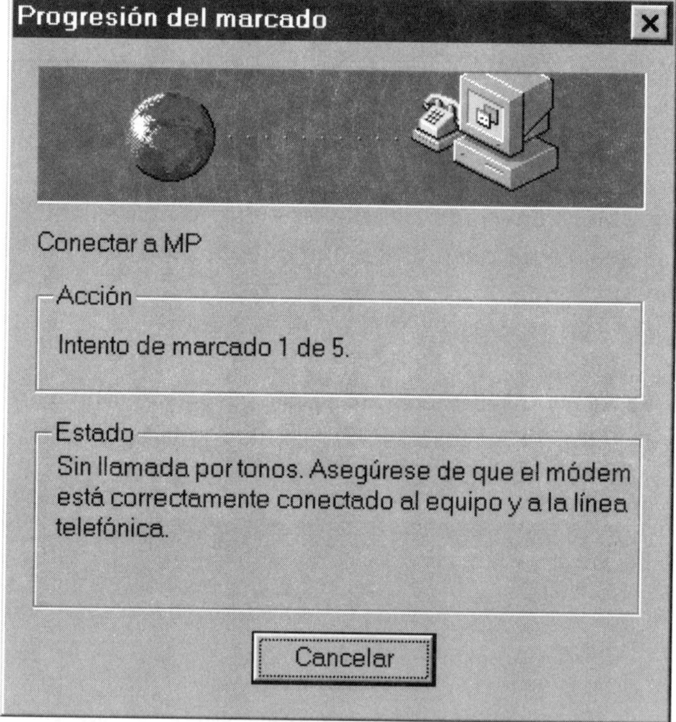

Para poder oír si realmente no hay tono, mejor asegurarse primero de que el volumen del módem esté alto:

❶ Vaya a las **Propiedades del módem para la conexión** (pág 70).

❷ Asegúrese de que el control de volumen del módem esté al máximo.

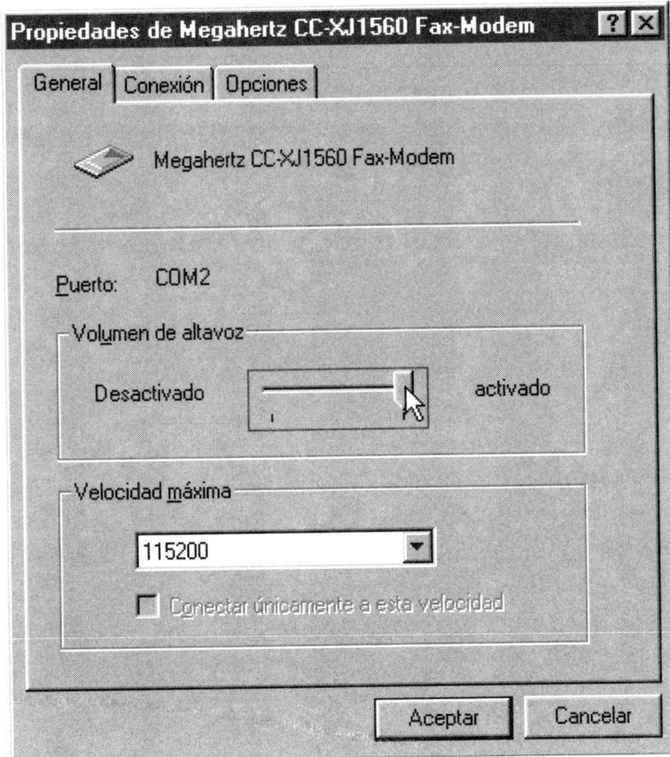

Ahora intente llamar nuevamente al proveedor.

· **Si no se escucha tono**

Usted tiene un **problema de cables**, chequee en este orden:

1. Conexión del cable telefónico al módem; tiene que estar donde dice Telco, Line o Wall, no donde dice Phone.
2. Chequee la conexión del cable telefónico a la pared: ojo con los adaptadores, suelen traer problemas. Si la pestañita de la ficha telefónica se rompió (es común), no siga insistiendo, compre otro cable, que sale dos mangos.
3. Pruebe conectar el módem a otra toma telefónica.
4. Asegúrese de que haya línea en la casa y no haya ningún teléfono descolgado.

· **Si se escucha tono**

Hay dos motivos por los cuales su módem puede no reconocer el tono:

❶ Usted contrató con su empresa telefónica el servicio **CALL** (Telecom) o **Memobox** (Telefónica), que cambia el sonido del tono.

❷ Está conectado a una central telefónica de un hotel o de una empresa con un tono medio raro.

En cualquiera de los dos casos, siga las instrucciones de la página 78, **Si el módem no reconoce el tono**.

Se corta la conexión

Pág. 79
¿Y si llama alguien mientras estoy conectado?

Es probable que usted tenga el servicio de **Llamada en espera**. Si no es ése su caso, y tiene ruido de línea, chequee los cables. Si el problema se repite periódicamente, quéjese a su proveedor. Si él le dice que está todo bien, quéjese a la empresa telefónica. Puede probar comprando un filtro de línea en una casa de artículos telefónicos, o comprar un módem de alta calidad, como el US Robotics.

El proveedor me rebota

El proveedor no reconoce su clave o necesita inicio manual de sesión y está en automático. En cualquiera de los dos casos, debe hacer que la sesión se inicie manualmente para poder ver qué pasa.

Iniciando manualmente la sesión

❶ Vaya a las **Propiedades del módem para la conexión** (pág. 70).

❷ Seleccione la ficha `Opciones`.
Marque la casillas como se ve en la pantalla.

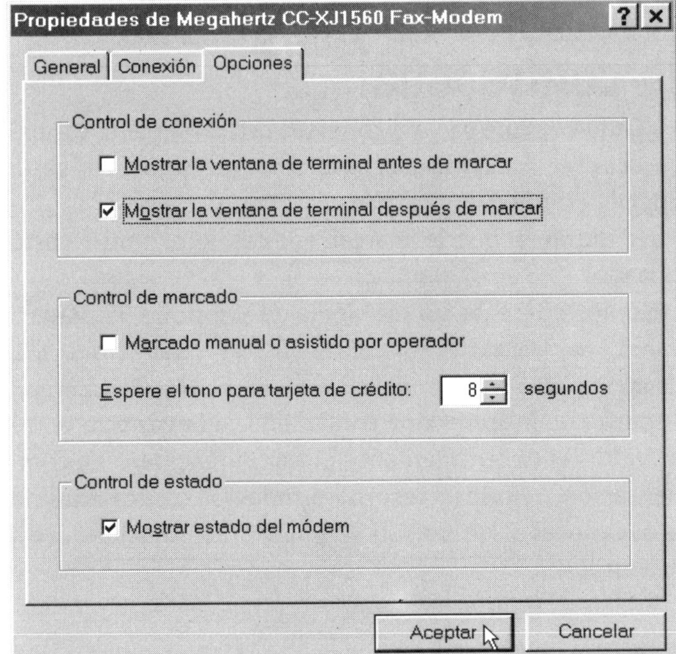

❸ Cuando se conecte nuevamente, se abrirá la ventana de terminal y podrá conectarse manualmente. Si así tampoco pudo conectarse, entonces usted está ingresando mal su nombre o su clave. En el 99% de los casos es porque tiene puesta la traba de mayúsculas (Caps Lock); si es así, sáquela. Si no hay caso, confirme nombre y clave con su proveedor. Acá vemos dos ejemplos: uno fallido y otro exitoso:

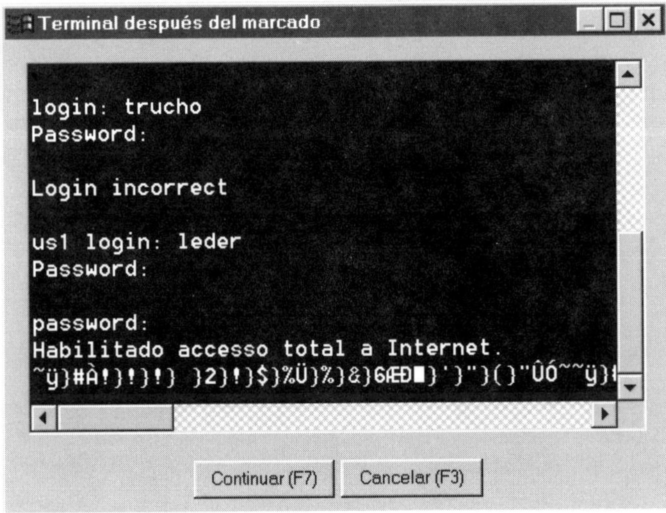

¡Windows no me guarda la contraseña!

¿Cada vez que se va a conectar usted marca el casillero `Guardar contraseña`, pero a la vez siguiente se la vuelve a pedir?

¿Ni siquiera puede marcar ese casillero porque está grisado?

No desespere, es un problema de Windows 95. Vaya a `Panel de control` ➡ `Contraseñas`, y seleccione `Los usuarios pueden personalizar su configuración...`. Tendrá que ingresar una contraseña cada vez que entre a Windows (o sencillamente pulsar Enter); pero en compensación, Windows recordará todas las contraseñas de proveedores y de correo. Windows 98 solucionó esta molestia.

EN EL CD

Test de autoevaluación

¡Al fin! Éste fue el capítulo más pesado y problemático del libro. ¡Conectémonos de una vez y basta de cháchara! ¿Qué es lo primero que va a querer hacer con su flamante conexión Internet? ¡Fanfarronear con sus amigos! En el capítulo que viene, entonces, veremos cómo enviar ese primer mensaje diciendo: "¡Ya tengo correo electrónico!".

El correo electrónico

Éste es un capítulo clave del libro, ya que el correo electrónico es el servicio más utilizado de Internet. En la primera parte, veremos paso a paso cómo realizar las tareas más comunes con Outlook Express, nuestro programa de correo electrónico. En la segunda parte del capítulo, encontrará una detallada guía de referencia con las pantallas principales del programa.

EL CORREO ELECTRÓNICO NO FUNCIONA. PASÁLA.

Capítulo 5

El correo electrónico o e-mail (de *electronic mail*, pronúnciese "imeil") es el servicio que permite enviar y recibir mensajes escritos entre usuarios de Internet.

Cuando contratamos el servicio de Internet con un proveedor, éste nos asigna una dirección de correo electrónico, que funciona igual que una casilla de correo tradicional. En el correo común, las cartas que recibimos quedan en nuestra casilla hasta que las retiramos para leerlas; de la misma manera, el correo electrónico que nos envían queda en la computadora de nuestro proveedor Internet hasta que nos conectamos y lo leemos.

Es por esto que, cuando enviamos un mensaje de correo electrónico, la computadora del destinatario no tiene por qué estar prendida: el mensaje se guarda en la computadora del proveedor del destinatario (su servidor de correo), y recién cuando el usuario se conecte, el servidor le va a mandar los mensajes pendientes a su PC.

El mecanismo para consultar nuestros mensajes pendientes es similar al que utilizamos con nuestro buzón o casilla de correo: si estoy esperando carta de mi novia, no me quedo toda la semana en el umbral de la casa, día y noche, esperando al cartero; a lo sumo, si estoy muy ansioso, puedo revisar el buzón cada media hora. De la misma manera, no tengo que estar siempre conectado a Internet para recibir mis mensajes; puedo llamar cada tanto a mi proveedor y fijarme si llegó algo.

No importa el tipo de computadora ni el programa de correo electrónico que utilice nuestro destinatario, el mensaje le llegará igual. Ésta es la gran ventaja de Internet: todos los que nos conectamos nos ponemos de acuerdo en utilizar el mismo protocolo.

Una buena costumbre

El correo electrónico cambió mis costumbres de trabajo, ordenándolo y organizando mejor mi tiempo: en vez de desconcentrarme a cada rato atendiendo llamadas telefónicas, yo decido cuándo ocuparme de los asuntos pendientes. El e-mail está haciendo que ya casi no use el teléfono en la oficina, que ya me tenía cansado. La comunicación

SERVIDOR, SERVER O HOST

Una computadora a la que se conecta un usuario o "cliente" para obtener un servicio. La computadora de nuestro proveedor Internet es, entre otras cosas, un servidor de correo: uno de los servicios que nos presta es el de almacenar nuestros mensajes hasta que nos conectamos y los leemos.

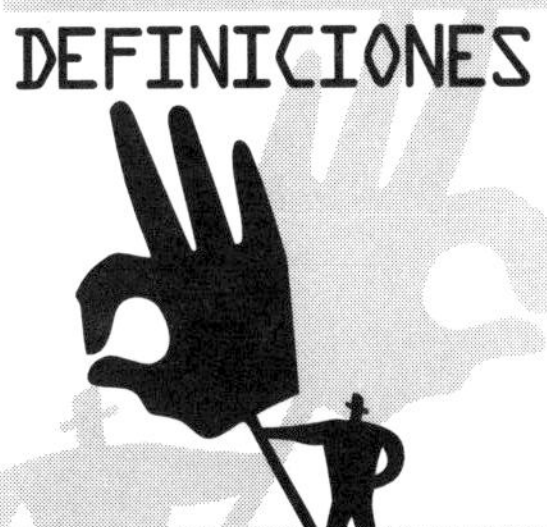

PROTOCOLO

Un lenguaje común que se decide usar en una red de computadoras para que, sin importar el tipo de máquina (Mac, PC, etc.), sistema operativo (Windows, Unix) o programa (Outlook, Exchange, Eudora), todas ellas se entiendan entre sí.

¿QUIERE RECIBIR MENSAJES?

¡Suscríbase a una lista de correo! Éstos son apasionantes grupos discusión, formados por gente de todas partes del mundo que intercambia mensajes sobre algún tema en común, como recetas de cocina, química o lo que se le ocurra (vea el capítulo Listas de correo). Otra posibilidad es dejar su dirección en algún sitio web de contactos, como www.amarillas.com.

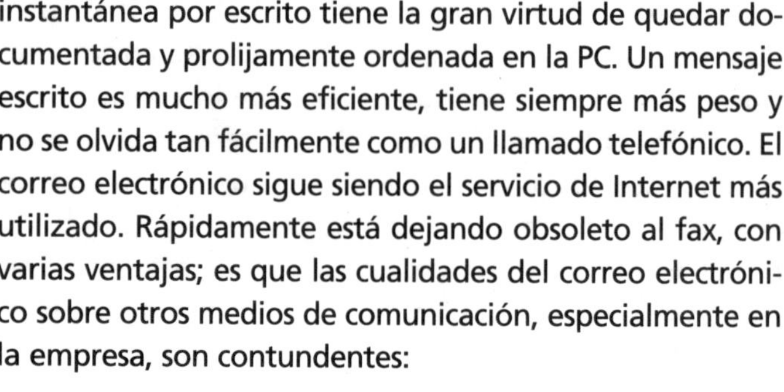

instantánea por escrito tiene la gran virtud de quedar documentada y prolijamente ordenada en la PC. Un mensaje escrito es mucho más eficiente, tiene siempre más peso y no se olvida tan fácilmente como un llamado telefónico. El correo electrónico sigue siendo el servicio de Internet más utilizado. Rápidamente está dejando obsoleto al fax, con varias ventajas; es que las cualidades del correo electrónico sobre otros medios de comunicación, especialmente en la empresa, son contundentes:

	E-mail	Correo	Fax	Teléfono
No interrumpe nuestra actividad	X	X	X	
Queda archivado en la PC	X			
Es inmediato	X		X	X
Permite envío de imágenes	X	X	X	
Permite envío de archivos	X	X		
Es ecológico (no utiliza papel)	X			X
Es barato para comunicaciones de larga distancia	X	X		

Apéndice B: Lista completa de códigos de país.

Direcciones electrónicas

Cuando contratamos una cuenta Internet, se nos asigna una dirección electrónica. Eso es todo lo que necesitamos saber de una persona para poder enviarle un mensaje. La mayoría de las direcciones electrónicas se compone de la siguiente manera:

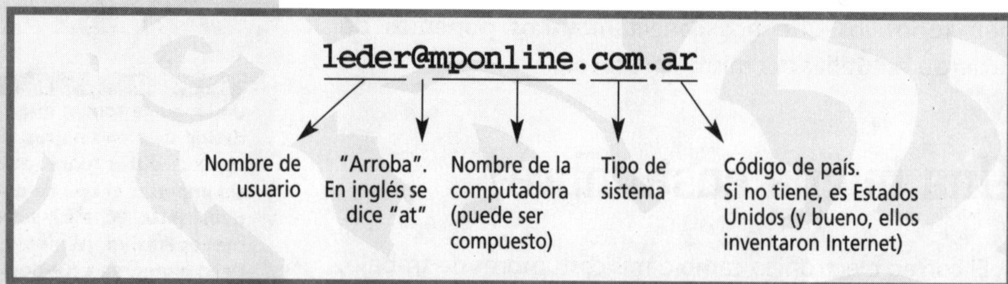

TIPOS DE SISTEMA MÁS USADOS

com	Organización comercial	**net**	Administrador de red
edu	Institución educativa	**org**	Organizaciones varias
gov	Gobierno		

Leer los mensajes recibidos

PASO A PASO

Muy bien, vamos a ver cómo leer los mensajes que recibimos. En este capítulo, vamos a suponer que ya tenemos la cuenta de correo correctamente configurada.

Pág. 56
Configurando el correo electrónico

1. Asegúrese de que su módem esté conectado a la línea telefónica (¡y que no haya nadie usando el teléfono!). Si es un módem externo, acuérdese de prenderlo. Ya que estamos, encienda también la PC.

2. Lo primero es abrir el programa de correo electrónico, Outlook Express. Para ello, haga clic en el ícono del sobrecito en la barra de tareas de Windows. Si no lo encuentra, vaya a `Inicio` ➡ `Programas` ➡ `Internet Explorer` ➡ `Outlook Express`. Se abrirá el programa y comenzará a llamar al proveedor.

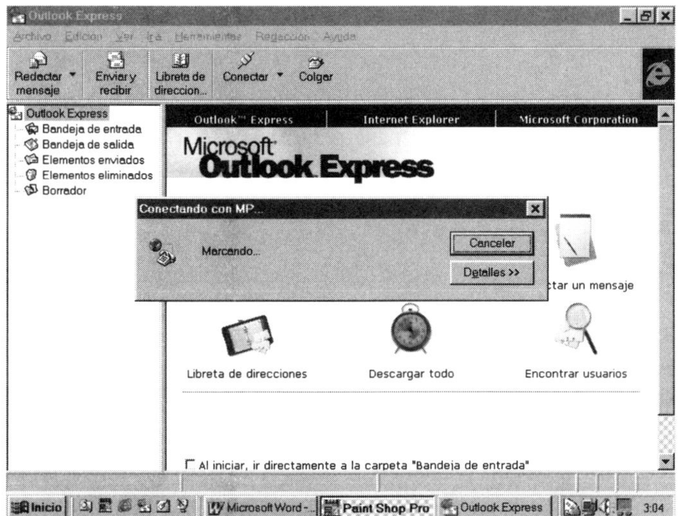

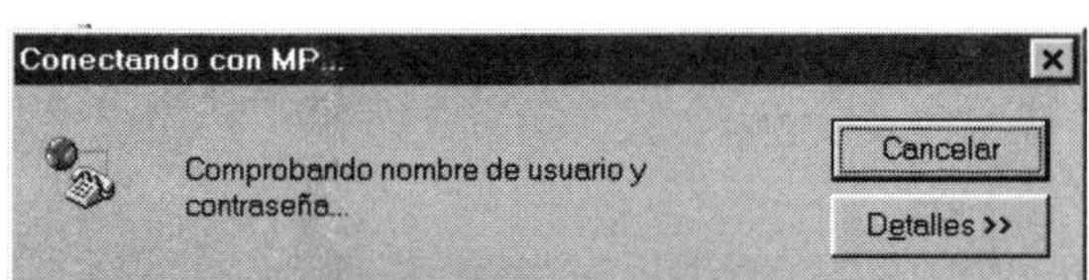

ALGUNAS DIRECCIONES IMPORTANTES

Carlos Menem
spyd@presidencia.gov.ar
Bill Clinton
president@whitehouse.gov
El Papa
webmaster@vatican.va
Miguel Lederkremer
leder@mponline.com.ar

Cómo cambiar la configuración
Si Outlook Express tiene un comportamiento que no coincide con lo descripto acá, vea en el capítulo que viene ***Trabajar desconectado,*** *pág. 122*

SÓLO PARA GENIOS

¿NO RECIBÍ MENSAJES?

La transferencia de mensajes se indica en la barra de estado de Outlook (borde inferior de la pantalla), con un cartelito que desaparece enseguida. Si quiere asegurarse de que el correo fue consultado correctamente, haga doble clic en el sobrecito a la derecha de la barra de estado y verá las últimas tareas realizadas. Esto sólo está disponible a partir de la versión 4.72.31xx.x (puede ver la versión en `Ayuda` ➡ `Acerca de...`).

IDEAS

DIRECTO AL GRANO

La pantalla inicial de Outlook Express, con las fotitos del despertador, el periódico, etc., es muy linda, pero poco útil. Conviene marcar el casillero "Al iniciar, ir directamente a la Bandeja de entrada", que está en la parte inferior de la pantalla.

3 Después de conectarse con el proveedor, comenzará la transferencia de mensajes, y tras algunos segundos (o minutos, dependiendo de la cantidad y tamaño de los que haya recibido), podrá ver los resultados de la transferencia: en pantalla se le informa la cantidad de mensajes nuevos que recibió.

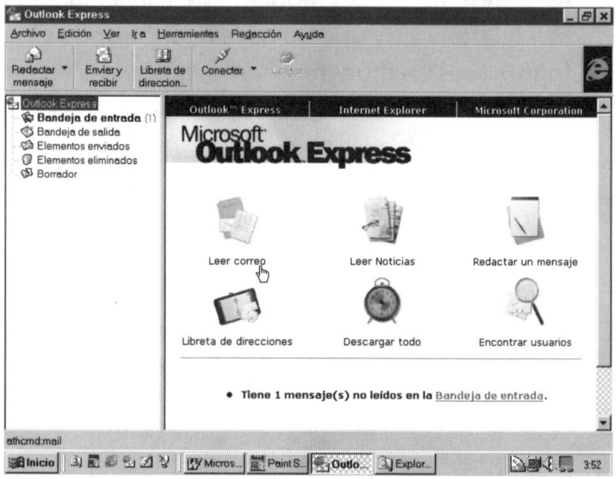

4 Si no piensa contestar sus mensajes inmediatamente, haga clic en el botón `Colgar`, para cortar la comunicación y leerlos sin apuro.

5 Los mensajes recibidos quedan en la carpeta `Bandeja de entrada`; haga clic en `Leer correo` para verlos.

6 Los mensajes nuevos estarán en negrita. Haga clic en cualquiera de ellos para leerlo en la parte inferior de la pantalla.

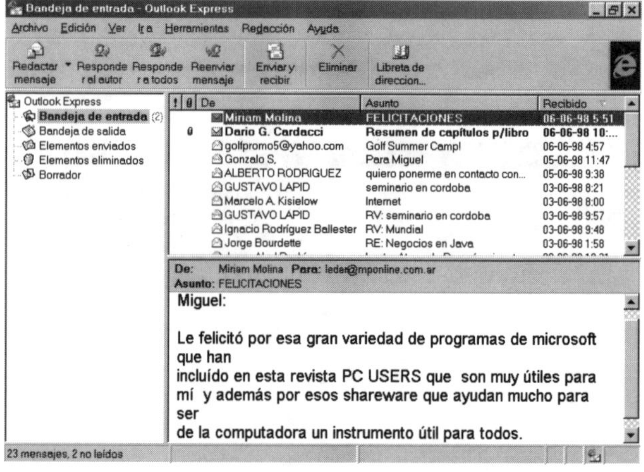

Enviar un mensaje — PASO A PASO

Pantalla principal de Outlook Express

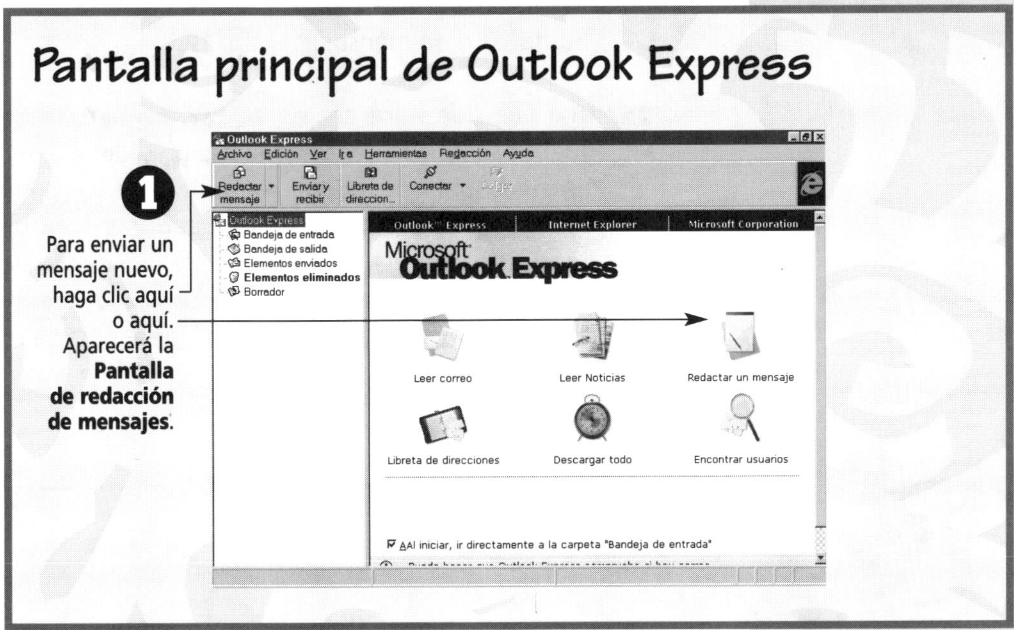

Pantalla de redacción de mensajes

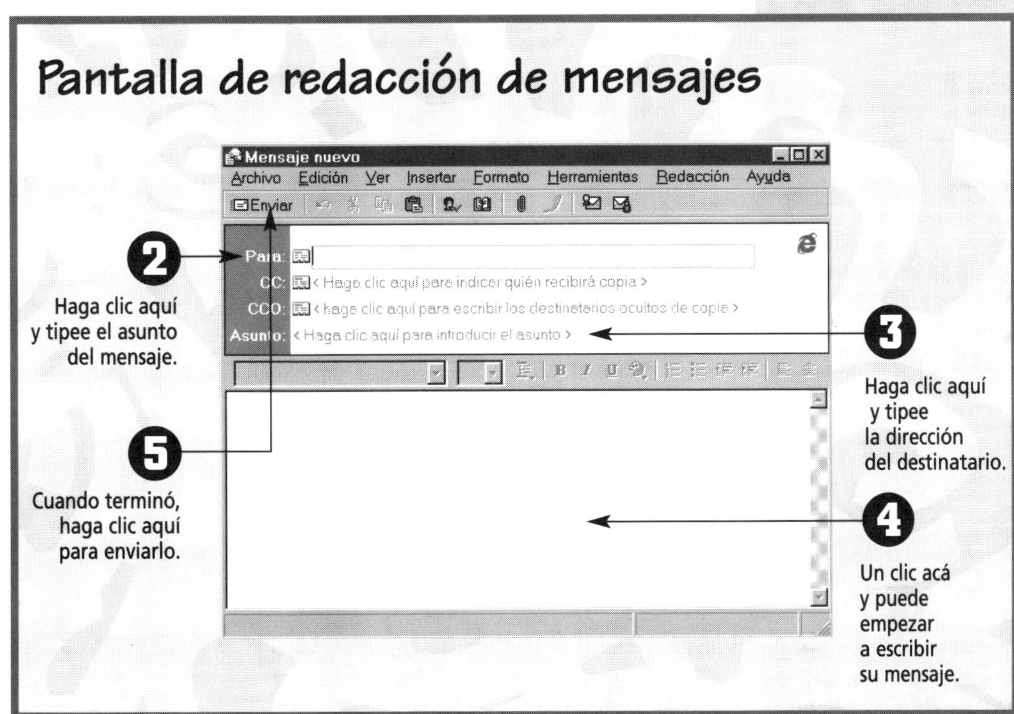

Con esto le alcanza para escribir un mensaje sencillo. Para ir más allá y saber para qué sirven todos los íconos en esta pantalla, vea en este capítulo "Redacción de mensajes", pág. 106.

6 Una vez que hace clic en `Enviar`, el mensaje se guarda temporalmente en la `Bandeja de salida`. Si usted había cortado la comunicación, Outlook Express volverá a llamar al proveedor. Luego de unos instantes, el mensaje se irá de la `Bandeja de salida` para pasar a la carpeta `Elementos enviados`: señal segura de que su mensaje salió hacia su destino.

CONTESTE ENSEGUIDA

Todos sabemos que "después" es, muchas veces, sinónimo de "nunca". Responder nuestro e-mail apenas lo recibimos, aunque sea con unas pocas líneas, nos deja una refrescante sensación de conciencia tranquila.

Contestar y reenviar mensajes

Si quiere contestarle a alguien, en la `Bandeja de entrada` seleccione el mensaje a responder y haga clic en el botón `Responder al autor`.

También puede hacer clic en `Reenviar mensaje` para mandárselo a otra persona (muy útil en el trabajo para sacarse rápidamente un asunto de encima).

En cualquiera de los dos casos, se abrirá la **Pantalla de redacción de mensajes**; el procedimiento es igual que al enviar un mensaje nuevo, con dos diferencias:

• En el campo `Para:` ya estará tipeada la dirección del remitente.

• En el cuerpo del mensaje estará citado el mensaje original, lo que resulta útil para recordar a nuestro remitente el tema sobre el que estamos contestando.

FORWARDEAR

Sinónimo de reenviar un mensaje en spanglish (mezcla de inglés y castellano).

Imprimir mensajes

1. Asegúrese de que la impresora esté encendida y con papel.
2. Seleccione el mensaje a imprimir y haga clic.
3. Clic en `Aceptar`.

Borrar mensajes

❶ Seleccione la carpeta deseada.
❷ Señale el mensaje a borrar. Puede seleccionar varios pulsando las teclas Ctrl o Mayús. mientras hace clic.
❸ Pulse la tecla Supr o Del.

Los mensajes borrados quedan en la carpeta `Elementos eliminados`. Si después se arrepiente, puede arrastrarlos hacia otra carpeta. Si quiere borrar todo rastro de ese e-mail comprometedor, haga clic derecho sobre la carpeta `Elementos eliminados` y clic en `Vaciar carpeta`.

Organizar los mensajes

Puede organizar los mensajes en carpetas para tenerlos ordenaditos por tema o remitente.

Crear una carpeta

❶ Haga clic derecho sobre cualquiera de las carpetas existentes y seleccione `Carpeta nueva...`
❷ Ingrese un nombre para la carpeta nueva y elija dentro de qué carpeta actual quiere colocarla.

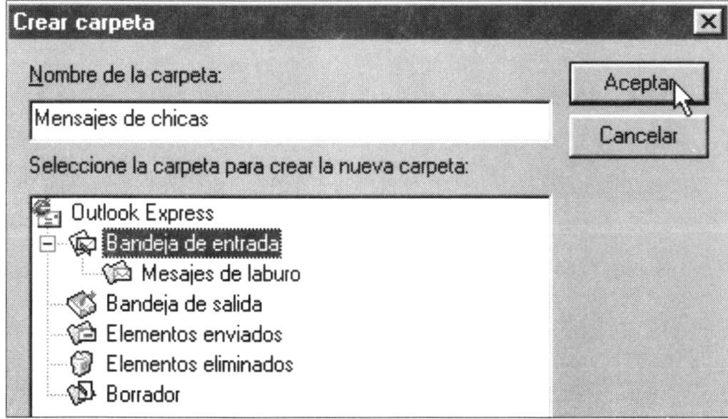

Mover mensajes a una carpeta

❶ Seleccione la carpeta en la que está el mensaje (seguramente, Bandeja de entrada).
❷ Arrastre el mensaje hacia la bandeja deseada en la lista de la izquierda.

CORREO BASURA

Si empieza a recibir mensajes, mayormente en inglés, ofreciéndole negocios fabulosos o intentando venderle algo, se trata del tristemente famoso *junk mail* (correo basura o *spam*). Ésta es una pésima costumbre de algunos usuarios, que de alguna manera consiguen direcciones de correo electrónico y les mandan a miles de personas el mismo mensaje. No hay forma de evitarlo, aunque algunos programas, como Outlook Express, lo intentan mediante "filtros".

SNAIL MAIL

"Correo caracol". Así se le dice ahora en los Estados Unidos al correo común, por su lentitud comparado con el e-mail.

Utilizar la libreta de direcciones

La libreta de direcciones le evita tener que tipear la dirección electrónica cada vez que envía un mensaje. Esto ofrece dos grandes ventajas: no tiene que acordarse de todas las direcciones y evitará que se equivoque al tiperlas. Una vez registrada una persona en la libreta de direcciones, en su mensaje sólo debe escribir el nombre del destinatario y el programa se encarga del resto.

PASO A PASO — Ingresando una dirección nueva

1. En la pantalla principal de Outlook Express, haga clic en el botón `Libreta de direcciones`.

2. Clic en `Nuevo contacto`.

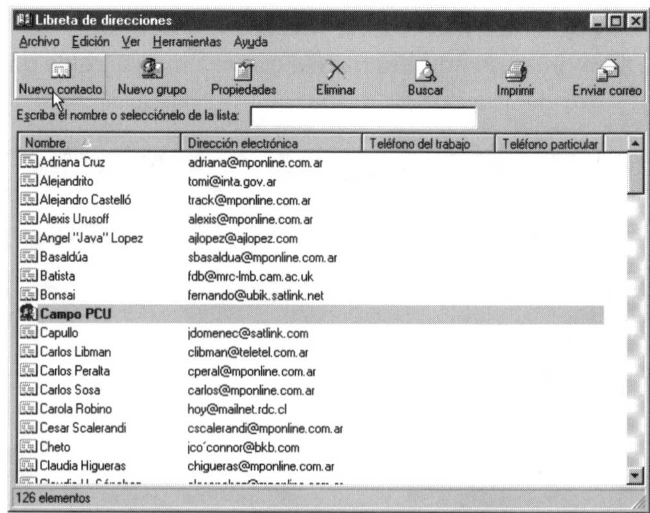

3. Complete los campos `Primer nombre` y `Apellidos` (con la tecla Tab pasa rápidamente de un campo al otro).

4. En `Agregar Nueva...`, ingrese cuidadosamente la dirección de correo electrónico.

5. Haga clic en `Agregar`. La dirección debe aparecer en el cuadro grande de abajo.

6. Clic en `Aceptar`.

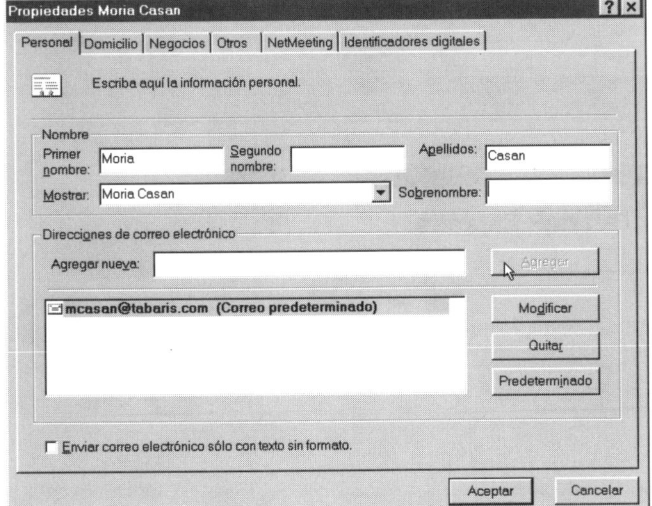

7. A partir de ahora, cuando redacte un mensaje, en el campo `Para:` sólo deberá poner el nombre o apellido del destinatario.

CÓMO COPIAR SU LIBRETA DE DIRECCIONES A OTRA PC

1. Desde la `Libreta de direcciones` **vaya a** `Archivo` ➡ `Exportar` ➡ `Libreta de direcciones`

2. Seleccione `Archivo de texto` **y haga clic en** `Exportar`

3. Tipee una ubicación y un nombre de archivo (ej. `a:libreta` **para guardarla en disquete)**

4. Clic en `Siguiente`, **clic en** `Finalizar`

5. En la otra PC, inserte el disquete y, desde la `Libreta de direcciones`, **vaya a** `Archivo` ➡ `Importar` ➡ `Libreta de direcciones`

6. Seleccione `Archivo de texto` **y haga clic en** `Importar`.

Ingresando la dirección de alguien que le escribió

1. Haga doble clic en el mensaje recibido. Se abrirá en una ventana aparte.
2. Haga clic derecho sobre el remitente.
3. Clic en `Agregar a la Libreta de direcciones`.

Guía de referencia de Outlook Express

Muy bien, ya vimos paso a paso cómo realizar las tareas más comunes en Outlook Express. A continuación,

una guía de referencia para que la use de ayudamemoria y se largue a investigar todas las posibilidades que ofrece este programa impresionante.

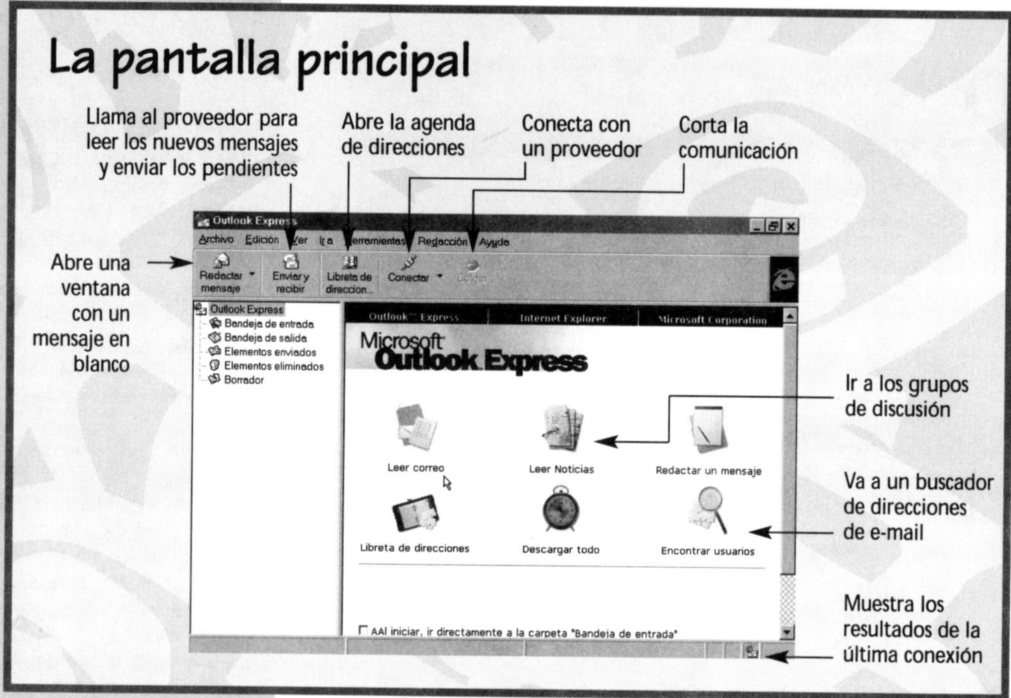

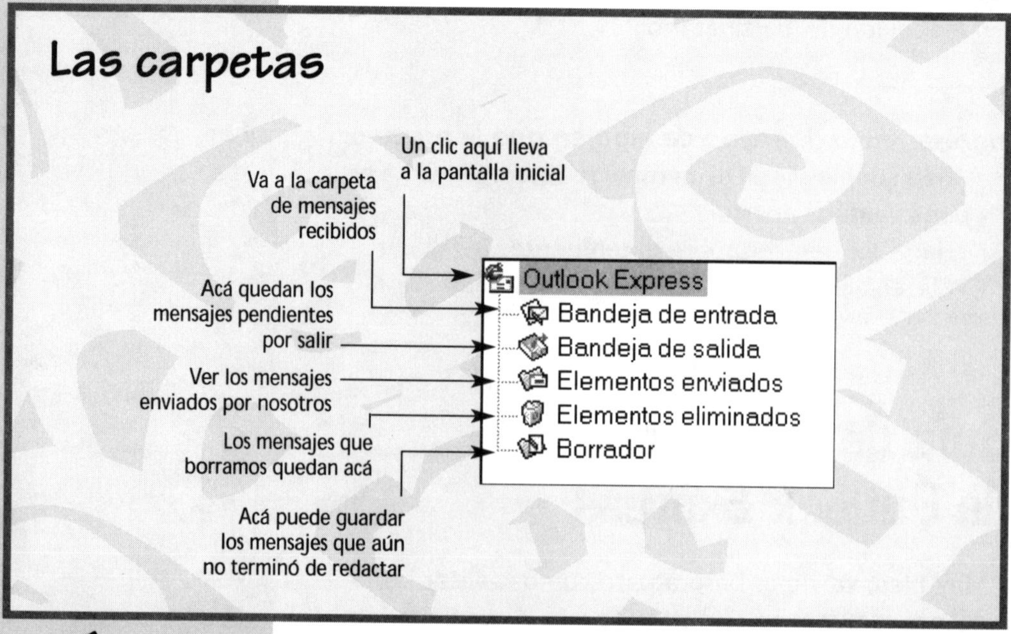

La bandeja de entrada

Un clic muestra un mensaje en el panel inferior, un doble clic lo abre en pantalla aparte

Este mensaje está en negrita: aún no fue leído

Un clic acá ordena los mensajes por esta columna, otro clic ordena al revés

La flechita indica que los mensajes están ordenados por esta columna

Está en negrita: hay mensajes sin leer (entre paréntesis, cuántos)

Indica la prioridad del mensaje, nadie lo usa

Este mensaje tiene un archivo adosado (ver capítulo siguiente)

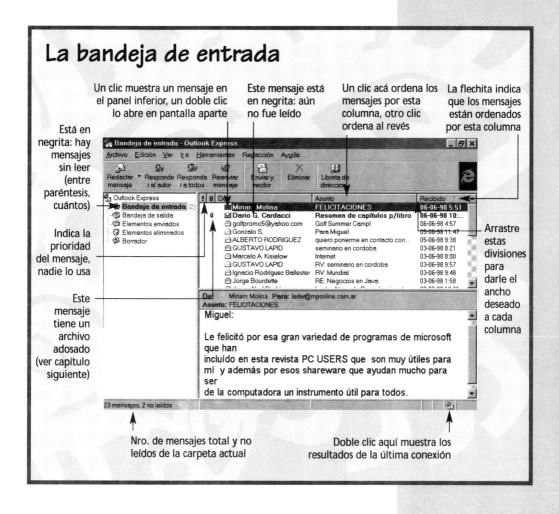

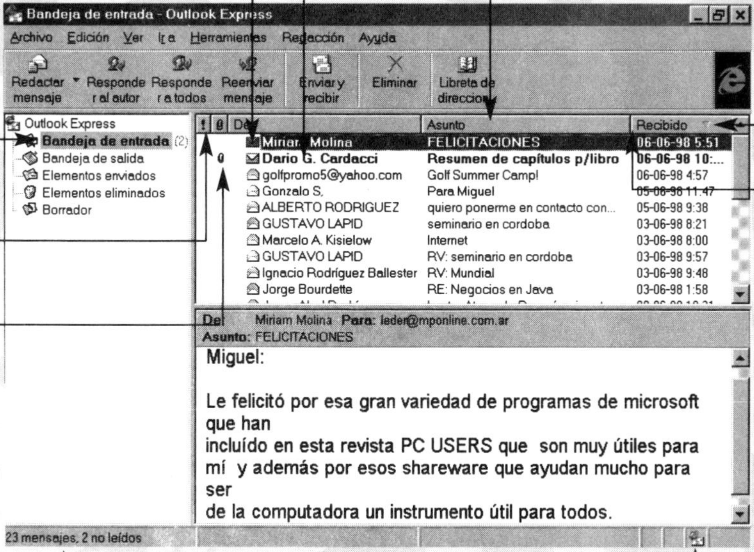

Arrastre estas divisiones para darle el ancho deseado a cada columna

Nro. de mensajes total y no leídos de la carpeta actual

Doble clic aquí muestra los resultados de la última conexión

Herramientas de la bandeja de entrada

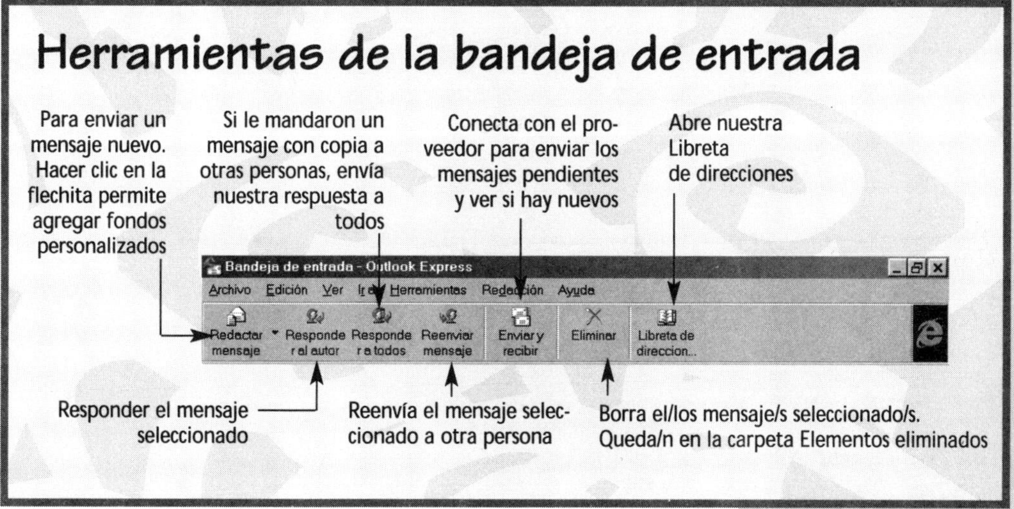

Para enviar un mensaje nuevo. Hacer clic en la flechita permite agregar fondos personalizados

Si le mandaron un mensaje con copia a otras personas, envía nuestra respuesta a todos

Conecta con el proveedor para enviar los mensajes pendientes y ver si hay nuevos

Abre nuestra Libreta de direcciones

Responder el mensaje seleccionado

Reenvía el mensaje seleccionado a otra persona

Borra el/los mensaje/s seleccionado/s. Queda/n en la carpeta Elementos eliminados

Pantalla de redacción de mensajes

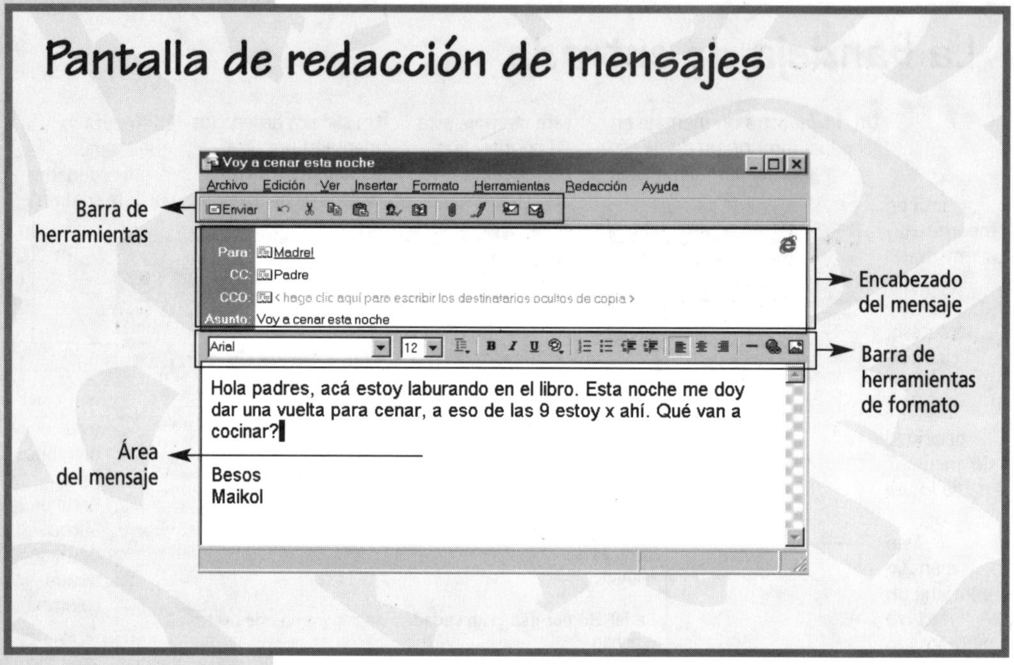
Voy a cenar esta noche
Archivo Edición Ver Insertar Formato Herramientas Redacción Ayuda
Enviar
Barra de herramientas
Para: Madre!
CC: Padre
CCO: < haga clic aquí para escribir los destinatarios ocultos de copia >
Asunto: Voy a cenar esta noche
Encabezado del mensaje
Arial
12
Barra de herramientas de formato
Hola padres, acá estoy laburando en el libro. Esta noche me doy dar una vuelta para cenar, a eso de las 9 estoy x ahí. Qué van a cocinar?
Besos
Maikol
Área del mensaje

Herramientas de redacción de mensajes

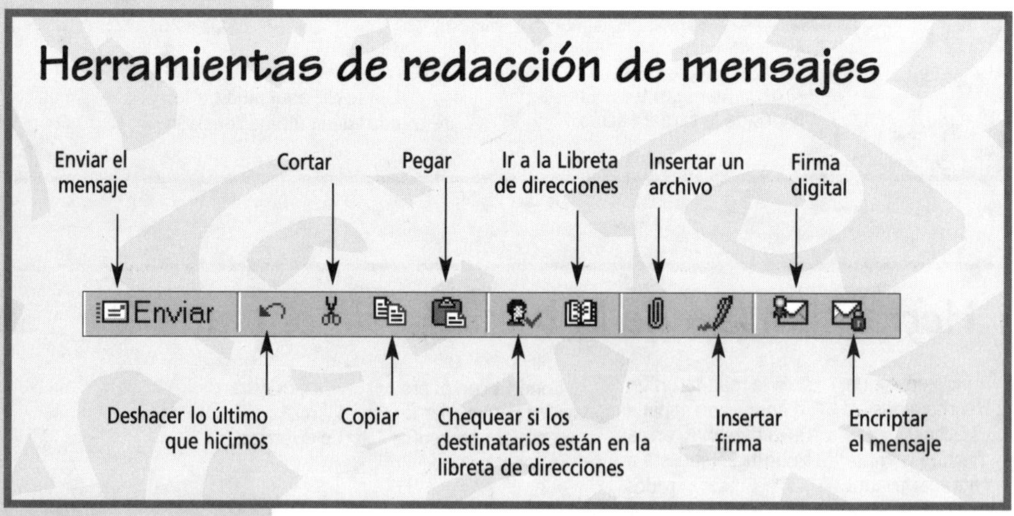
Enviar el mensaje
Cortar
Pegar
Ir a la Libreta de direcciones
Insertar un archivo
Firma digital
Enviar
Deshacer lo último que hicimos
Copiar
Chequear si los destinatarios están en la libreta de direcciones
Insertar firma
Encriptar el mensaje

El encabezado del mensaje

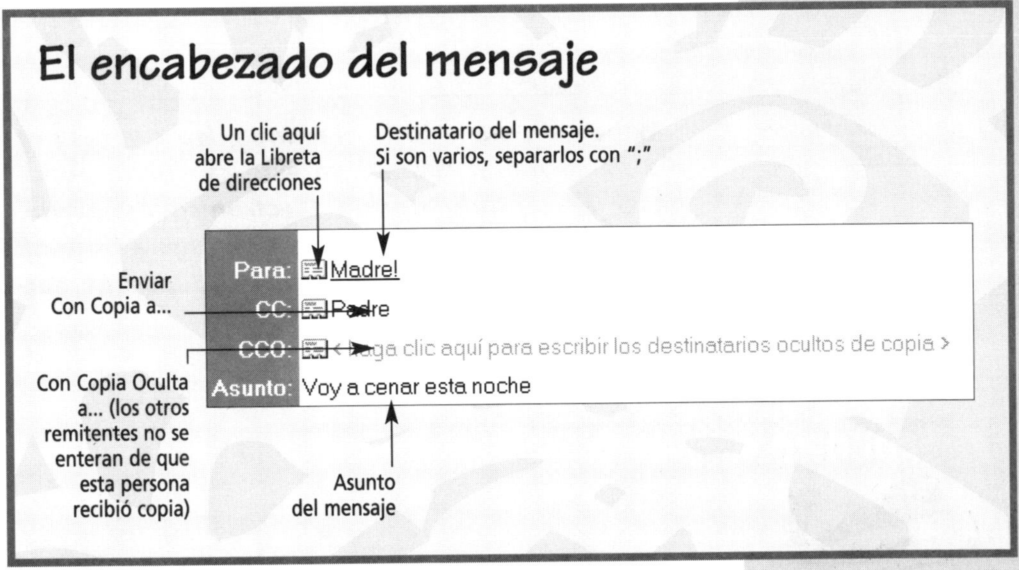

Las herramientas de formato

Sólo están disponibles para mensajes HTML.

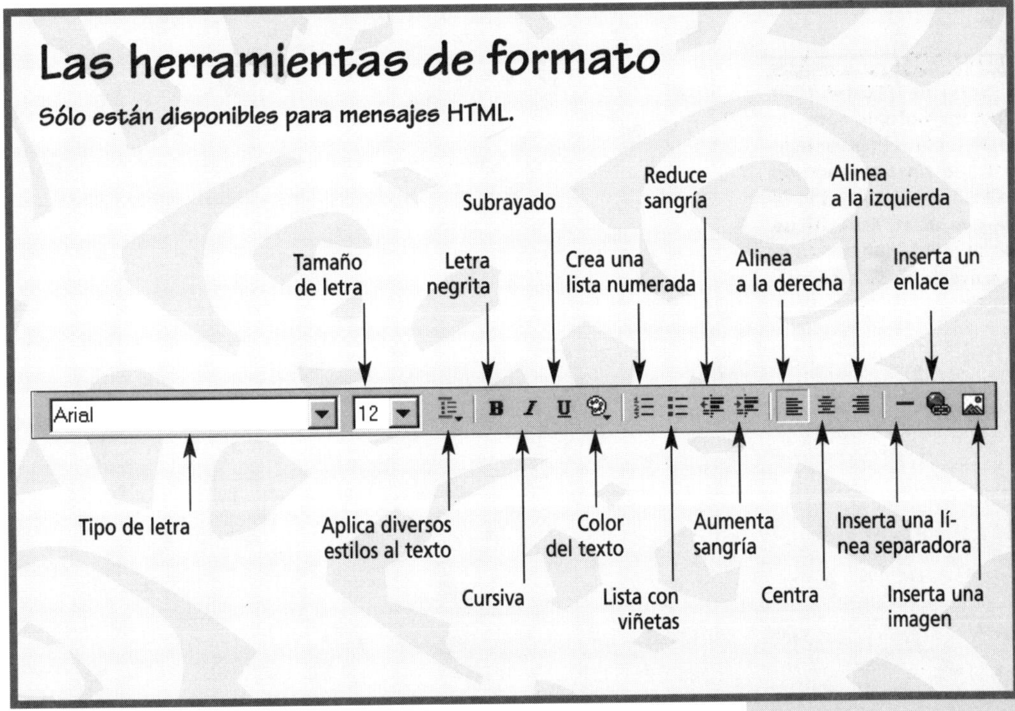

EN EL CD

Test de autoevaluación

Mande e-mails a todo el mundo, lea 3 veces por día su correo y, cuando ya esté canchero, podrá pasar al capítulo Correo Electrónico Avanzado, donde aprenderá a sacarle todo el jugo a Outlook Express y enviar mensajes sofisticados que sorprenderán a su familia y amigos.

¡HACÉME ACORDAR!

El servicio prestado en www.memotome.com es simple, pero impresionante: usted tipea un mensaje y ellos lo enviarán en la fecha que usted especifique. ¡No se olvide nunca más de su aniversario de casados!

PC/users

Correo electrónico avanzado

En este capítulo veremos algunas características avanzadas del correo: si se conecta a Internet telefónicamente, le interesará saber cómo trabajar desconectado; si le gusta aprovechar al máximo todos los chiches, le agradará aprender a enviar archivos y crear listas de distribución. Incluyo también acá las soluciones a los problemas comunes. Y la cereza: ¡cómo conseguir una cuenta de correo gratis en la Web!

Capítulo 6

Mensajes en HTML

Pág. 115
Archivos adosados

En los comienzos del correo electrónico, sólo se podía enviar y recibir texto pelado; ni un dibujito, ni una letra cursiva o negrita, nada. Hoy en día, los programas modernos de correo electrónico permiten enviar mensajes con imágenes, tipos de letra, fondos y otros chiches. El formato usado es el **HTML**, el mismo que se utiliza en las páginas de la Web.

El problema es que mucha gente aún emplea programas de correo antiguos que no soportan este estándar. Si usted envía un mensaje en formato HTML a alguien que tiene un programa que no lo soporta, el destinatario lo recibirá, pero verá el mensaje vacío con un **archivo adosado**.

Recién al abrir el archivo adosado se le abrirá el navegador que tenga instalado con el mensaje que usted mandó. Esto suele ser bastante molesto, así que, ante la duda, mejor envíe su mensaje como **texto sin formato** (también se lo llama **formato texto**, **texto puro** o **formato ASCII**).

Cuando usted responde un mensaje, Outlook Express envía su respuesta en el mismo formato del mensaje recibido por usted; "contesta en el mismo idioma", así que ahí no hay problema. Sin embargo, al crear un mensaje nuevo, Outlook Express, por omisión, lo envía en formato HTML, así que para...

129
"Otros programas de correo", para saber cuáles soportan mensajes en HTML.

Enviar un mensaje en formato texto

Cuando esté redactando un mensaje, vaya al menú `Formato` y seleccione `Texto sin formato`. Desaparecerán todas las herramientas de formato.

Hacer que todos los mensajes salgan en formato texto

1. En la pantalla principal de Outlook Express, vaya a `Herramientas` ➡ `Opciones` ➡ `Enviar`.
2. En `Formato para el envío de correo` seleccione `Texto sin formato`.

Mensajes más lindos

Ahora, si usted quiere enviar nomás mensajes en HTML, verá que se pueden hacer muchas cosas divertidas. Por ejemplo, al redactar uno nuevo, en lugar de hacer clic en el botón `Redactar mensaje`, hágalo en la flechita que hay al lado; se desplegará un menú con diversos fondos para elegir:

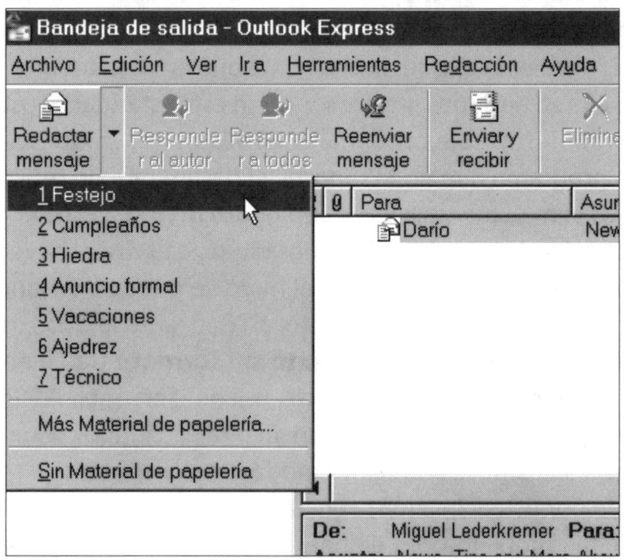

LOS FORMATOS GRÁFICOS

Si envía una foto, que sea en formato JPG, cuyos archivos son más chicos. La misma foto en formato BMP puede ocupar 10 veces más.

Luego, puede ingresar texto con distintos tipos y tamaños de letra, e insertar fotos, para sorprender a sus amigos con un mensaje como éste:

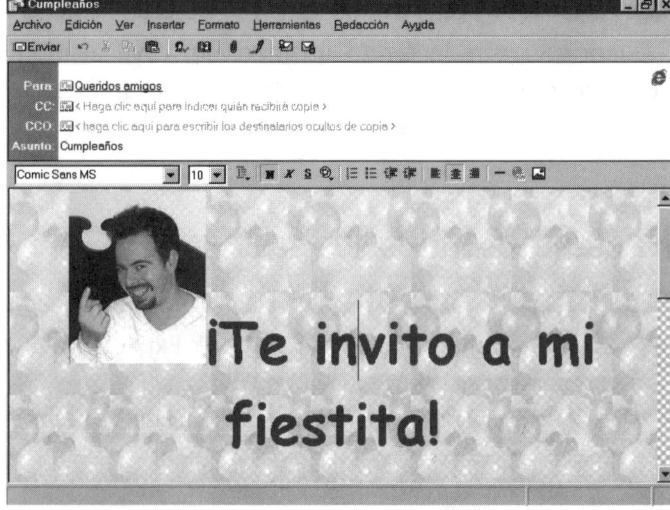

Archivos adosados

Usted puede enviar y recibir por correo electrónico no sólo texto, sino cualquier archivo que tenga en su PC: una foto, una planilla de cálculo, un documento de Word o un programa. A esto se lo llama **adjuntar**, **adosar** o (qué feo) ***attachear*** un archivo.

Enviar un archivo con el mensaje

PASO A PASO

1. En la pantalla de redacción del mensaje haga clic en el clip.

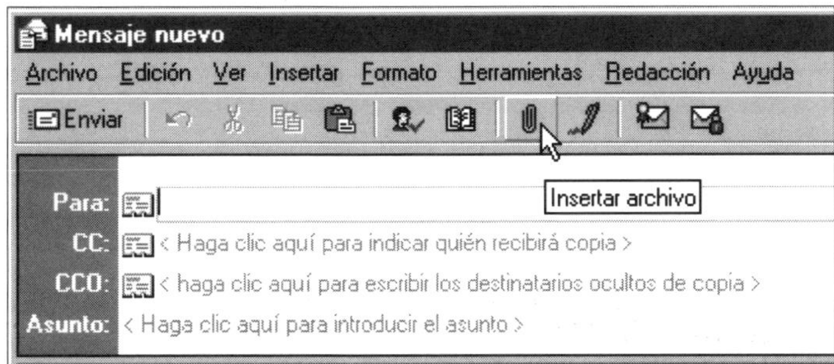

2. Busque en su disco el archivo a enviar y haga doble clic en él.

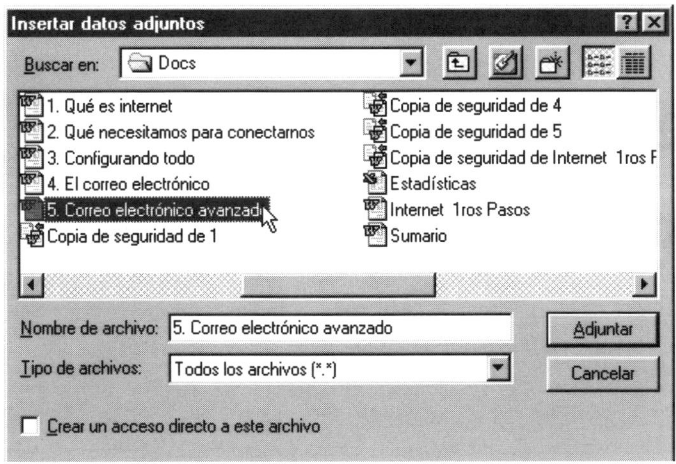

EN EL CD

¡Envie un chiste!
En la carpeta \Humor\JPG del CD-ROM encontrará más de una docena de chistes gráficos ¡para enviarles a sus amigos por e-mail!

3 Los archivos adjuntos aparecerán en la parte inferior del mensaje.

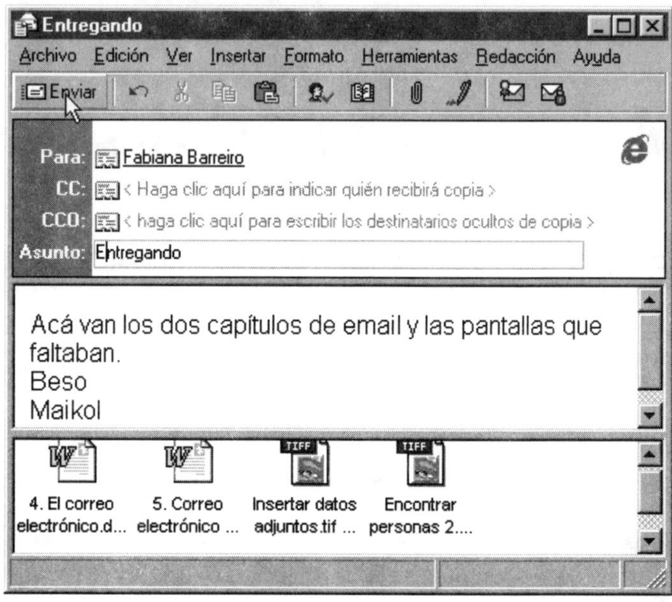

PASO A PASO — Abrir un archivo recibido

Cuando recibimos un mensaje con un archivo adosado, un clip lo señalará claramente al lado del mensaje. Un clic en el clip grande en el panel inferior nos permitirá abrir el o los archivos recibidos.

1 Con el mensaje en cuestión en pantalla, vaya a `Archivo ➡ Guardar datos adjuntos...`

2 Haga clic en el archivo que quiere guardar.

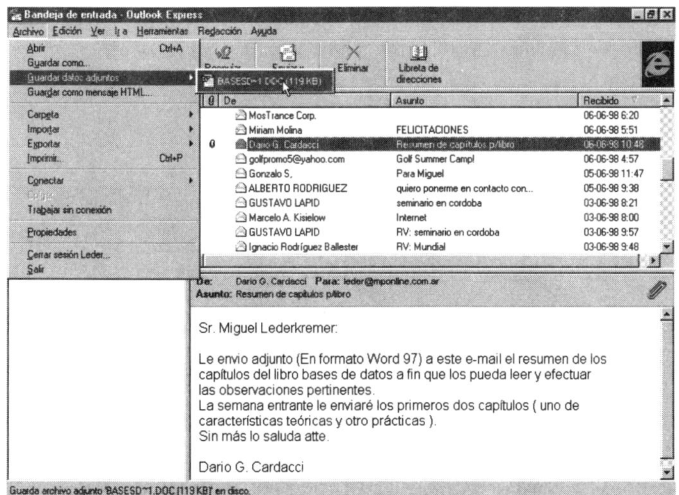

3 Puede guardarlo en el mismo **Escritorio** para encontrarlo fácilmente, o ir hasta el directorio deseado, generalmente **Mis Documentos**.

4 Clic en **Guardar.**

¡NO ABUSE!
Recuerde que, a las velocidades actuales promedio de Internet, cada 1 MB que envía significa unos 10 ó 15 minutos adicionales en la transferencia del correo (tanto para el que lo envía como para el que lo recibe). No mande archivos mayores de 100 KB, a no ser que se los pidan, porque le "taponará" el correo a su destinatario.

Gente que busca gente

¿Puedo averiguar la dirección electrónica de una persona? A veces. Hay varias guías de direcciones de e-mail en la Web, pero sus bases de datos están lejos de ser completas. La que mejor resultado me dio es Four11

(debido a un cambio de manos, ahora es Yahoo! People Search). Una aplicación irresistible de este servicio es la de buscar familiares perdidos por el mundo. Veamos cómo hacerlo.

PASO A PASO Averiguar una dirección de e-mail

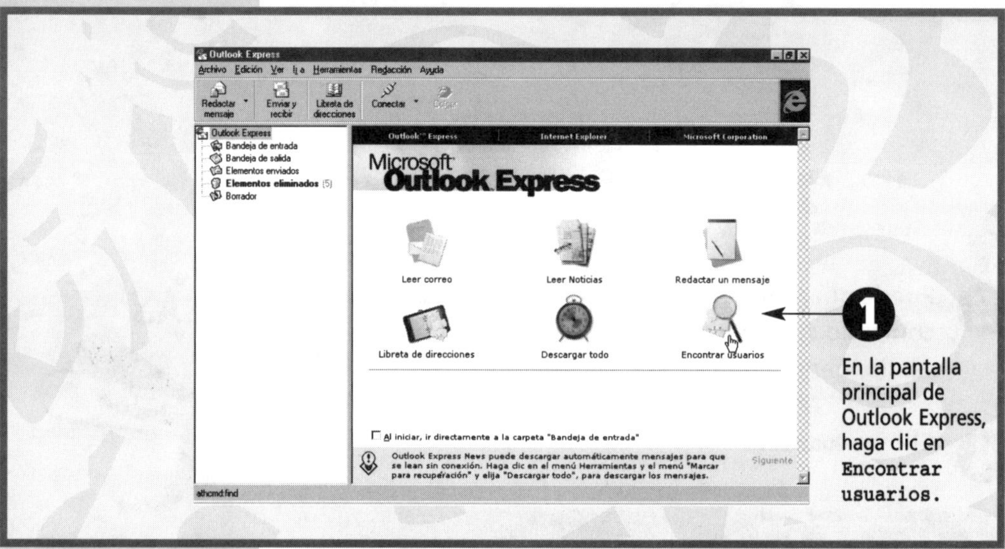

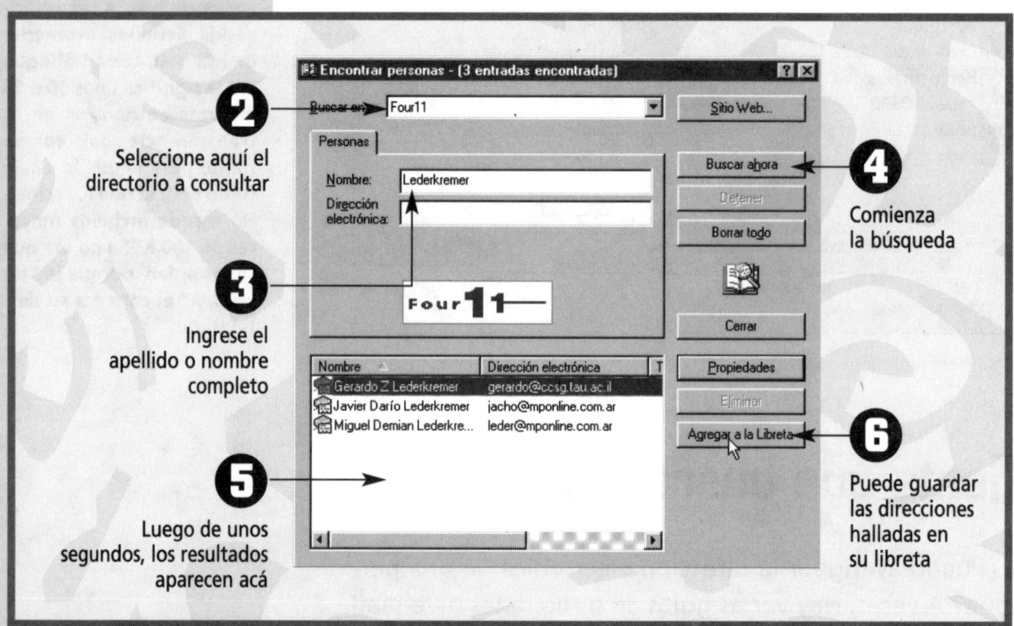

Listas de distribución

Mis ex compañeros del Nacional Buenos Aires están por todo el mundo. Cuando mando noticias, se las quiero contar a todos. Para no tener que enviar una y otra vez el mismo mensaje a distintas personas es que existen las listas de distribución: ingreso a todos mis amigos en la lista y, cuando voy a enviar el mensaje, en el campo del destinatario, en lugar de una dirección electrónica, escribo el nombre de la lista de distribución ("La Multi"). Mi programa se encargará de enviar el mensaje a todos los integrantes de La Multi. ¿Qué tal?

Lo mejor es que cuando alguno de La Multi recibe mi mensaje, con sólo seleccionar en su programa de correo la opción `Responder a todos`, mantiene la conversación grupal.

¿Quiere ver cómo hice?

Cómo crear una lista de distribución — PASO A PASO

1 Fui a la `Libreta de direcciones` (como soy canchero, lo hice pulsando Ctrl + Mayús + B).

2 Hice clic en `Nuevo grupo`.

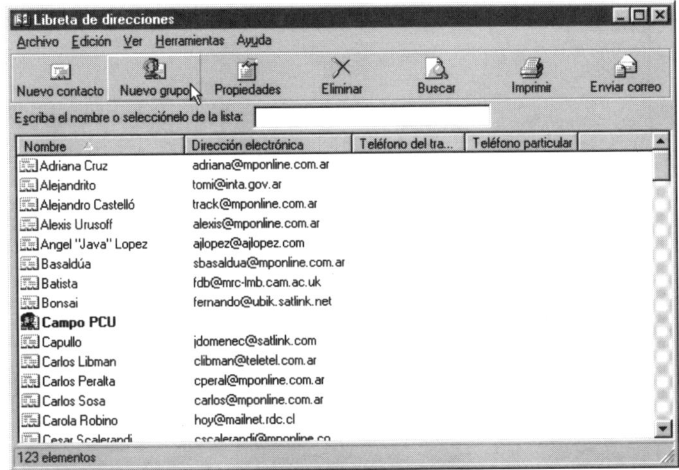

3 Ingresé el nombre para el grupo de destinatarios.

ENVÍO RÁPIDO

Puede enviar cualquier archivo de su disco haciendo clic derecho sobre el mismo y seleccionando `Enviar a ➡ Destinatario de correo`

4 Hice clic en `Seleccionar miembros`.

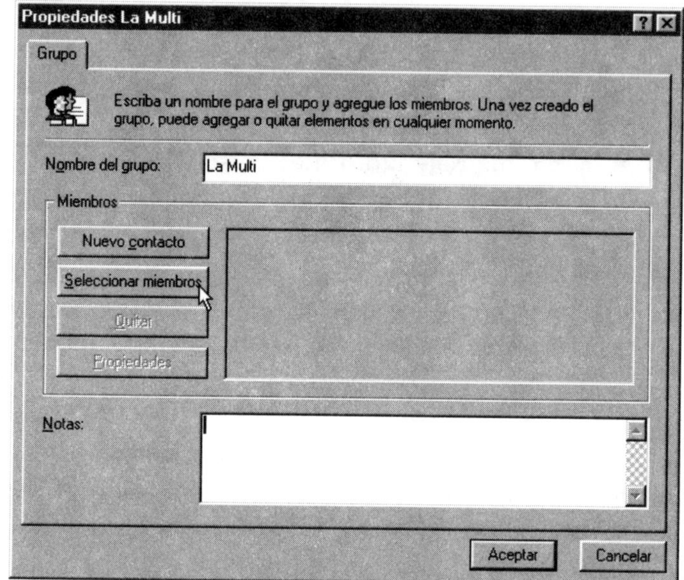

5 Hice doble clic sobre cada una de las personas a incluir. Cuando terminé, pulsé `Aceptar`.

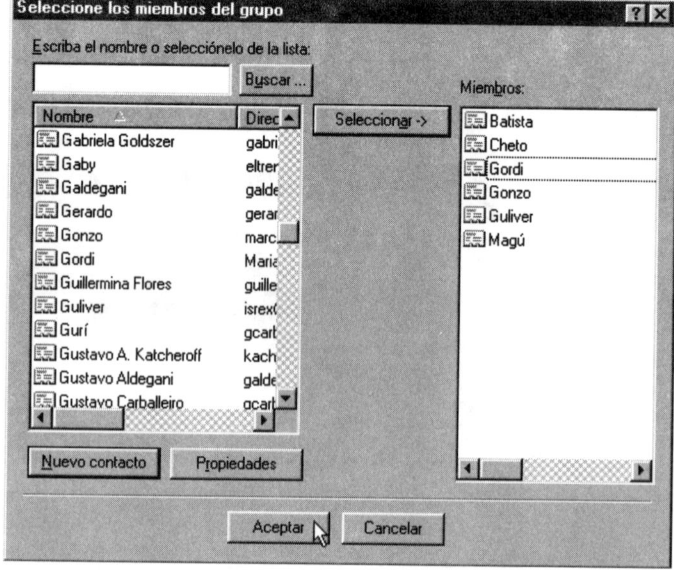

6 En la pantalla siguiente, pulsé `Aceptar`.

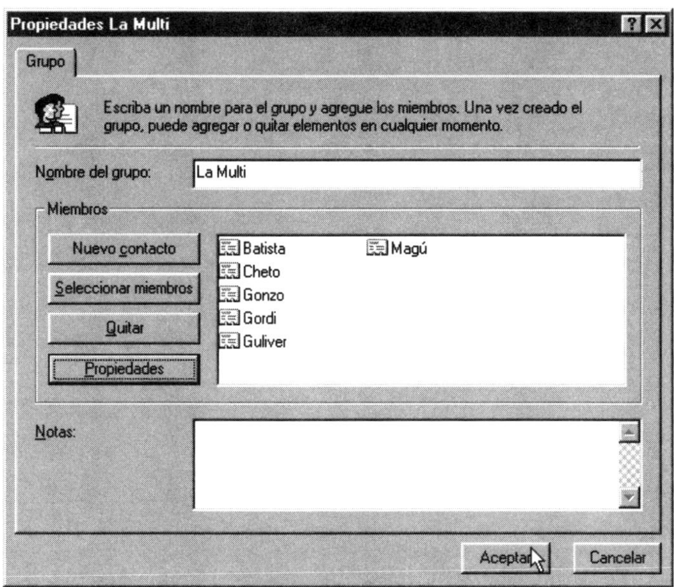

7 Listo. Cada vez que ingreso como destinatario de un mensaje a La Multi, mi programa lo envía a todos sus integrantes.

Firmas

Esta característica hace que Outlook Express agregue automáticamente un texto determinado al final de todos nuestros mensajes. Para e-mails de trabajo queda muy elegante poner nuestro cargo; para e-mail informal puede también incluir una frase que le guste, es divertido. Eso sí, no mezcle las dos cosas, porque queda muy poco serio. Para...

Crear una firma — PASO A PASO

1 Vaya a `Herramientas` ➡ `Material de Papelería` ➡ `Firmas...`

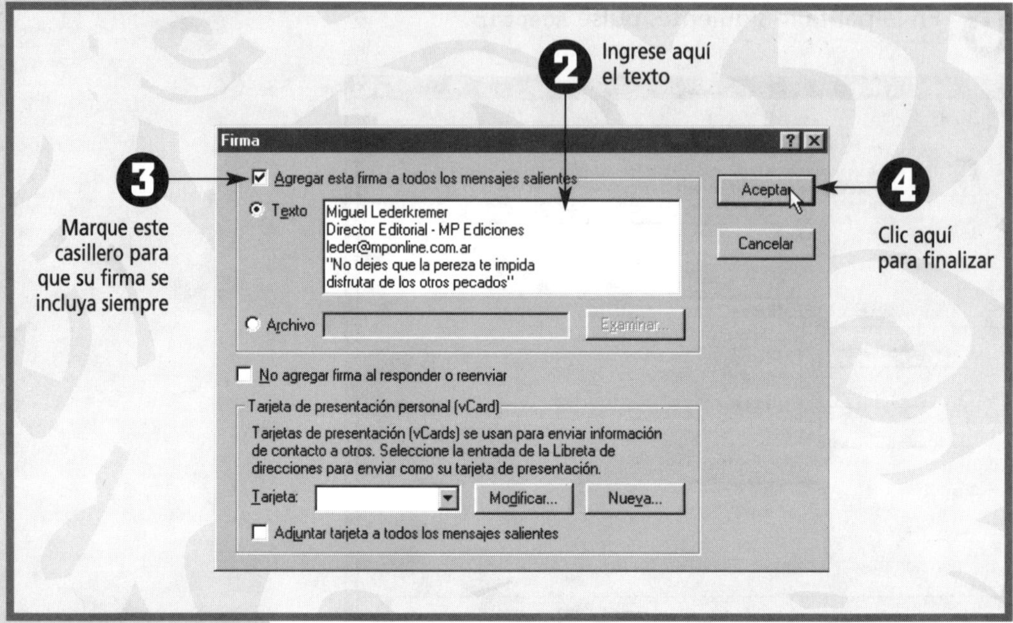

Trabajar desconectado

Así como viene "de fábrica", Outlook Express se conecta a Internet cuando usted entra al programa, y continúa conectado hasta que usted sale del mismo. Sin embargo, una vez que ya recibió en su PC los mensajes nuevos y los tiene en la `Bandeja de entrada`, querrá tomarse su tiempo para leerlos y contestarlos. Para esta tarea no necesita estar conectado a Internet, ya que los mensajes recibidos quedaron almacenados en su disco. Además, si quiere entrar a Outlook Express sólo para leer o imprimir los mensajes que ya tiene en su `Bandeja de entrada` (porque los recibió anteriormente), el programa, de todos modos, lo obliga a conectarse.

Para los que accedemos a Internet telefónicamente, estar conectados largo rato sin necesidad no sólo significa gastar dinero de más, sino también tener a la casa incomunicada: mientras usted está conectado a Internet, a todos los que llamen les va a dar ocupado.

Una manera mucho más racional de usar el correo es **conectarse nada más que para transferir mensajes, y**

todas las demás tareas hacerlas desconectado. Una sesión típica sería:

1. Conectarme para recibir los mensajes nuevos del servidor.
2. Una vez recibidos los mensajes, desconectarme automáticamente.
3. Leer los mensajes recibidos sin estar conectado, y redactar los míos, que se almacenan temporalmente en la `Bandeja de salida`.
4. Volver a conectarme para enviar mis mensajes pendientes.

Vamos a ver cómo configurar Outlook Express para trabajar de esta manera (llamada, en inglés, *offline* desconectado, por oposición a *on line*, conectado).

Configurar Outlook Express para trabajar desconectado

1. En primer lugar, vamos a hacer que Outlook Express no se conecte automáticamente cuando abrimos el programa, y que corte la comunicación automáticamente después de realizar una transferencia.

   Vaya a `Herramientas` ➡ `Opciones` ➡ `Acceso telefónico,` y marque los casilleros como se muestra.

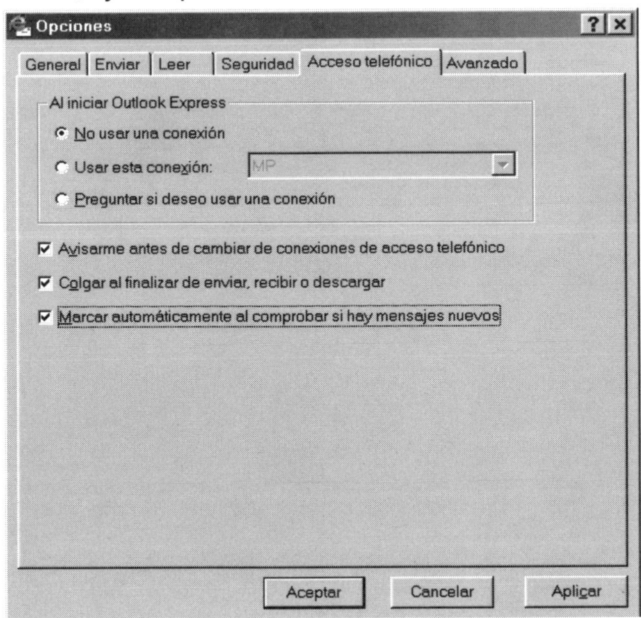

CORREO BASURA (*JUNK MAIL O SPAM*)

Esos mensajes indeseados son producto de personas inescrupulosas que envian masivamente mensajes con publicidad a miles de usuarios. Hay algunos programas que tratan de paliar este grave problema del correo electrónico.

EN EL CD

SpamKiller 2.01
Elimina el correo basura
Sección E-mail

❷ Ahora cambiaremos el comportamiento de Outlook para el envío de mensajes.

En el momento en que usted termina de redactar un mensaje y hace clic en `Enviar`, Outlook puede efectuar dos cosas:

• Intentar conectarse inmediatamente con el servidor para enviar su mensaje.

• Guardarlo temporalmente en la `Bandeja de salida` hasta la próxima vez que usted seleccione `Enviar y recibir`.

Por omisión, Outlook realiza la primera acción. Nosotros queremos que efectúe la segunda.

Sin salir de `Opciones`, vaya a la ficha `Enviar` y desmarque el casillero `Enviar mensajes inmediatamente`, así:

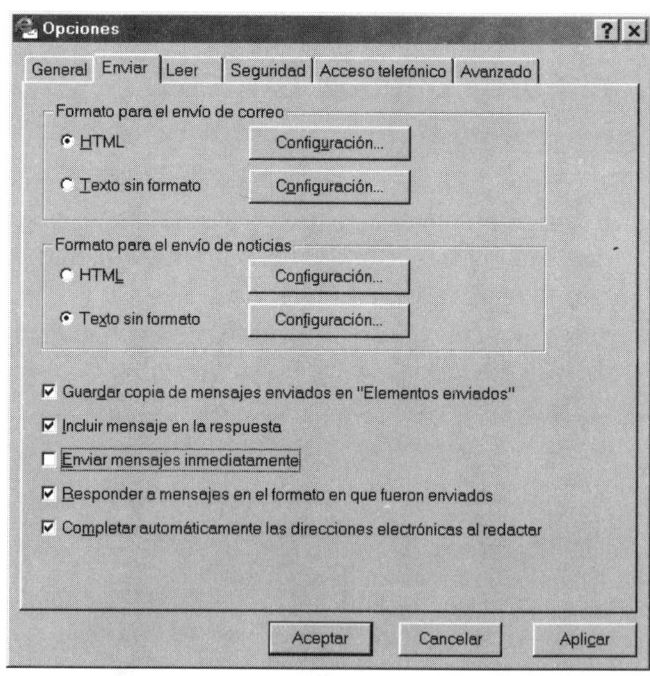

Leer y enviar mensajes desconectado

PASO A PASO

Su sesión típica con Outlook Express ahora cambió respecto del capítulo anterior; a ver si le gusta más:

1 ***Abra Outlook y conéctese***
Cuando abra el programa, éste no se conectará inmediatamente a Internet. Para conectarse al proveedor y consultar si recibió mensajes nuevos, haga clic en `Descargar todo`.

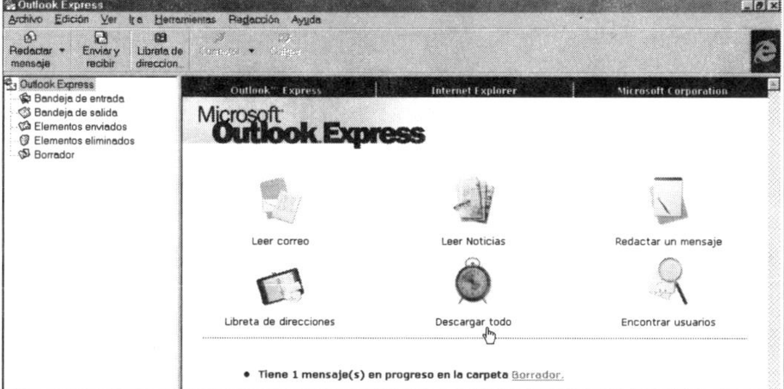

2 ***Baje los mensajes nuevos y desconéctese***
Una vez que Outlook se conectó al proveedor, comienza la descarga de mensajes nuevos. Si quiere ver lo que está pasando, puede hacer doble clic en el sobrecito a la derecha de la barra de estado para ver esta ventana informativa. Cuando termine la transferencia, la ventana desaparecerá.

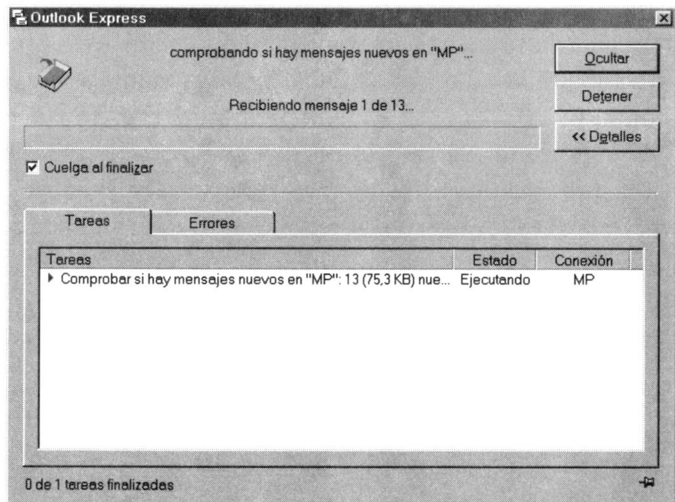

¿CAMBIÓ DE IDEA?

Si trabaja desconectado, hasta que no haga `Enviar y recibir`, puede ir a la `Bandeja de salida` y modificar un mensaje a mandar todas las veces que quiera. También está a tiempo de borrarlo si se arrepintió. Ésta es otra de las ventajas de trabajar sin estar conectado, ¡da tiempo de pensar dos veces las cosas!

3 ***Lea y redacte sus mensajes desconectado***

En la `Bandeja de entrada` verá en negrita los mensajes nuevos. Al enviar un mensaje estando desconectado, la primera vez le aparecerá este aviso:

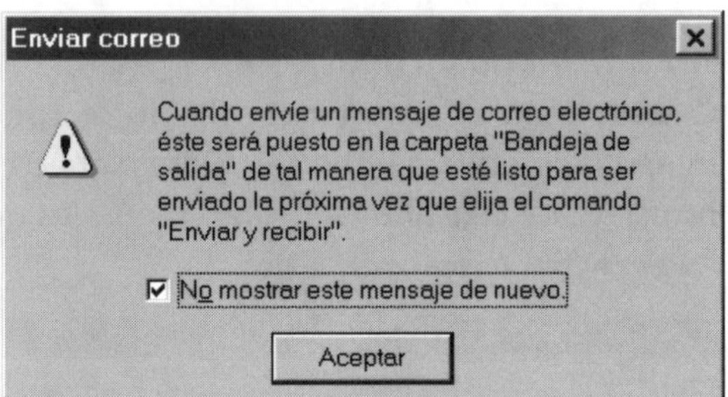

Marque el casillero para que no aparezca este cartel nuevamente.

4 ***Conéctese para enviar***

A medida que redacte todos los mensajes que desea enviar, éstos se irán acumulando en la `Bandeja de salida`. Seleccione otra vez `Enviar y recibir` para mandar todos los mensajes pendientes.

Leer el correo desde varias PCs distintas

Si usted consulta su correo en la oficina y también lo hace desde su casa, se encontrará con un molesto problema: algunos mensajes quedaron en la máquina de su hogar, y no los tendrá en la máquina del trabajo cuando los necesite. Esto es porque al leer el correo desde su casa, **los mensajes leídos se borran del servidor**; cuando después lee su correspondencia desde el trabajo, sólo se bajan los mensajes nuevos. Para solucionar esto, **en la PC de su casa**...

1. Vaya a `Herramientas` ➡ `Cuentas` ➡ `Correo` ➡ `Propiedades` ➡ `Avanzado`.
2. En el cuadro que aparece, seleccione `Mantener una copia de los mensajes en el servidor`.

Otros chiches de Outlook Express

Los mencionaré, nomás, y le diré cómo acceder a ellos. A usted le dejo la tarea de investigarlos; si no, este capítulo no se termina más.

Asistente para la Bandeja de entrada

Si usted recibe más de 10 mensajes diarios, le puede ser útil esta especie de secretaria electrónica que se los organiza automáticamente. Dependiendo de ciertas **reglas** (también llamadas **filtros**) que usted fija, como cierto remitente o contenido, el Asistente clasifica sus mensajes en distintas carpetas, puede borrarlos e, incluso, contestarlos automáticamente. Está en el menú `Herramientas`.

Firma digital

Le permite ingresar un código que le asegura a su destinatario que es usted y nadie más que usted quien le está enviando el mensaje. Este **identificador digital** se lo otorga alguna de las empresas reconocidas dedicadas al tema; la más conocida es **Verisign**. Para obtener gratuitamente por 30 días su identificador digital, vaya a `Herramientas` ➡ `Opciones` ➡ `Seguridad` ➡ `Obtener identificador digital`.

Cifrar mensaje

Al obtener un identificador digital, también tendrá la opción de cifrar sus mensajes. Cuando lo haga, sólo el destinatario podrá leerlos. Para cifrar un mensaje debe saber el identificador digital del destinatario. El prblema es que aún no los usa nadie.

Cambiando las propiedades de su cuenta de correo

❶ En Outlook Express, vaya a **Herramientas** ➡ **Cuentas** ➡ **Correo.**

❷ Si no ve en el cuadro una cuenta de correo, configure una nueva haciendo **Agregar** ➡ **Correo.** Se abrirá el **Asistente para la conexión a Internet**; sígalo paso a paso como está explicado en la pág. 52.

❸ Si ya tiene una cuenta de correo definida, selecciónela y vaya a **Propiedades.** En la pestaña **General** podrá cambiar su información personal. En la pestaña **Servidores,** los datos técnicos de su cuenta: servidor de correo entrante y saliente, nombre de cuenta y contraseña.

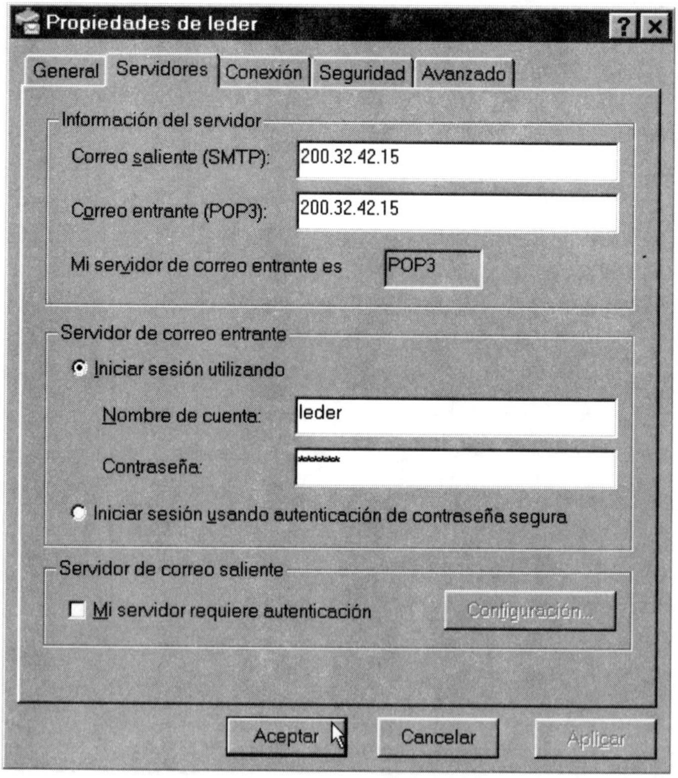

Propiedades de leder

General | Servidores | Conexión | Seguridad | Avanzado

Información del servidor

Correo saliente (SMTP): 200.32.42.15

Correo entrante (POP3): 200.32.42.15

Mi servidor de correo entrante es POP3

Servidor de correo entrante

Iniciar sesión utilizando

Nombre de cuenta: leder

Contraseña: *******

Iniciar sesión usando autenticación de contraseña segura

Servidor de correo saliente

Mi servidor requiere autenticación

Configuración...

Aceptar | Cancelar | Aplicar

MANEJANDO VARIAS CUENTAS DE CORREO

Su proveedor le dio una cuenta de correo para cada integrante de la familia, pero todos comparten la misma PC... ¿Cómo organizarse?

1. Cree cada cuenta adicional en Outlook desde `Herramientas` ➡ `Cuentas` ➡ `Correo` ➡ `Agregar`. Cada una puede tener remitente, dirección y proveedor diferentes.

2. Puede leer cada cuenta por separado haciendo `Herramientas` ➡ `Enviar y recibir` y seleccionando la cuenta.

3. Si quiere que los mensajes provenientes de cada cuenta de correo queden en carpetas separadas, puede utilizar el `Asistente para la bandeja de entrada` en el menú `Herramientas`. Si quiere mayor privacidad (que nadie pueda leer los mensajes del otro), deberá crear varios `Perfiles de usuario` en Windows.

Otros programas de correo

Microsoft Exchange

Éste es el programa de correo electrónico que venía incluido en Windows 95. Es bastante antiguo y no soporta filtros ni mensajes en HTML. Sin embargo, tiene una interesante opción de la que carece Outlook Express: en su modo **correo remoto** es posible bajar sólo los **encabezados** de los mensajes para elegir después cuál queremos recibir (Outlook 97 también puede hacer esto).

Outlook 97

Viene con Office 97. Mucho más que un programa de correo electrónico, es un completo programa de organización personal (en inglés, PIM, *Personal Information Manager*): tiene calendario, lista de tareas, etc. A pesar de ser mucho más completo que Outlook Express, al ser más viejo tiene algunas desventajas respecto a este último programa; la más grave es que no soporta mensajes en HTML. Otra es la confusa relación entre la libreta de direcciones y la lista de contactos. Sin embargo, es el que yo uso en mi trabajo, por la increíble cantidad de opciones que ofrece para organizar los 1.400 mensajes

¡QUE NADIE LEA MIS MENSAJES!

Cualquier persona que prenda su PC podrá leer sus mensajes, Outlook Express no provee de protección por contraseña. Si varias personas comparten su PC y usted quiere privacidad, debe utilizar los perfiles de usuario de Windows:

1. Vaya al `Panel de control` ➡ `Contraseñas` ➡ `Perfiles de usuario` **y seleccione** `Los usuarios pueden personalizar...`

2. Luego, en `Panel de control` ➡ `Usuarios`, **cree un perfil para cada persona que compartirá la máquina.**

3. La próxima vez que prenda la PC, Windows le preguntará qué usuario es. Ingrese una vez como cada uno de los usuarios y configure Outlook Express para cada uno de ellos (nombre de usuario, clave, etc.).

MENSAJES EN HTML

Los soportan: Outlook Express, Outlook 98, Netscape. No los soportan: Exchange, Outlook 97.

EN EL CD

Netscape Communicator 4.5
Eudora Light 3.0.6
Pegasus Mail 3.01
Outlook 98
Sección E-Mail

que tengo en mi Bandeja de entrada; los puedo agrupar, filtrar, seleccionar qué campos ver, definir vistas personalizadas, etc., etc.

Outlook 98

Lo mejor de Outlook 97 y Outlook Express en un solo programa. El mejor de los programas de correo electrónico. La cantidad de opciones de su Asistente de Bandeja de entrada es impresionante.

Netscape Messenger 4.5

Es el componente de correo incluido con Netscape Communicator 4.5, última versión del programa archirrival de Microsoft Explorer. La versión anterior, incluida en Netscape Navigator 3, se llamaba Netscape Mail. Netscape fue el pionero de los mensajes en HTML, y los soportaba cuando nadie sabía aún de qué se trataba esto.

Eudora Pro 4.1 - Sep. 98

Un pionero del correo electrónico, aún es usado por la gente que empezó hace años con el e-mail y por los usuarios de Macintosh. La última versión soporta HTML, incluye tablas (Outlook Express no lo hace) y filtros, y permite configurar la barra de herramientas. Su punto débil es la seguridad, ya que no tolera S/MIME (mensajes encriptados), firmas ni certificados. Hay una versión freeware del programa, que es Eudora Lite 3.0.6 de Ago. 98.

DEFINICIONES

FREEWARE:
Un programa que se puede copiar y usar gratuitamente. Shareware se puede copiar y usar, pero se supone que uno pagará una licencia si le va a dar uso continuado.

Pegasus 3.01 - Jun. 98

Otro pionero de los programas de correo electrónico, aún es distribuido por algunos proveedores.

Webmail

Hay otra manera de enviar y recibir correo electrónico **sin usar un programa de correo electrónico, sin tener siquiera cuenta de Internet, y gratis**. ¿Cómo es esta maravilla? Se trata del **Webmail (correo a través de la Web),** ofrecido por sitios que prestan este servicio gratuitamente. Sólo tiene que conectarse con Internet Explorer (o con el navegador que usted use) a alguno de estos sitios y registrarse con un nombre de usuario y una clave. Inmediatamente le asignarán una dirección de correo electrónico.

La dirección que le darán es igual a cualquier otra, pero la manera de leer mensajes es distinta. En el correo electrónico tradicional usted abre su programa de correo electrónico, se conecta a su servidor de correo, baja los mensajes pendientes, y éstos quedan almacenados en su PC.

En el Webmail, **los mensajes quedan siempre en el servidor**; para leerlos (aunque sean viejos) debe conectarse a Internet y navegar por la Web (no puede leer o enviar mensajes sin estar conectado). Esto, que puede ser molesto, tiene ventajas muy interesantes respecto al correo electrónico estándar.

VENTAJAS DEL WEBMAIL

1. Podrá leer su correo desde cualquier computadora del mundo conectada a Internet sin configurar nada.
2. Es mucho más fácil de usar: usted no necesita aprender a utilizar un programa de correo electrónico; sólo tiene que sentarse y navegar por la Web.
3. Aunque usted lea los mensajes desde una máquina, puede después leerlos desde cualquier otra, porque los mensajes no bajan a su PC, sino que quedan en un lugar centralizado.
4. Lo mismo, con su agenda de direcciones: podrá acceder a ella desde cualquier computadora conectada a la Web.
5. Si usted no tiene cuenta Internet, ¡puede tener igualmente una cuenta de correo electrónico! Para consultar su correo sólo tendrá que conseguir cada tanto una máquina desde la cual navegar por la Web; puede ser la de un amigo o la de un cibercafé.
6. La cuenta de Webmail es absolutamente anónima.
7. ¡Es gratis!

Desventajas del WebMail

1. El Webmail es mucho más lento y engorroso que el email tradicional.
2. Los mensajes recibidos no quedan almacenados en su PC, tiene que conectarse a Internet para verlos.
3. Para acceder a su cuenta de Webmail gratuita necesita de todos modos una computadora conectada a Internet.

Yo tengo una cuenta tradicional de correo (leder@mponline.com.ar). Sin embargo, me abrí otra en la Web (leder@yahoo.com), porque me resulta imprescindible cuando viajo: me mantengo en contacto con mi familia y amigos entrando cada tanto en un cibercafé por media hora (unos $ 5). Hay cibercafés en prácticamente todas las ciudades del mundo.

Sí, ya sé lo que está pensando: *"¡Yo también quiero una!"*. Ahí vamos.

PASO A PASO Cómo abrir una cuenta de correo en la Web

Si no tiene idea de cómo navegar por Internet, le conviene primero leer el capítulo correspondiente antes de seguir.

1 Abra Internet Explorer, espere a que se conecte y tipee la dirección **mail.yahoo.com**. Haga clic en `Sign up now` (registrarse ahora).

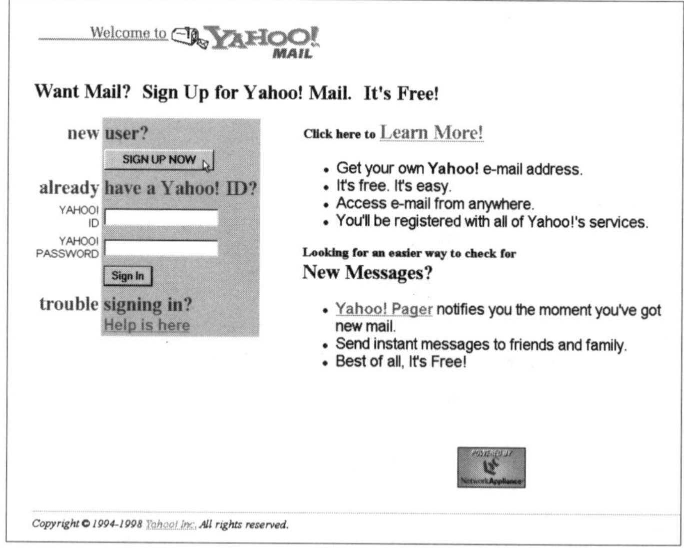

2 Le aparecerá un contrato por el cual usted se compromete a dar su verdadera identidad al registrarse y a no utilizar el servicio para actividades ilegales. Usted está de acuerdo, así que hace clic en `I accept`.

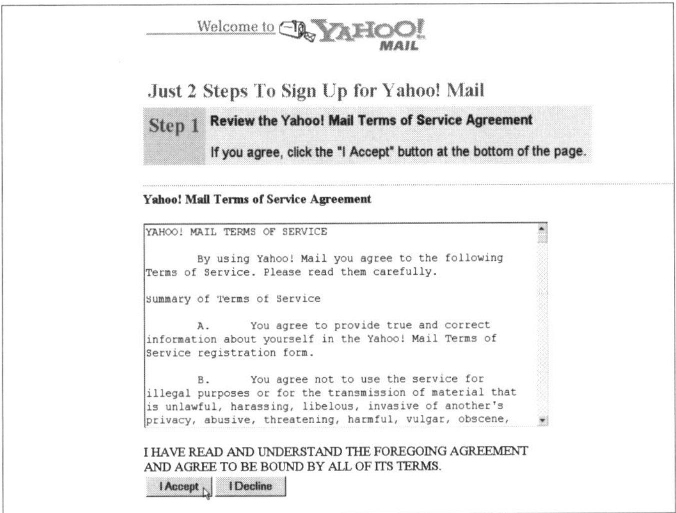

3 Debe ingresar su nombre de usuario (es el que figurará en su dirección), la clave con la que accederá a su correo y (esto es gracioso) una pregunta que le hará el sistema si usted se olvida la clave, y una respuesta secreta que debe dar usted para recuperarla.

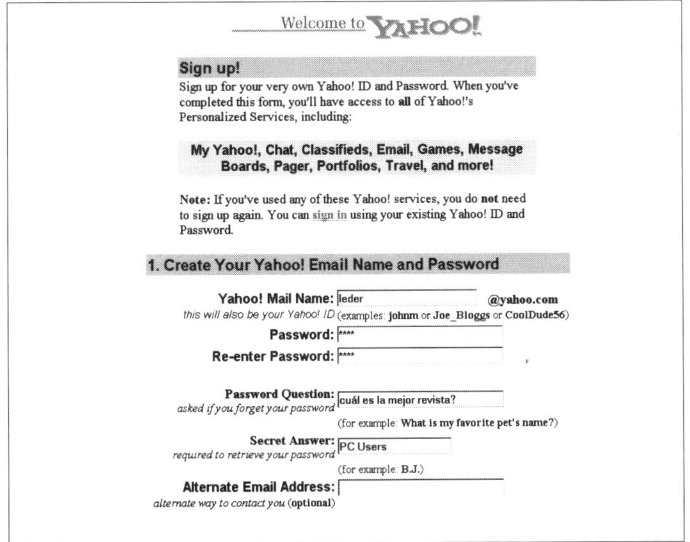

DATOS ÚTILES

EMAIL GRATIS DE TELEFÓNICA

El Freemail que Telefónica promociona como correo electrónico gratuito para sus usuarios es sencillamente una cuenta gratuita de *Webmail* como la que le ofrecen tantos sitios en la Web. La bueno está si usted tiene módem pero no tiene cuenta Internet para acceder al Webmail, Telefónica le pone a disposición un número telefónico al que puede llamar para leer su correo. Quiere probarla? teléfono: 0610-23847, DNS: 10.0.1.1, nombre de usuario: infovia, clave: infovia. Luego de conectarse, abra Internet Explorer y vaya a la página www.topmail.com.ar para abrir su cuenta de Webmail (ni intente navegar, el teléfono sólo sirve para ver esa página).

4 Introduzca sus datos personales. Como usted no es residente de los Estados Unidos, haga clic en `this form`.

2. Personal Account Information

The information you provide here will help us maintain your account and provide you with more relevant news, information and ads. For more information regarding your privacy, please see our Privacy Policy.

First Name *will be displayed on email you send* Miguel
Last Name *will be displayed on email you send* Lederkremer
your Birthdate December 12, 19 66 *In case you forget your password.*
your Gender male
your Industry entertainment/media/publishing
your Occupation executive/managerial
Four11 Email Directory Listing ☑ Add my Yahoo! Mail listing for free
This listing will include your Yahoo! Mail em ail name, your first and last name, and your city, state, and country.
your 5-digit Zip Code
If you are NOT a United States (50 state) resident, please continue with
this form

From time to time, we would like to contact you about specials and new products.

Yes, please contact me using:
○ The email address above ◉ my Yahoo! Mail address ○ Please don't contact me.

3. Tell Us About Your Interests (Optional)

Tell us something about what you like. We'll use this to find information that will be of interest to you.

DATOS ÚTILES

NUESTRO HUSO HORARIO

El de la Argentina es -3, ya que acá es 3 horas más temprano que en el meridiano de Greenwich.

5 Ingrese su país, código postal, ciudad y huso horario. Si no quiere que le envíen publicidad, abajo seleccione `Please don´t contact`. Finalmente, haga clic en `Submit this form`.

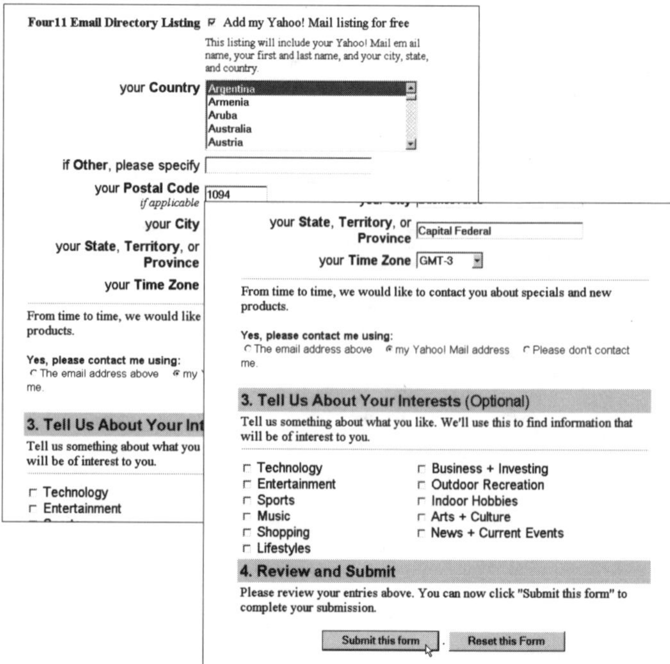

Four11 Email Directory Listing ☑ Add my Yahoo! Mail listing for free
This listing will include your Yahoo! Mail em ail name, your first and last name, and your city, state, and country.
your Country Argentina / Armenia / Aruba / Australia / Austria
if Other, please specify
your Postal Code *if applicable* 1094
your City
your State, Territory, or Province Capital Federal
your Time Zone GMT-3

From time to time, we would like to contact you about specials and new products.

Yes, please contact me using:
○ The email address above ◉ my Yahoo! Mail address ○ Please don't contact me.

3. Tell Us About Your Interests (Optional)

Tell us something about what you like. We'll use this to find information that will be of interest to you.

☐ Technology ☐ Business + Investing
☐ Entertainment ☐ Outdoor Recreation
☐ Sports ☐ Indoor Hobbies
☐ Music ☐ Arts + Culture
☐ Shopping ☐ News + Current Events
☐ Lifestyles

4. Review and Submit

Please review your entries above. You can now click "Submit this form" to complete your submission.

Submit this form | Reset this Form

6 ¡Epa! Yahoo! me dice que alguien ya está utilizando el nombre de usuario "leder" y me sugiere un par de alternativas con mi apellido. Como conviene tener una dirección de e-mail sencilla y mi apellido es muy complicado, elijo un nombre de fantasía.

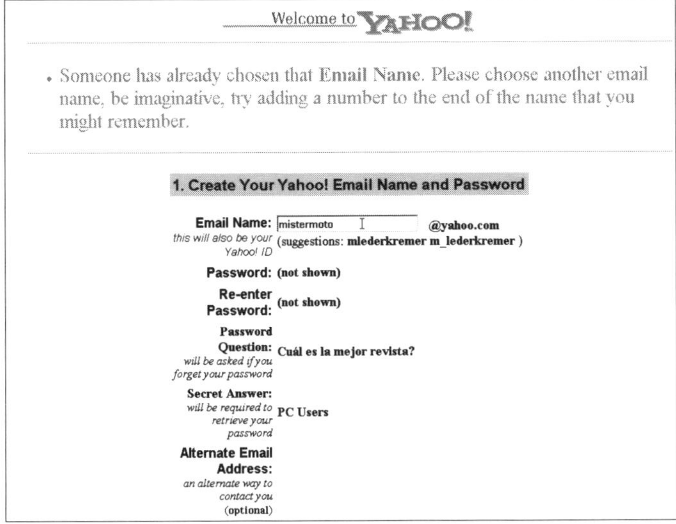

7 ¡Listo! Ya le puedo dar a todos mis amigos mi nueva dirección de e-mail: `mistermoto@yahoo.com`. A continuación, voy a ver mi `Inbox`, esto es, la carpeta con los mensajes recibidos. Para leer cualquiera de ellos, simplemente debo hacer clic en su `subject` (el asunto).

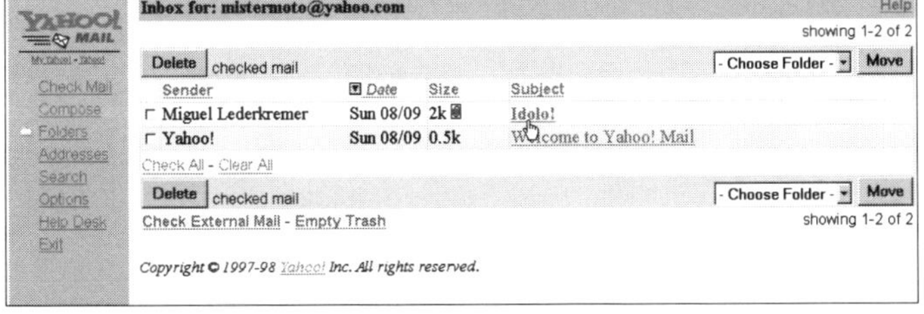

8 A continuación, aparecerá en pantalla el mensaje, y, haciendo clic en `Reply`, lo contesto. En la barra lateral tengo: `Compose`, para escribir un mensaje nuevo; `Addresses`, para ver mi libreta de direcciones, y `Folders`, para ver mis carpetas de correo

(Recibidos, Enviados, Basura, etc.), entre otras opciones.

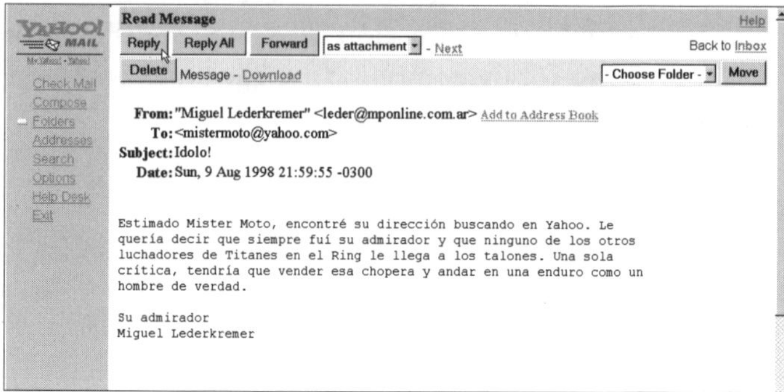

9 A partir de ahora, para consultar mi correo me conecto a **mail.yahoo.com**; en `ID` (identificación) tipeo `mistermoto`. En `PASSWORD` ingreso mi clave y luego hago clic en sign in.

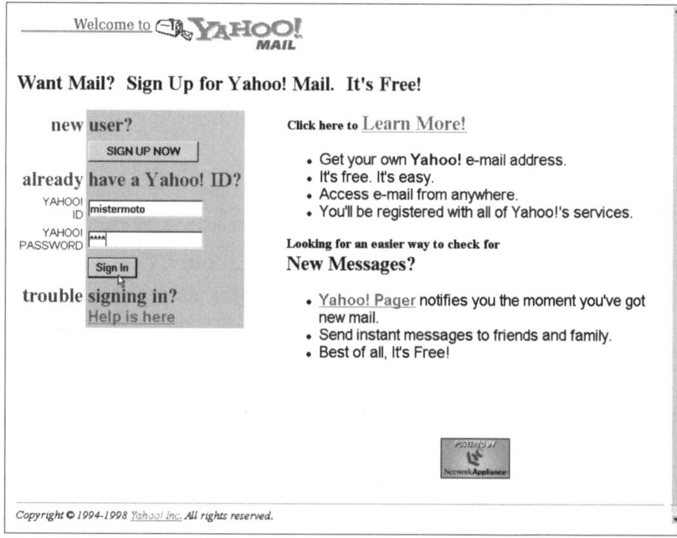

En cibercafés

Al conectarse a mail.yahoo.com encontrará, en el campo `ID`, el nombre del último que usó el sistema. Haga clic en `Change user` para ingresar el suyo.

enter your Yahoo! password
YAHOO! ID dlusiu
YAHOO! PASSWORD
ENTER YAHOO! MAIL
trouble signing in?
Help is here
Sign in as a different user
change user

Otros sitios con Webmail gratis

Starmedia: www.starmedia.com (argentino)
Mixmail: www.mixmail.com (argentino)
LatinMail: www.latinmail.com (en español)
Hotmail: www.hotmail.com (el pionero)
NetAddress: www.netaddress.com (ofrece cuentes POP3)

¿Problemas?

Los problemas con el correo electrónico pueden ser de dos tipos:

- No puede conectarse con el proveedor para leer sus mensajes.
- No llegan los mensajes que usted envía.

Me rechaza el servidor

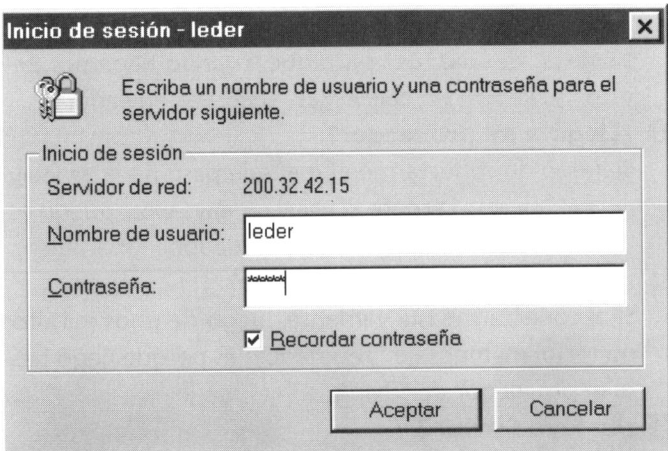

Si una y otra vez aparece este cartel en el momento de enviar o recibir mensajes, es porque está mal configurado el nombre o la clave de acceso de su cuenta de correo. Ingréselos de nuevo en este cuadro (chequee que no esté puesta la traba de mayúsculas). Si no hay caso, confirme nombre y clave con su proveedor.

¿Llegó mi mensaje?

¿Llegó el mensaje que le envié a Silvina? La cuestión es a dónde llegó. Mi mensaje recorre un largo camino hasta que lo lee Silvina, y puede quedar varado en varios lugares:

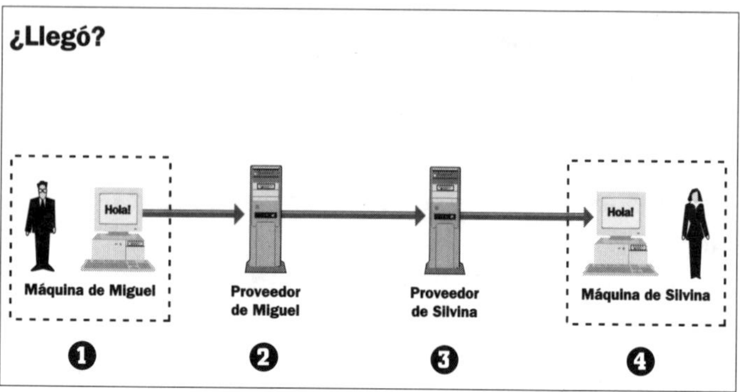

1 ¿Quedó listo para enviar?

Luego de escrito el mensaje, éste debe quedar en la `Bandeja de salida` para que, cuando hagamos `Enviar y Recibir` o `Descargar todo`, sea enviado.

2 ¿Llegó a mi proveedor?

Si luego de conectarme el mensaje pasó de la `Bandeja de salida` a la carpeta `Elementos enviados`, puedo estar seguro de que llegó a mi proveedor.

3 ¿Llegó al proveedor de Silvina?

Si al conectarme nuevamente, luego de unos minutos no recibí mi mensaje "rebotado", es porque llegó hasta el proveedor de Silvina.

4 ¿Lo leyó Silvina?

Si llegamos hasta acá, sabemos que, apenas Silvina llame a su proveedor para consultar sus mensajes, le aparecerá el mío. Lamentablemente, no hay forma de saber si Silvina leyó o no su correo, las mujeres son tan impredecibles...

Los mensajes rebotados

Cuando el mensaje que enviamos tuvo problemas, si volvemos a consultar el correo a los pocos minutos, recibiremos algunos de los avisos que muestro a continuación. El remitente es siempre un tal "Mail Delivery Subsystem" o similar. Leyendo con atención el **asunto** y, a veces, el cuerpo del mensaje puedo saber qué pasó.

User unknown

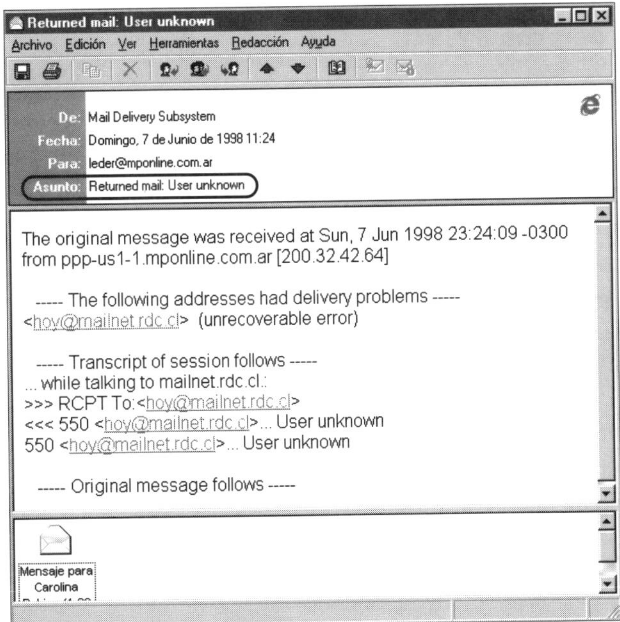

Usuario desconocido. El mensaje llegó bien hasta el proveedor del destinatario, pero éste no lo reconoce como usuario. La parte que figura a la derecha de la @ (en el ejemplo `mailnet.rdc.cl`) está bien, pero el nombre de usuario (lo que va a la izquierda de la @, en este caso, `hoy`) está mal.

Host unknown

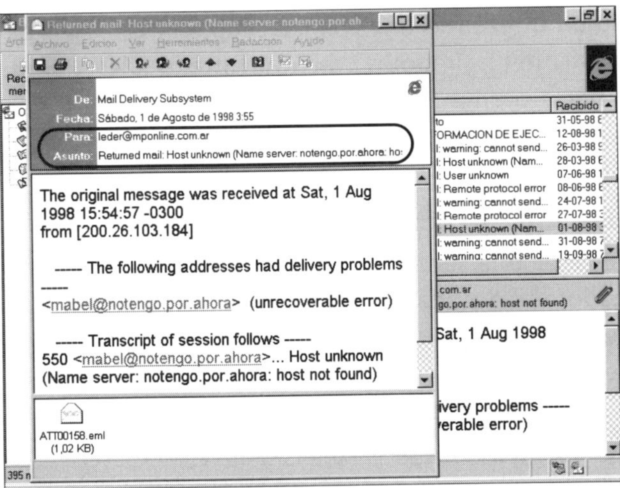

Servidor desconocido. No se puede encontrar al proveedor de destino. En este caso, está mal la parte **a la derecha** de la @.

Remote protocol error

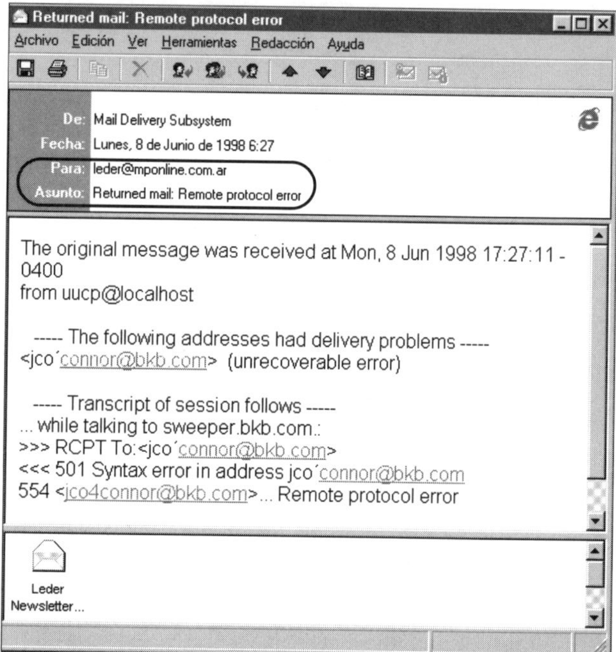

En esta situación, revise con mucha atención el cuerpo del mensaje. En el ejemplo de arriba me tomó meses darme cuenta de mi error. ¿Saben cuál era el problema? Estaba utilizando una comilla simple (´) en lugar de un apóstrofe ('), símbolos prácticamente iguales. Como para darse cuenta...

Transient Failure o Warning

Ésta es una falla temporaria, causada porque el proveedor del destinatario está funcionando momentáneamente mal ("está caído"). No es necesario que reenvíe su mensaje, ya que se seguirá intentando automáticamente hasta que pasen 5 días, luego de los cuales usted recibirá un mensaje anunciando la cancelación del envío.

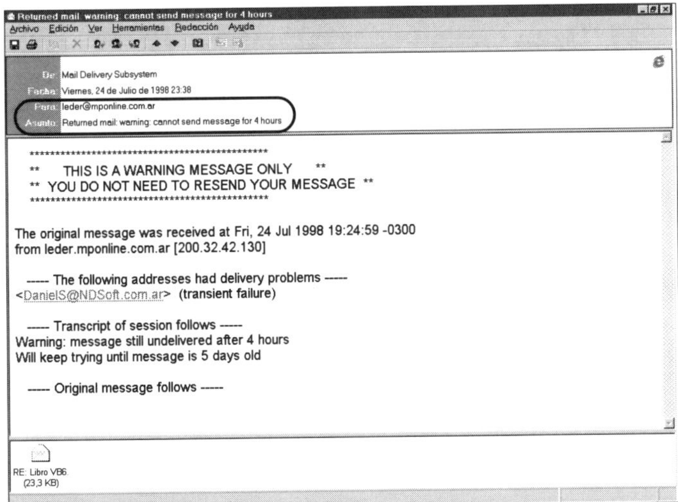

¿Qué hacer cuando el mensaje rebota?

- Si está respondiendo a alguien, chequee con mucho cuidado la dirección del destinatario. Es común que la otra persona tenga mal configurada su dirección de respuesta, por lo que, al contestarle la dirección que a usted le aparece en el campo `Para` será incorrecta.
- Si usó un nombre de la Libreta de direcciones, revise que haya guardado bien la dirección en la misma.
- Si es un problema de tipo "User unknown", puede probar escribiendo al administrador del proveedor del destinatario mencionando el nombre y apellido del usuario buscado. El administrador siempre tiene nombre de usuario **postmaster**. En el primer ejemplo de arriba, escribí a postmaster@mailnet.rdc.cl. Igual no me dieron bolilla.
- Pruebe buscando al usuario en un directorio global (Vea, en este capítulo, "Gente que busca gente", pág 117).
- Si todo falla, ¡envíele a su destinatario una carta común preguntándole su dirección de e-mail!

Problemas comunes con las direcciones electrónicas

Si no tipea las direcciones electrónicas al pie de la letra, su mensaje nunca llegará a destino. A continuación, algunas reglas a tener en cuenta y los problemas comunes que suelen aparecer con las direcciones electrónicas.

1. Siempre, repito, **siempre** llevan una @.
2. Nunca, repito, **nunca** llevan espacios.
3. No hay diferencia entre mayúsculas y minúsculas. Repito: berp.
4. Si es una dirección en la Argentina, termina en `.ar`.

¡No me sale la @!

Éstas son las combinaciones de teclas para tipear la arroba en los distintos teclados:

Teclado español	Alt derecha + 2
Teclado latinoamericano	Alt derecha + Q
Teclado Estados Unidos: internacional	Shift + 2

Si las teclas no responden según lo que tienen escrito en ellas, pruebe que combinación de teclas funciona y luego cambie acorde la `distribución del teclado` en `Mi PC ➡ Panel de Control ➡ Teclado ➡ Idioma ➡ Propiedades`. Probablemente necesite el CD-ROM de instalación de Windows.

Underscore

Es el guión inferior que figura en algunas direcciones, como en Jose_Lopez@prov.com.ar. Se obtiene pulsando Shift con el guión común, no confundirlo con este último.

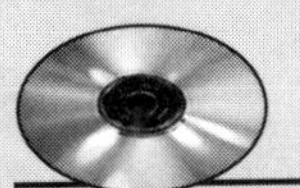

EN EL CD

Test de autoevaluación

Y con esto usted se recibe de experto en correo electrónico: sabe configurar el programa a su gusto, conoce los problemas comunes y aprendió también a abrir una cuenta de Webmail. Tranqui, que el servicio de Internet que viene ahora es mucho más fácil de utilizar: la World Wide Web.

A navegar

La Web es el servicio más sorprendente de Internet. Aun después de haber navegado por años, cada vez que uno se conecta sigue asombrándose de tener el mundo entero al alcance de sus manos...

Capítulo 7

World Wide Web significa **telaraña mundial**, una buena palabra para definir a millones de computadoras conectadas entre sí. Podemos imaginar a la Web como un kiosco de revistas gigante. Cada revista es un **sitio** que podemos visitar, y cada uno de ellos tiene una **página principal** o ***home page*** (la tapa de la revista), que, a su vez, da acceso a otras páginas (abre la revista y la hojea). Muchas veces **página** y **sitio** se utilizan como sinónimos, pero en rigor, un sitio puede estar formado por una o varias páginas.

VER...
Pág. 96.
Tipos de sistema más usados.
Apéndice B.
Lista completa de códigos de países.

Direcciones

Cada página en la Web tiene una dirección, del tipo:
http://www.pcusers.com.ar/libros

http://	es el prefijo que indica que esta dirección corresponde a un recurso de la Web, no es necesario tipearla en el Explorer.
www	prácticamente todas las direcciones de la Web comienzan así, pero no es obligatorio.
pcusers	generalmente, es el nombre de la empresa o institución detrás del sitio.
com	indica que se trata de un sistema comercial.
ar	indica que el sitio está en la Argentina.
/libros	todo lo que va después de la primera barra indica la página en particular dentro del servidor.

EL PADRE DE LA WEB
Tim-Berners Lee inventó la World Wide Web a fines de los 90, cuando trabajaba en el CERN (el Laboratorio Europeo de Física de Partículas), en Génova, Suiza. Él definió las direcciones URL, el protocolo HTTP y el lenguaje HTML, y programó el primer navegador y el primer servidor de la Web. Es el actual director del WC3, el World Wide Web Consortium, que define los estándares de la Web (www-.w3.org/).

Hipertexto y multimedia

La Web es un gigantesco **hipertexto multimedia**. ¡Qué lo parió! ¿Qué significa esto? Les voy a explicar el significado de estas dos palabras, y es lo último teórico que veremos, les prometo, pero estos términos son claves para entender cómo funciona la Web. Además, ¡queda bien saber estas palabras, porque están de moda!

URL

Es la palabra técnica para denominar a una dirección en Internet. Significa *Universal Resource Locator*. La primera parte de una URL indica el protocolo o tipo de recurso:

http://	**la Web**
mailto://	**correo**
news://	**newsgroups**
ftp://	**transferencia de archivos**
telnet://	**conexión directa a una computadora**

¿Qué es el **hipertexto**? Usted conoce el texto común, como el de este libro, que se lee secuencialmente de arriba hacia abajo. Pero, seguramente, también conoce el hipertexto si alguna vez utilizó la Ayuda de cualquier programa en Windows (úsela, aprenderá mucho; sólo tiene que pulsar F1 y armarse de un poco de paciencia). Usted está, por ejemplo, en Explorer; va a la Ayuda y busca `Guardar información de una página Web`, y al final aparece: `Imprimir una página Web`. Notará que la última frase está subrayada y en azul; si hace clic en esa oración, aparecerá el tema relacionado:

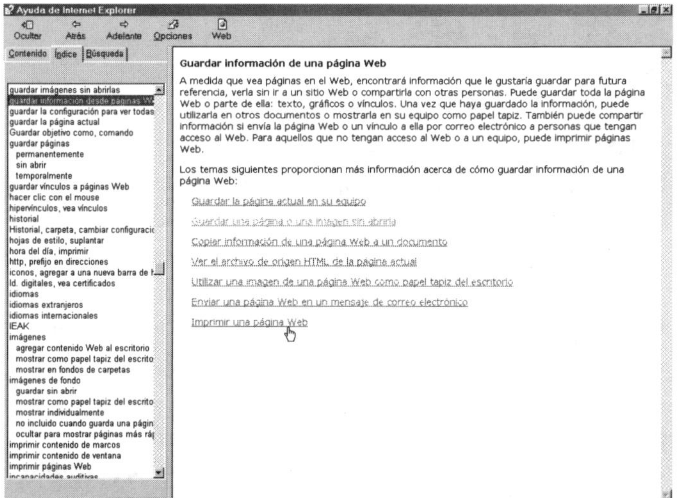

Al pasar el cursor del mouse por un vínculo, éste se transforma en una manito. Los vínculos ya visitados quedan marcados en otro color.

Eso es el hipertexto: un texto que tiene **vínculos** en los que usted puede hacer clic para pasar a otro texto relacionado. El hipertexto es un texto con estructura, que no es necesario leer en forma lineal como el tradicional, sino que se puede ir saltando de vínculo en vínculo; por eso no decimos que lo leemos: **el hipertexto se navega**.

La Web es un gigantesco hipertexto: estamos viendo una página del museo del Louvre, hacemos un clic en "Museo de Arte Moderno de Nueva York" y, a los pocos segundos, vemos la página de este edificio. Sólo hicimos un clic y pasamos de obtener información de una computadora en Francia a otra en los Estados Unidos. Si no nos

fijamos en la dirección, ni nos enteramos a qué país del mundo estamos conectados; para el usuario de Internet, ¡el mundo entero está a sólo un clic de distancia!

Y, gracias al hipertexto, navegar por la Web es lo más fácil que se puede hacer con una computadora. Sólo debe seguir estas dos instrucciones:

1. Mire la pantalla
2. ¡Haga clic donde le guste!

Si el hipertexto es lo que hace a la Web tan fácil de utilizar, la **multimedia** es lo que la hace tan **atractiva**, y es la segunda responsable del enorme éxito de la Web. Multimedia significa, sencillamente, que la Web no está compuesta sólo por texto, sino que usted puede encontrar imágenes, videos, animaciones, escuchar música y sonidos...

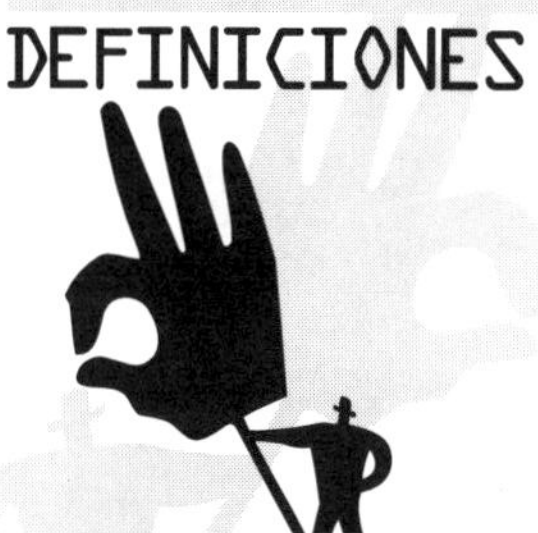

VÍNCULO
También llamado hipervínculo, enlace o link. Elemento de una página (puede ser una imagen o un texto) que lleva a otra página al hacer clic sobre él.

Nuestra primera conexión

Muy bien, ya tiene su PC lista para conectarse a Internet (¿cómo? ¿No la tiene lista? Retroceda siete capítulos y vuelva al punto de partida), y le conté un poco de qué se trata todo eso. Ahora salgamos a navegar.

1. Asegúrese de que su módem esté conectado a la línea telefónica (¡y que no haya nadie usando el teléfono!). Si es un módem externo, acuérdese de encenderlo. Ya que estamos, prenda también la PC.

2. Para comenzar a navegar por la Web, haga clic en el ícono de Internet Explorer que hay en el escritorio o en la barra inferior de la pantalla.

Dependiendo de cómo esté configurada su PC, en el paso 3 puede aparecer el siguiente cuadro:

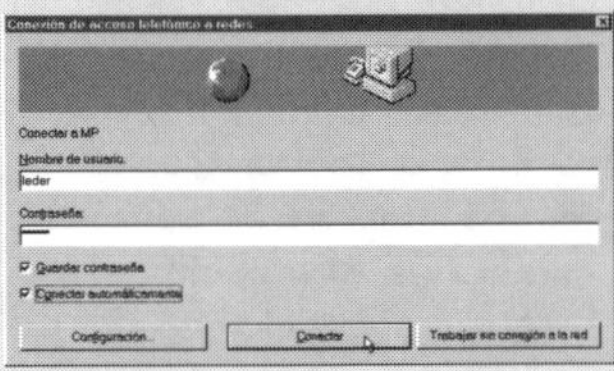

Tipee nombre de usuario, clave y haga clic en `Conectar` *Para que esta pantalla inútil no vuelva a aparecer y que a partir de ahora llame directamente, haga clic en* `Conectar automáticamente` *antes de hacer clic en* `Conectar`. *¡Previamente, conéctese al menos una vez para asegurarse de que la contraseña es la correcta!*

3 Lo primero que hará su computadora es llamar al proveedor Internet (¡para navegar, primero tiene que conectarse!). Escuchará que el módem comienza a marcar y verá la siguiente ventana:

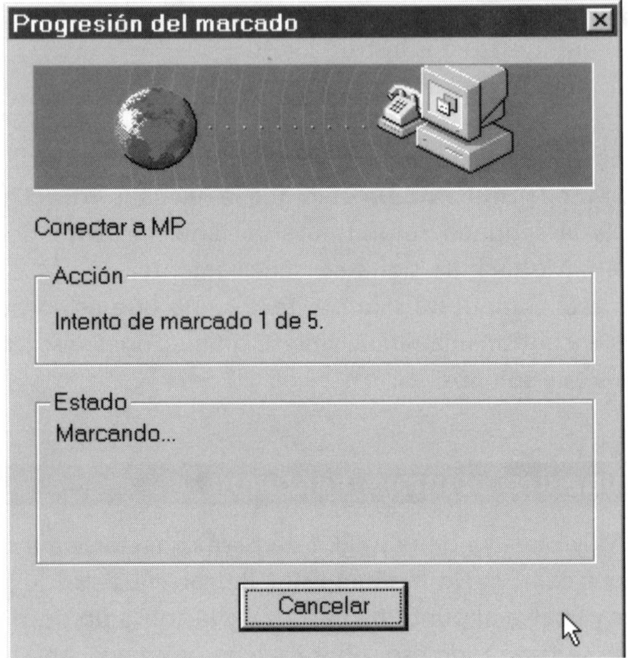

4 Mire donde dice **`Estado`**; si todo va bien, luego de unos segundos la palabra **`Marcando`** cambiará a...

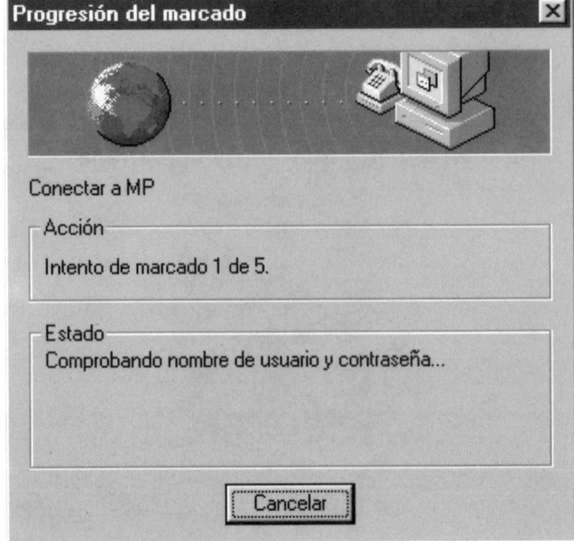

5 Finalmente, el cuadro desaparecerá. Luego de unos instantes se terminará de cargar la página inicial, y verá algo como esto:

Navegando

Todo lo que necesita saber para navegar está a la vista en la pantalla principal de Internet Explorer:

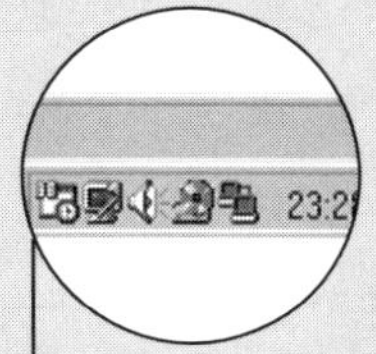

8. Clic aquí para volver a la página anterior.

3. Puede demorar varios minutos en ver la página completa.

2. Haga clic en este cuadro, tipee la dirección a la que quiere conectarse y pulse Enter.

4. Mientras este ícono se mueva, la página aún está cargándose.

9. Cuando se haya cansado de navegar, un clic acá cerrará Internet Explorer.

Internet - Microsoft Internet Explorer

Archivo Edición Ver Ir a Favoritos Ayuda

Atrás Adelante Detener Actualizar Inicio Búsqueda Favoritos Historial Canales Pantalla completa Correo Imprimir Edición

Dirección http://home.microsoft.com/intl/es/

Vínculos Channel Guide Inicio de Internet Lo mejor del Web Novedades de Internet Explorer Personalizar vínculos

Internet

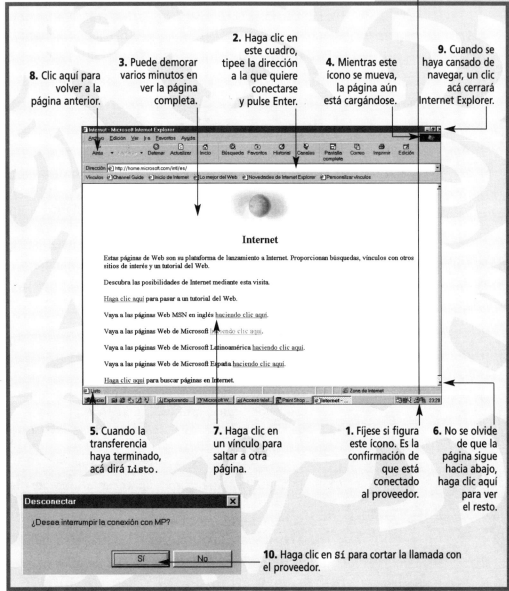

Estas páginas de Web son su plataforma de lanzamiento a Internet. Proporcionan búsquedas, vínculos con otros sitios de interés y un tutorial del Web.

Descubra las posibilidades de Internet mediante esta visita.

Haga clic aquí para pasar a un tutorial del Web.

Vaya a las páginas Web MSN en inglés haciendo clic aquí.

Vaya a las páginas Web de Microsoft haciendo clic aquí.

Vaya a las páginas Web de Microsoft Latinoamérica haciendo clic aquí.

Vaya a las páginas Web de Microsoft España haciendo clic aquí.

Haga clic aquí para buscar páginas en Internet.

Listo — Zona de Internet

Inicio | Explorando... | Microsoft W... | Acceso telef... | Paint Shop ... | Internet - ... 23:28

5. Cuando la transferencia haya terminado, acá dirá `Listo`.

7. Haga clic en un vínculo para saltar a otra página.

1. Fíjese si figura este ícono. Es la confirmación de que está conectado al proveedor.

6. No se olvide de que la página sigue hacia abajo, haga clic aquí para ver el resto.

Desconectar

¿Desea interrumpir la conexión con MP?

Sí | No

10. Haga clic en `Sí` para cortar la llamada con el proveedor.

¿Y ahora qué hago?

Muy bien, ya está conectado y sabe lo básico para navegar. ¿Qué hacemos ahora? ¿Para qué me sirve la Web? A continuación, daremos un paseíto por algunos sitios de la Web y veremos un par de cosas interesantes que se pueden hacer. Mostraré ejemplos tomados de la vida real (de **mi** vida real, que es la que mejor conozco). La idea es mostrarles cómo la Web puede ser útil y/o divertida en la vida cotidiana de cualquiera. Leer las noticias, hacer compras, buscar información y conseguir programas son algunas de las aventuras que correremos a continuación.

NAVEGANDO CON MENOS TRÁMITES

Para tipear una dirección, yo no hago clic en el campo `Dirección`**; pulso Ctrl+A y ¡me ahorro un clic!**

Leer las noticias

Cada mañana, cuando me despierto, me gusta leer el diario. Pero cuando pienso en que todos los días tienen que talar miles de árboles, hacer papel, llenarlo de tinta y repartir los bodoques resultantes por todo el país con cientos de camiones que ensucian el aire... Para qué, si lo puedo leer electrónicamente de manera mucho más limpia y, lo mejor de todo, ¡**gratis**! Por eso, sin siquiera levantarme de la cama, saco el brazo de debajo de la frazada, prendo a Vilma y me conecto al sitio del diario Clarín. Mañana por la mañana llévese el café con leche al lado de la compu, y...

1. Abra Internet Explorer y espere a que se conecte con el proveedor como está explicado en la página 150.
2. Haga clic en el cuadro `Dirección` y tipee **www.clarin.com.ar**.
3. Pulse `Enter`. ¡No se olvide de este "detalle"!
4. En la pantalla comenzará a aparecer la tapa del diario Clarín del día. Esto puede demorar varios minutos, dependiendo de la hora y de otros factores.

Fíjese en que, al pasar el cursor del mouse encima de un vínculo, éste se transforma en una manito.

La velocidad,
pág. 38

❺ Al hacer clic en `Texto completo` o en la foto de una noticia, saltará a otra página con su desarrollo. Luego, puede hacer clic en `Atrás` para volver a la página principal del diario.

Claro, tal vez este ejemplo no lo asombre mucho, porque, a fin de cuentas, puede conseguir el **Clarín** en el kiosco, pero hay un detalle: prácticamente todos los diarios del mundo están en la Web. Mi amigo Jordi, por ejemplo, es catalán y extraña su Barcelona natal. Lo traje a casa y lo conecté con El Periódico de Cataluña (www.elperiodico.com.es). No la podía creer: estaba leyendo desde Buenos Aires el diario en catalán que él leía todos los días en Barcelona. ¡Ahora lo tengo todas las mañanas en casa!

NO BORRE LA DIRECCIÓN ANTERIOR

Cuando haga clic en el cuadro `Dirección`, la dirección actual se pintará de azul. No hace falta que la borre: cuando tipee la nueva dirección, ésta reemplazará a la vieja.

CAMBIE LA PÁGINA PRINCIPAL DE EXPLORER

Al abrir Explorer, éste se conecta automáticamente a la página principal (*home page* o página inicial). Pero la que viene configurada "de fábrica" es una página de Microsoft poco útil. Es más práctico comenzar siempre a navegar desde la página de un buscador como Yahoo!

Cuando esté viendo una página que le guste, la puede convertir en su página inicial arrastrando el ícono que hay a la izquierda del campo `Dirección` hacia la casita de la barra de herramientas.

Otra manera:

1. Vaya a `Ver -> Opciones de Internet.`

2. En `Página Principal` **tipee la nueva dirección (por ejemplo, www.yahoo.com).**

3. Haga clic en `Aceptar.`

VENTAJAS DE LEER EL DIARIO POR INTERNET

- Puede leer todas las ediciones anteriores desde que el diario está en Internet (La Nación: dic-95, Clarín: mar-96).

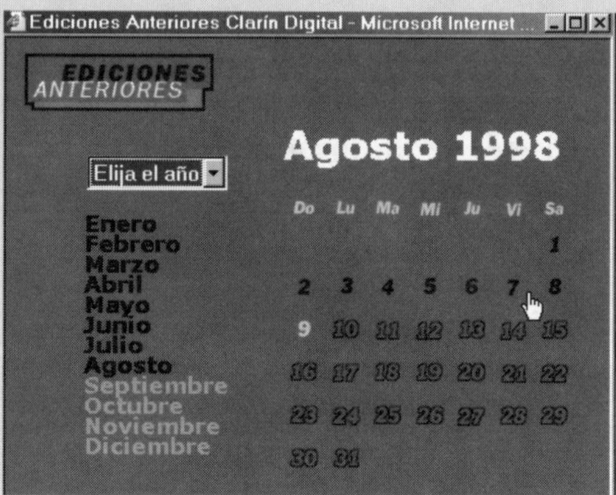

- Puede pedir todas las noticias que salieron alguna vez sobre un tema en particular, simplemente haga clic en el cuadro que dice `Buscar,` y tipee "San Lorenzo-Ferro" o "Alejandra Pradón". El sistema buscará en los archivos del diario y le mostrará las noticias que encontró.
- Puede resolver la Claringrilla en pantalla.
- En **La Nación (www.lanacion.com)**, puede consultar el estado del tiempo y la cartelera de espectáculos.

LA NACION LINE

Menem defendió la vigencia del modelo

En la inauguración oficial, Enrique Crotto criticó la proyectada reforma tributaria.

El adiós. Felipe Solá acompañó por última vez al Presidente en la inauguración de Palermo como secretario de Agricultura. Luego, con voz quebrada por la emoción, pronunció su discurso de despedida y recibió el reconocimiento de Menem y del titular de la Sociedad Rural Argentina. **Foto: DyN**

Los brutales atentados contra las embajadas de EE.UU. en Kenya y en Tanzania

Integristas se adjudican el ataque

Sigue la búsqueda de sobrevivientes entre los escombros; los heridos son más de 4300 y el número de muertos ascendió a 148

un sitio que sirve

el ojo viajero

- No se mancha los dedos con tinta.

Algunas desventajas

- No tendrá con qué envolver las paltas para que maduren.
- Es más difícil leerlo en el baño (aunque no imposible, les aseguro).
- En la edición electrónica no está el contenido completo.
- Las noticias son tan malas como en papel, lo siento.

El tamaño de la pantalla

Las imágenes que ve en estas páginas están tomadas con un tamaño de pantalla de 1024 x 768. Si usted tiene la suya en 640 x 480 (la resolución estándar de Windows), verá algo así (observe la diferencia):

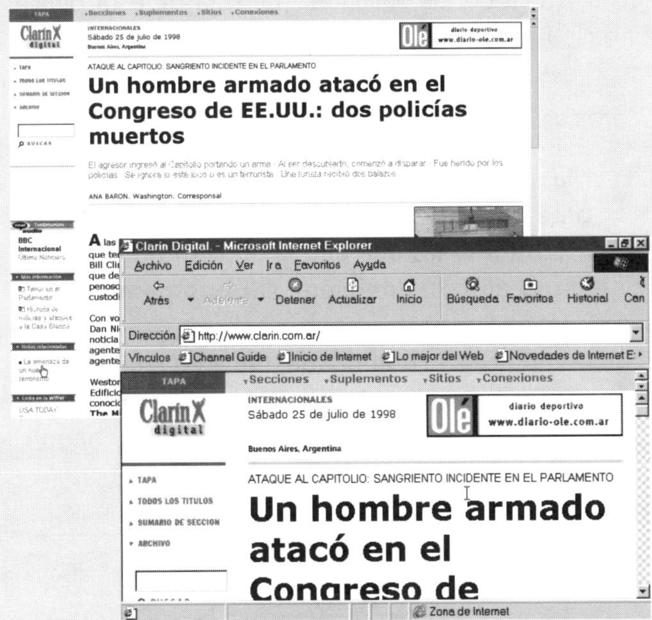

Para cambiar la resolución de su pantalla:

1. Haga clic en el ícono del monitor en la barra de tareas de Windows (si posee W95, es posible que no lo tenga; en ese caso, haga clic derecho en el escritorio y seleccione **Propiedades ➡ Configuración**).

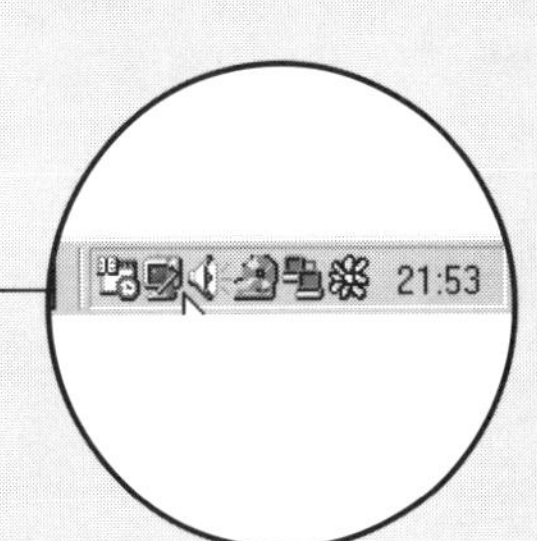

2. Seleccione la resolución deseada. Los bits indican la cantidad de colores, elija como mínimo 16 bits ya que con 8 bits (256 colores) perderá mucha calidad en las fotos.

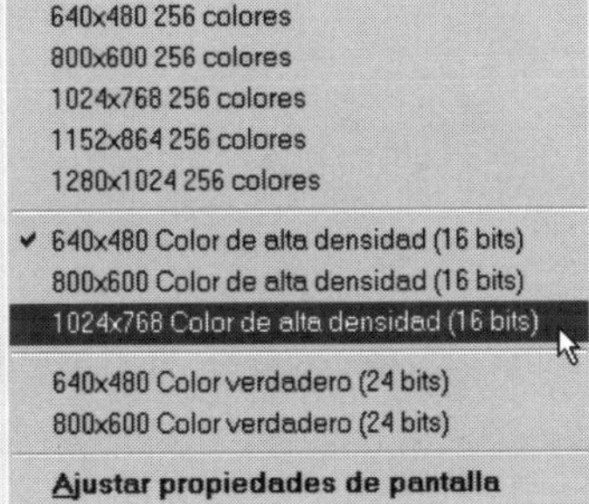

DATOS ÚTILES

OTROS DIARIOS EN LA WEB

- **La Voz del Interior** **www.intervoz.com.ar**
- **Página 12** **www.pagina12.com.ar**
- **USA Today** **www.usatoday.com**

PASO A PASO Elegir una buena película para esta noche

Miro el programa de cable para esta noche y veo que dan *Los secretos de Harry*. Para no clavarme, me gusta leer la crítica de las películas, ¡pero la de esta película apareció hace varios meses! ¿Qué hacer?

1 Me conecto a la **Internet Movie Database**, una base de datos en Internet con miles de películas; están todas las que pueda encontrar en cable, video o cine. Su dirección: **us.imdb.com/search**.

2 Como no sé el nombre del filme en inglés, no busco por título (primer casillero), sino por un integrante del elenco; tipeo `Woody Allen` y hago clic en `search`.

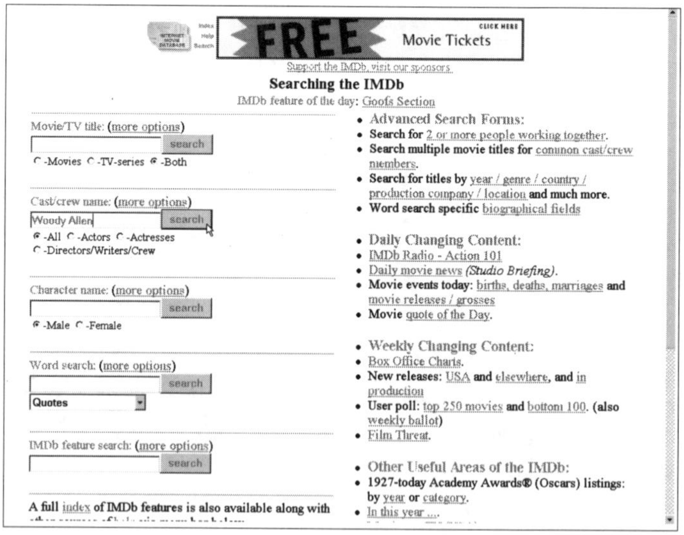

FREE Movie Tickets

Support the IMDb, visit our sponsors

Searching the IMDb

IMDb feature of the day: Goofs Section

Movie/TV title: (more options) search
-Movies -TV-series -Both

Cast/crew name: (more options)
Woody Allen search
-All -Actors -Actresses
-Directors/Writers/Crew

Character name: (more options) search
-Male -Female

Word search: (more options) search
Quotes

IMDb feature search: (more options) search

A full index of IMDb features is also available along with

- Advanced Search Forms:
- Search for 2 or more people working together.
- Search multiple movie titles for common cast/crew members.
- Search for titles by year / genre / country / production company / location and much more.
- Word search specific biographical fields
- Daily Changing Content:
- IMDb Radio - Action 101
- Daily movie news (Studio Briefing).
- Movie events today: births, deaths, marriages and movie releases / grosses
- Movie quote of the Day.
- Weekly Changing Content:
- Box Office Charts.
- New releases: USA and elsewhere, and in production
- User poll: top 250 movies and bottom 100. (also weekly ballot)
- Film Threat.
- Other Useful Areas of the IMDb:
- 1927-today Academy Awards® (Oscars) listings: by year or category.
- In this year ...

3 En la filmografía encuentro la peli: *Deconstructing Harry*; hago un clic en ella.

4 Enseguida obtengo toneladas de información sobre la película: elenco completo, sinopsis y más de una docena de opciones.

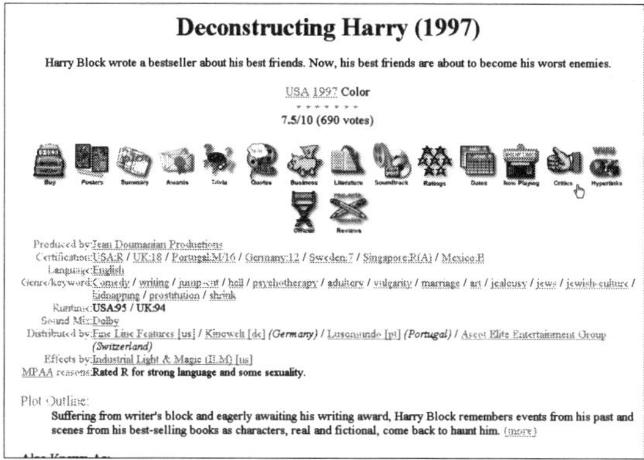

5 Selecciono `Critics` para ver las reseñas especializadas, y no obtengo una o dos, ¡se me presentan más de cincuenta críticas de diarios y revistas de todo el mundo!

6 Mi crítico favorito se llama Roger Ebert; al hacer un clic en él, me conecto al Chicago Sun-Times, el diario para el que escribe. En pantalla aparece la edición de diciembre de 1997, el día en que publicó la crítica de la película. Le da tres estrellas y media; el máximo es cuatro, así que tiene buenas posibilidades.

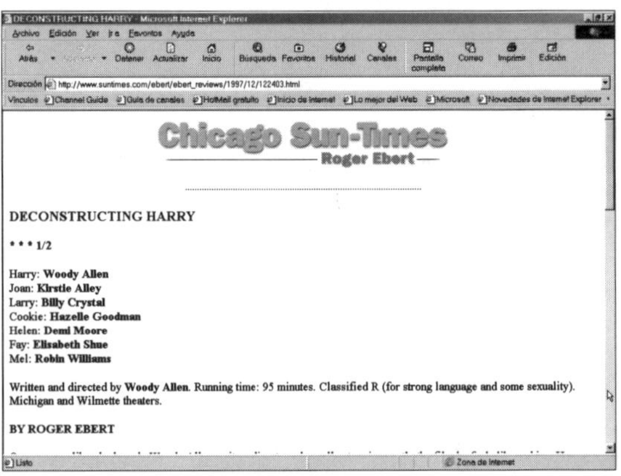

7 Pero fíjese de nuevo en la primera pantalla; ahí está, para mí, lo más interesante de Internet Movie Database. Dice "`7.5/10 (690 votes)`"; esto significa que 690 personas calificaron la película y el promedio da 7,5. Lo que estamos viendo acá no es la opinión de un especialista que puede no tener nada que ver conmigo, sino que es el parecer de gente como yo que se conectó a este sitio y opinó sobre la película, que es el juicio que más vale. Si usted ya vio la peli, encontrará al final de la página cómo votar.

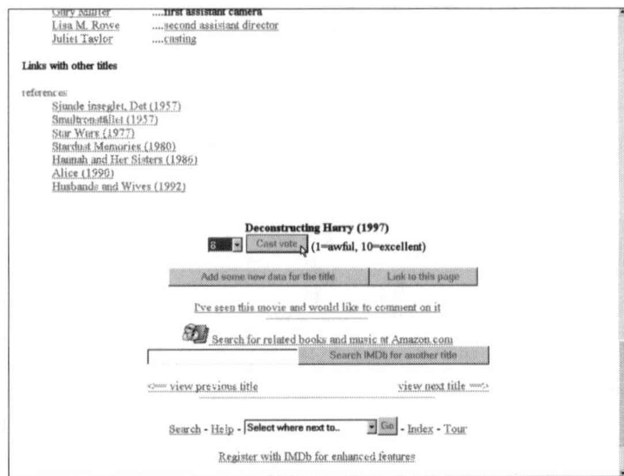

8 Y ya que estamos de vuelta en la primera página, fíjese en que todos actores son, a su vez, un vínculo en el que podemos hacer clic para obtener más información; hasta Sunny Chae, que no la conoce ni la madre.

9 Vemos también que está Demi Moore, ¡cómo resistirse a hacer un clic en ella! Aparece su filmografía completa y un ícono de imágenes, hacia allí vamos.

10 Elijo una de la lista y aparece Demi.

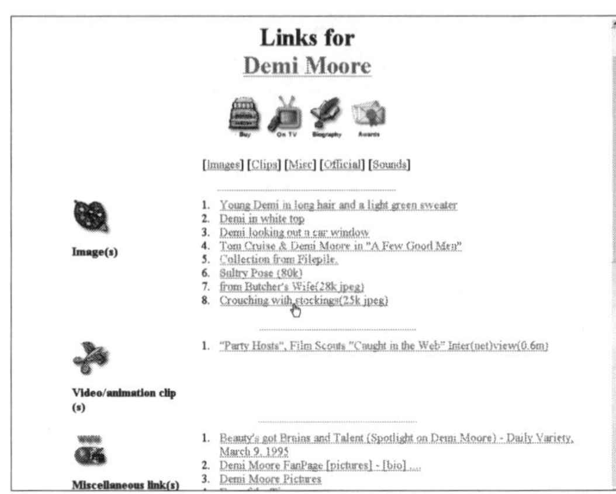

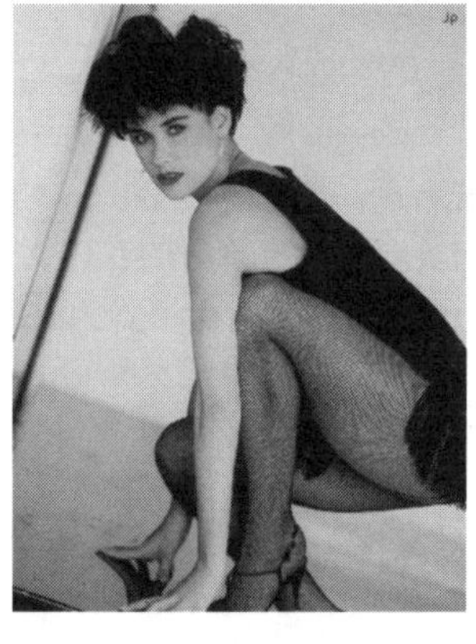

11 Si usted es hombre, ya sé lo que está pensando: "*¡Quiero esa foto!*". Fácil, haga clic derecho sobre la foto, y se desplegará el siguiente menú.

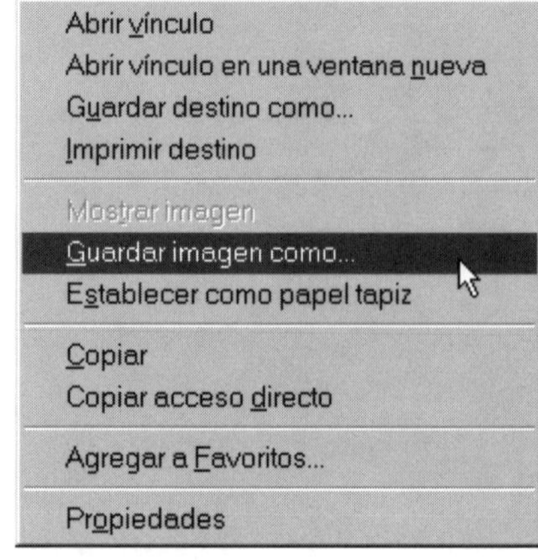

NAVEGUE EN PANTALLA COMPLETA

Pulse F11 en Internet Explorer para volar barras de herramientas y menúes; podrá ver un área mucho más grande de la página a la que está conectado. ¿Aún le quedó una barra a la vista? Haga clic derecho en ella y seleccione `Ocultar automáticamente` para hacerla desaparecer. Tranquilo, con F11 vuelve a la normalidad.

Al seleccionar `Guardar imagen como...` se abrirá este cuadro, en el que usted debe elegir en qué carpeta archivar la imagen (¡no se olvide dónde la guardó!). Cuando haga clic en `Guardar`, la foto quedará en su disco rígido. ¡Demi ya es suya!

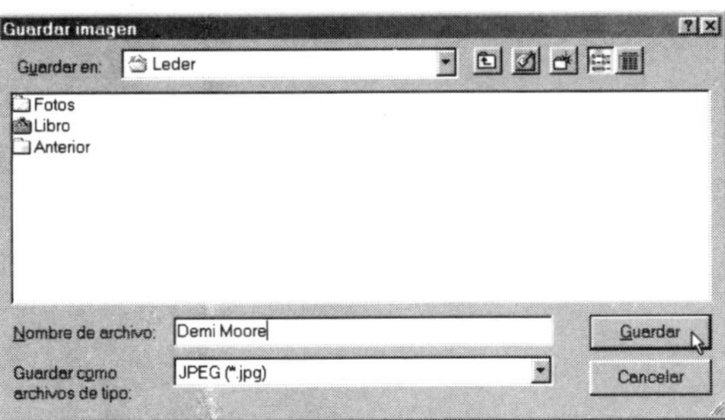

Cómo buscar en la Web

Mis lectoras estarán protestando: "*Mucho Demi Moore... ¿y para nosotras no hay nada?*". Tranquilas, chicas, para ustedes también tengo un huesito. Justamente, el otro día mi chica me pidió una foto de Alec Baldwin, y esto nos va a servir para aprender cómo buscar algo en la Web. Porque muchos estarán diciendo "*claro, este tipo sabe dónde leer el diario, dónde buscar información sobre películas, ¿y qué hago yo si no sé para dónde agarrar?*".

Para eso están los **buscadores**, de los cuales el más popular es Yahoo!, **www.yahoo.com**. Que quede claro que un buscador no es un programa, es un sitio como cualquier otro al que uno se conecta, pero que ofrece un servicio de búsqueda: uno ingresa en un cuadro lo que desea, pulsa `Search`, y el buscador nos devuelve los resultados.

Veamos cómo hago para buscar una foto de Alec Baldwin:

1 Hago un clic en el botón `Búsqueda` de la barra de herramientas.

2 Se abre la **Barra de búsqueda**; ahí puedo seleccionar entre varios sitios dedicados a la búsqueda de información en la Web.

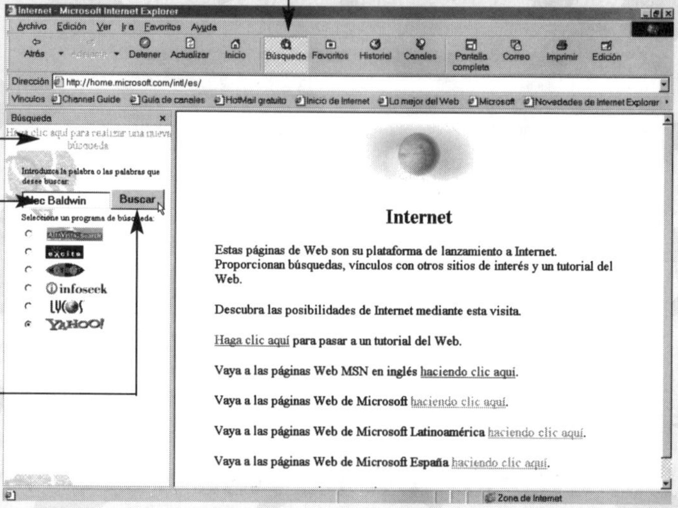

3 En el cuadro ingreso el tema que me interesa.

4 Hago clic en `Buscar`.

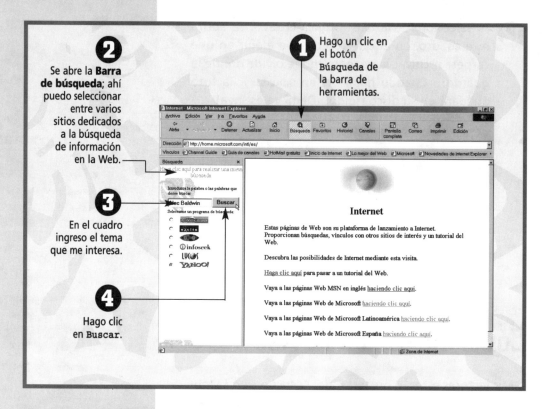

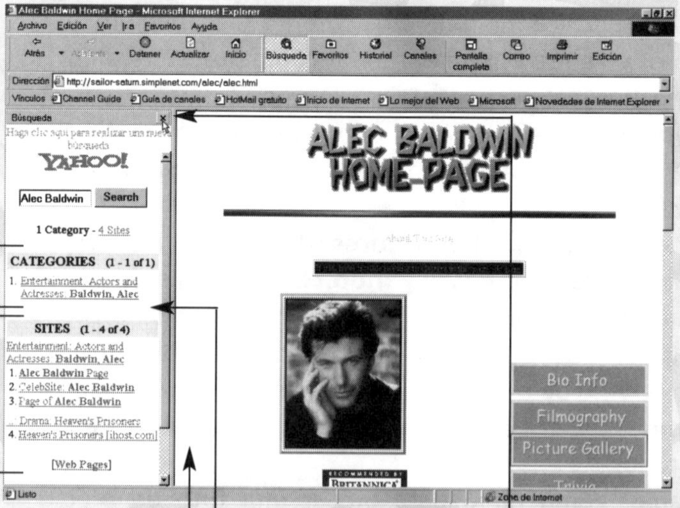

5 Obtengo los resultados en la misma Barra de búsqueda. Primero se listan las categorías en las que aparece la frase buscada.

6 Luego se listan los sitios. Yahoo tiene 4 sitios registrados sobre Alec.

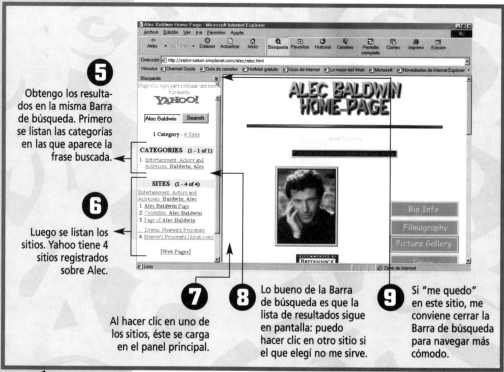

7 Al hacer clic en uno de los sitios, éste se carga en el panel principal.

8 Lo bueno de la Barra de búsqueda es que la lista de resultados sigue en pantalla: puedo hacer clic en otro sitio si el que elegí no me sirve.

9 Si "me quedo" en este sitio, me conviene cerrar la Barra de búsqueda para navegar más cómodo.

10 Al hacer clic en `Picture Gallery` (galería de fotos), veo que es una verdadera fan la que hizo este sitio. Éstas se llaman "*thumbnails*", miniaturas.

11 Al hacer clic en cualquiera de ellas obtengo la foto grande.

12 Sólo queda hacer un clic en el botón `Imprimir` de la barra de herramientas para quedar como un duque.

BUSCAR FRASES COMPLETAS

Si usted ingresa en su búsqueda `Mario Benedetti`, obtendrá un montón de sitios en los que figuran las palabras Mario y Benedetti, pero no necesariamente juntas. Ingrese "Mario Benedetti" entre comillas para obtener los sitios que contengan exactamente esa frase.

YAHOO!

En lugar de utilizar la Barra de búsqueda, puede conectarse a www.yahoo.com para hacer las búsquedas a pantalla completa. De este modo, además de hacer una búsqueda por palabra clave, también tendrá la opción de navegar por temas y subtemas.

PAPEL FOTOGRÁFICO

Si su impresora es de chorro de tinta, compre papel fotográfico para utilizar en ocasiones especiales como ésta. Cuesta aproximadamente $ 1 la hoja, pero imprimirá una verdadera foto; no va a poder creer la diferencia a imprimir en papel estándar.

BÚSQUEDAS INSTANTÁNEAS

En Internet Explorer puedo hacer la búsqueda ingresando directamente en la barra de direcciones: `Alec Baldwin` **¡Esa!**

Dos formas de buscar

Si nos conectamos al sitio de Yahoo!, ingresamos `Córdoba` y hacemos clic en `Search`, aparecerán los resultados que vemos.

Analícelos con atención: Yahoo! encontró 5 categorías y 40 sitios donde figura la palabra Córdoba. Si nos interesa la provincia, haremos clic en la primera categoría y aparecerán todos los sitios que hay en ella. No es necesario seguir más abajo, ya que todos los sitios que me interesan estarán en la primera categoría. Si Yahoo! no hubiera encontrado categorías en las que figure Córdoba, no me quedaría más remedio que buscar sitio por sitio (de todos modos, para cada sitio mencionado, encima se indica a qué categoría pertenece).

Veamos ahora qué pasa si buscamos algo más difícil, digamos `Dulce de leche`.

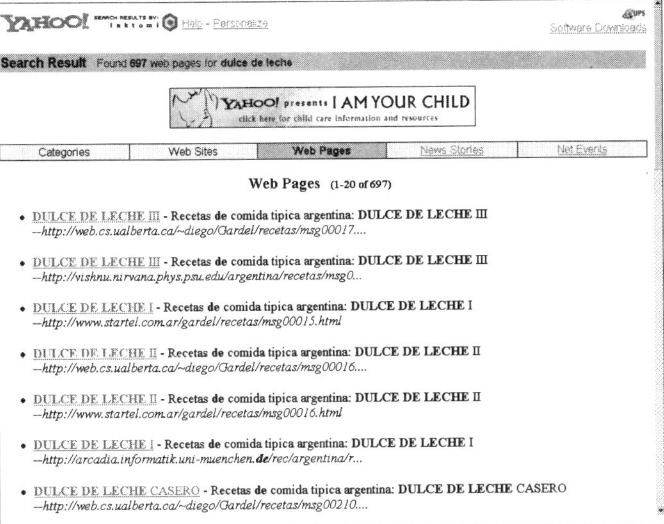

¿Cómo puede ser? ¿Yahoo! me devuelve 697 resultados para `Dulce de leche` y sólo encontró 40 resultados para `Córdoba`? Vamos a explicar esto.

Yahoo! busca lo que le pedimos utilizando **dos sistemas distintos**: un **directorio** y un **motor de búsqueda**.

Directorios

El directorio es un **índice temático**. Los sitios están organizados por temas y subtemas. Yahoo! los llama **categorías**. Pruebe a llegar a `Córdoba` desde la pantalla principal de Yahoo! (www.yahoo.com) sin hacer ninguna búsqueda, es un buen ejercicio. Acá está la respuesta: seleccione sucesivamente las categorías `Regional` ➡ `Countries` ➡ `Argentina` ➡ `Provinces and Regions` ➡ `Córdoba`.

En cada categoría usted podrá ver las subcategorías; resulta más lento llegar al tema deseado que utilizando el cuadro de búsqueda, pero más interesante e instructivo.

Un directorio está hecho por un equipo de gente que clasifica cada sitio en alguna categoría.

Motores de búsqueda

En el segundo ejemplo mencionado arriba, Yahoo! no pudo encontrar ningún sitio ni categoría que en su

BUSCADOR ARGENTINO
www.grippo.com
Es un buen sitio argentino de búsqueda.

Pero ¿cómo? ¿Yahoo! es un programa?
¡No! Yahoo! es un sitio como cualquier otro al que uno se conecta ingresando su dirección (www.yahoo.com) en Explorer (éste sí es nuestro programa para navegar la Web). Lo que pasa es que Yahoo! es un sitio que sirve para buscar otros sitios, pero no es algo que tengamos que tener instalado, es un sitio más. ¿Quedó claro, Magú?

DATOS ÚTILES

¿HAY YAHOO! EN ESPAÑOL?
Sí, hay una versión en nuestro idioma, pero la cantidad de sitios referenciados es mucho menor. Además, todo lo que está en Yahoo! español está también en el Yahoo! tradicional. De todos modos, para los que de inglés nada, la dirección es espanol.yahoo.com.

descripción incluyera `Dulce de leche`. Lo que hizo entonces fue recurrir a su motor de búsqueda. Para ello, Yahoo! dispone de una base de datos en la que figuran, aunque cueste creerlo, **todas las palabras que aparecen en prácticamente todos los sitios de la Web**. Claro que esta tarea monumental no es realizada por personas, sino por "arañas", programas llamados así porque recorren incansablemente la Word Wide Web (la "telaraña mundial") saltando de vínculo en vínculo y llenando la base de datos con todas las palabras que encuentran en su camino.

Cuando Yahoo! le devuelve 697 resultados para "Dulce de leche", le está dando la dirección de 697 páginas de distintos sitios en la Web en las que se **menciona esa frase**. El problema es que, al ser una búsqueda por palabras, muchas de esas páginas seguramente mencionan `Dulce de leche` por casualidad, pero no hablan del tema. Los resultados dados por el directorio eran muchos menos, pero más precisos, porque la búsqueda fue por tema.

¿Cómo darnos cuenta de qué tipo de resultados nos está mostrando Yahoo? Sencillo. Fíjese en la pantalla del `Dulce de leche`: aparece en azul `Web Pages`, indicándonos que Yahoo! no pudo encontrar categorías o sitios sobre el dulce de leche en su directorio, y nos está mostrando las páginas sueltas que contienen la frase encontradas por su motor de búsqueda (llamado Inktomi).

Los Favoritos

Serán pocas las ocasiones en las que usted navegue tipeando la dirección de un sitio. Cuando ya tenga unas cuantas semanas en la Web, lo hará de alguna de las siguientes maneras:

1. Realizará búsquedas de temas específicos (ya aprendió cómo más arriba).
2. Irá directamente a algún sitio al que se conecta siempre. Para eso están los **Favoritos.**

Cuando uno navega, es muy fácil perderse. Por eso, si encontró un sitio de su interés al que luego querrá volver, debe "anotarlo". La carpeta de Favoritos le permite guardar vínculos a todos los sitios que le gusten. Acostúmbrese a utilizarlos, le ahorrarán mucho tiempo de navegación.

LA WEB DA PARA TODO

En la antigüedad (hace unos tres años), para transferir archivos hacía falta un programa de ftp; para entrar a grupos de discusión, un programa de newsgroups; para enviar correo electrónico, un programa de e-mail, y para entrar en teleconferencias, un programa de chat. Hoy, si queremos, podemos hacer todo esto sin salir de la Web, que ofrece todos estos servicios, no de manera tan completa como un programa específico, pero sí de forma mucho más accesible y sencilla.

Agregar la página actual a su lista de Favoritos

Puede seguir cualquiera de los siguientes métodos:

- Pulse Ctrl+D.
- Vaya al menú `Favoritos` ➡ `Agregar a Favoritos`.
- Arrastre el ícono situado al lado de la dirección hacia el botón Favoritos, o hacia la carpeta deseada en la barra de Favoritos (si la tiene abierta).

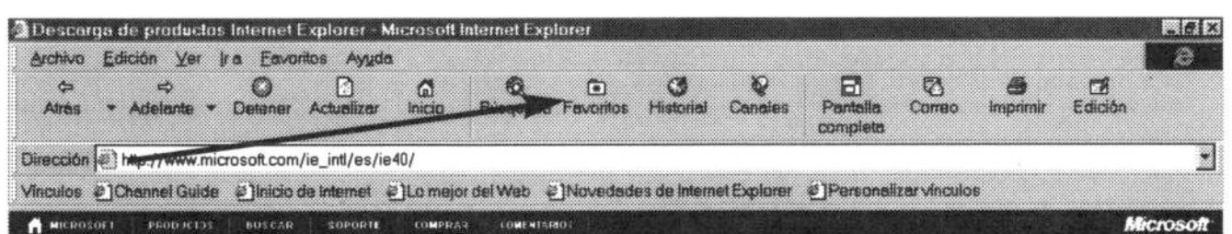

Ver los sitios guardados en Favoritos

Puede seguir cualquiera de los siguientes métodos:

- Clic en el menú `Favoritos`. Verá la lista de sus Favoritos en el menú.
- Clic en el botón `Favoritos` de la barra de herramientas. Se abrirá la barra de Favoritos.

Carpetas

Una buena costumbre es organizar sus páginas preferidas en carpetas, clasificadas por tema. Para ello, vaya a `Favoritos` ➡ `Organizar Favoritos.`

SUSCRIPCIONES

Puede pedirle a Explorer que navegue automáticamente algunos de sus sitios favoritos y le informe cuando el sitio haya cambiado. Puede pedir, incluso, que Explorer baje el nuevo contenido del sitio mientras usted no está; así, cuando llegue a su máquina, podrá navegar por él rápidamente. Se pueden configurar actualizaciones diarias, semanales o mensuales. Todo esto tiene más sentido si su conexión a Internet es permanente, se realiza abriendo la carpeta de Favoritos, haciendo clic derecho en el sitio de su interés y seleccionando Suscribir...

La pantalla principal de Internet Explorer

Un clic acá muestra las últimas direcciones tipeadas

Barra de herramientas

Logo. Mientras esté en movimiento, la página actual aún no terminó de cargar

Barra de direcciones. Acá tipee a dónde quiere conectarse

Barra de vínculos

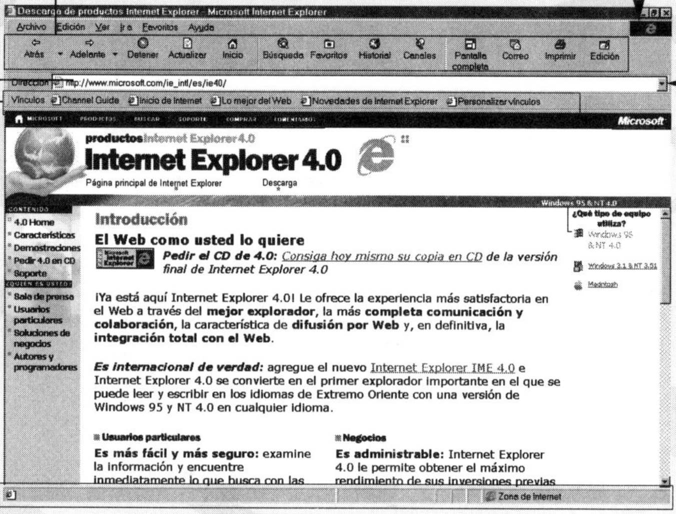

Barra de estado. Le informa la evolución en el cargado de una página o la dirección a la que lleva un vínculo

La barra de herramientas

Cancela la transferencia de la página

Abre la barra de sus sitios favoritos

Para enviar o leer mensajes de correo electrónico

Vuelve a la última página visitada

Vuelve a la página inicial

Abre la barra de los canales

Copia la página en su disco para editarla

Si antes retrocedió, vuelve a la página anterior

Abre la barra de búsqueda

Oculta todas las barras y menúes para aprovechar la pantalla al máximo

Vuelve a cargar la página actual desde el sitio remoto

Muestra los sitios visitados en los últimos días

Imprime la página actual

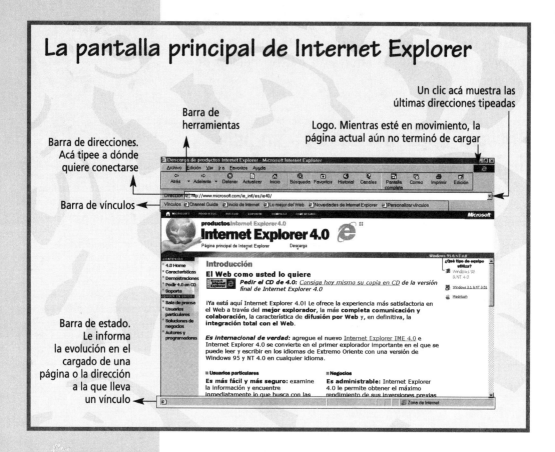

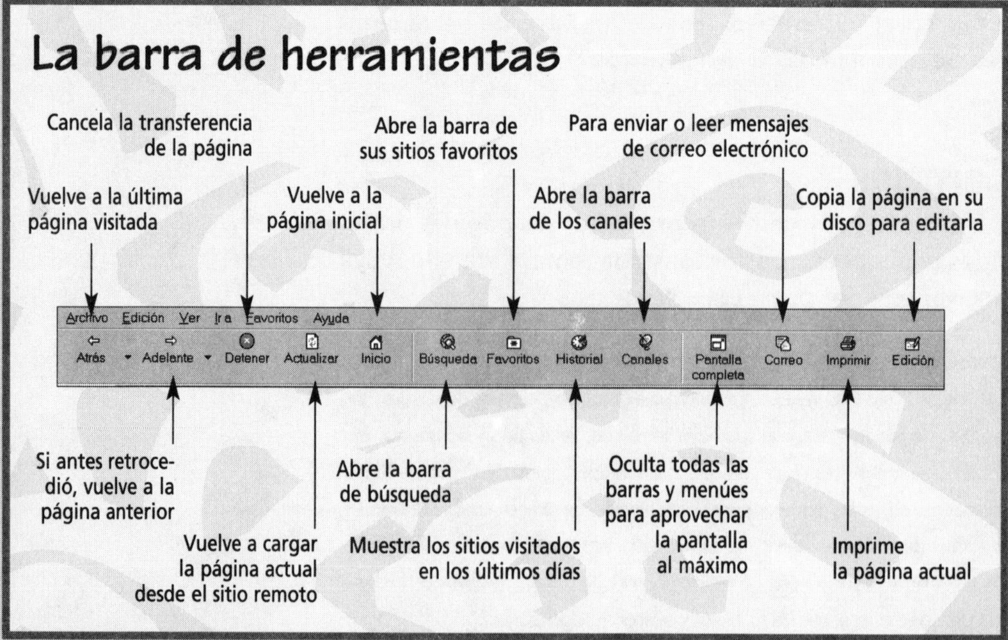

La barra de vínculos

Vínculos | Channel Guide | Inicio de Internet | Lo mejor del Web | Novedades de Internet Explorer | Personalizar vínculos

Esta barra es para que coloque sus "favoritos favoritos". Tenga acá, a un clic del mouse, los sitios a los que se conecta más. Inicialmente figuran 5 seleccionados por Microsoft, que usted puede cambiar de la siguiente manera:

Agregar un sitio a la barra de vínculos

1. Conéctese al sitio de su interés.
2. Arrastre el iconito que aparece a la izquierda de la dirección hacia la barra.

Quitar un sitio

1. Haga clic derecho sobre el vínculo a quitar de la barra de vínculos.
2. Seleccione `Eliminar`.

El Historial

Si quiere volver a una página que visitó antes pero se olvidó de incluirla entre sus favoritos, no desespere. Haga

CÓMO BORRAR EL HISTORIAL

Usted estuvo visitando esas páginas chanchitas, luego viene el jefe (o la patrona), hace clic en Historial ¡y se entera de todo lo que usted estuvo viendo! Tranqui, vaya a `Ver` ➡ `Opciones de Internet` ➡ `Borrar Historial`. Si está muy paranoico, en la misma ventana también puede eliminar los archivos temporales de Internet.

Autocompletar
Cuando en Internet Explorer tipee las primeras letras de una dirección que ya ingresó anteriormente, verá que automáticamente se escribe el resto de la dirección en texto invertido. No se asuste, es la función "Autocompletar" de Explorer que intenta ayudarlo. Si la dirección que aparece no es la que desea, simplemente siga tipeando; si es la que desea, puede pulsar Enter y ahorrarse escribir el resto de la dirección. ¡Gracias, Bill!

clic en el botón `Historial` (el relojito de sol), y se abrirá la **Barra de Historial**. En ella podrá ver todas las páginas que visitó en los últimos días, prolijamente ordenadas por sitio al que pertenecen y fecha en que fueron accedidas. Haciendo clic en las sucesivas carpetas y en cualquiera de los vínculos, en la pantalla del explorador aparecerá el sitio buscado.

Preguntas típicas

¿Puedo contagiarme un virus navegando?

¡No! La única manera de contagiarse un virus por Internet es bajando un programa infectado y ejecutándolo (véase en el capítulo que viene cómo bajar programas).

Pero ¿cómo? ¿Es gratis?

¿Cómo puede ser? Leo cualquier diario gratis, obtengo información de películas, fotos... ¿Ninguno de estos sitios me cobra nada para ingresar?

Así es; el acceso a la gran mayoría de los sitios de la Web es gratis, el sistema es similar al de la televisión por cable. Nosotros pagamos un abono mensual a la empresa de cable y luego podemos ver todos los programas o canales que queramos sin pagar más (salvo los canales codificados).

Bueno, en Internet es lo mismo: una vez que pagamos nuestro abono al proveedor, ¡todo lo que hagamos en la Red es gratis! Conseguir todo tipo de información, obtener programas, charlar durante horas con otra gente, mandar y recibir mensajes...

Son muy pocos los sitios de la Web que cobran para entrar; mayormente son los de información específica financiera o médica y los sitios con pornografía. Es que, habiendo tan buenos lugares gratis para conectarse, ¿quién quiere pagar?

Entonces, ¿cómo ganan su dinero los que ponen un sitio en la Web?

La mayoría de los sitios en la Web no ganan dinero; son colocados por amor al arte por miles de aficionados, o son puestos por empresas que los tienen como medio de promoción. Los demás sitios se financian igual que la radio y la televisión: la publicidad es la que subvenciona Internet. Yahoo!, por ejemplo, factura millones de dólares al mes por colocar esos cartelitos que ve al principio de las pantallas cuando realiza una búsqueda.

EN EL CD

Test de autoevaluación

Ya está en condiciones de salir a navegar solo por la Web. Al principio le costará creer el mundo inmenso que tiene ahora a su alcance. Pruebe a hacer búsquedas locas, piérdase navegando de vínculo en vínculo, y descubrirá que lo más difícil de Internet ¡es desconectarse!

Navegantes avanzados

En este capítulo iremos un poco más allá de la navegación tradicional y haremos algo más que ir de compras y conseguir programas. También descubriremos cómo aprovechar el audio y video que hay en la Web. Para terminar, veremos cómo cambió el uso de Windows con Internet Explorer 4 y solucionaremos los problemas más comunes de la navegación.

Capítulo 8

Hace unos meses, buscaba por las librerías de Buenos Aires una guía de viaje para Tailandia, pero no pude encontrar ninguna que me satisficiera. Decidí entonces comprarla por Internet. Acá les muestro cómo hice.

De compras por Internet

PASO A PASO

1 Me conecté a **Amazon**, la librería más grande del mundo, que cuenta con unos 3 millones de títulos y la particularidad de que no tiene local a la calle. Atiende solamente en la Web desde su dirección: **www.amazon.com**.

2 Una vez que cargó la página, inicié una búsqueda por tema. Para ello, hice clic en el cuadro `Keyword search`, tipeé "`travel Thailand`" e hice clic en `Go!`

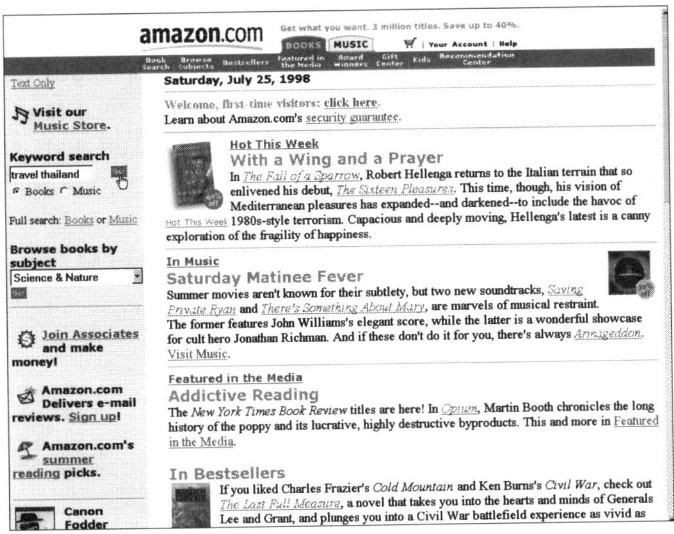

RECORRIENDO LA LIBRERÍA

En Amazon, al igual que en Yahoo!, además de realizar una búsqueda específica, también está la opción de recorrer la librería tema por tema, seleccionando en el cuadro `Browse books by subject` **(recorrer libros por tema).**

3 La siguiente pantalla me muestra los primeros 100 resultados de mi búsqueda; selecciono uno de los libros haciendo clic en él.

EN ESPAÑOL, TAMBIÉN

En vez de "travel Thailand", podría haber buscado las palabras clave "Tailandia viaje" para obtener libros en español, pero, como se puede imaginar, son muchos menos y no tan actualizados.

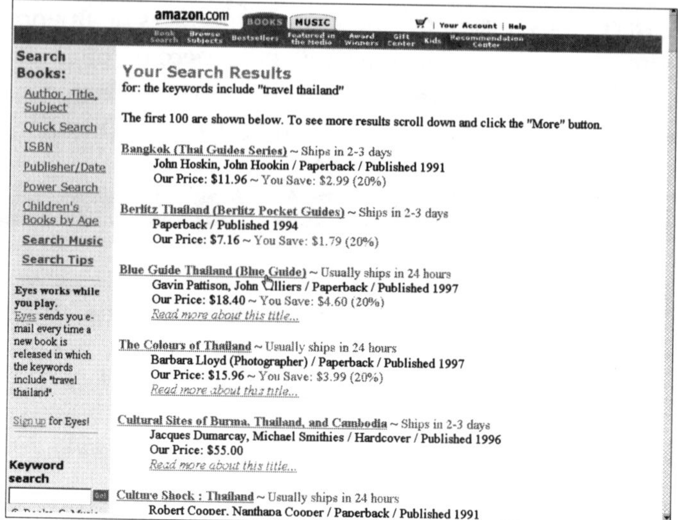

4 Veo los datos del libro y, en muchos casos, una sinopsis del mismo. Si no me gusta, puedo volver a la pantalla con la lista de libros encontrados haciendo clic en `Atrás` en la barra de Explorer. Pero yo lo quiero comprar, así que hago clic en `Add to Shopping Cart` (agregar al chango de compras).

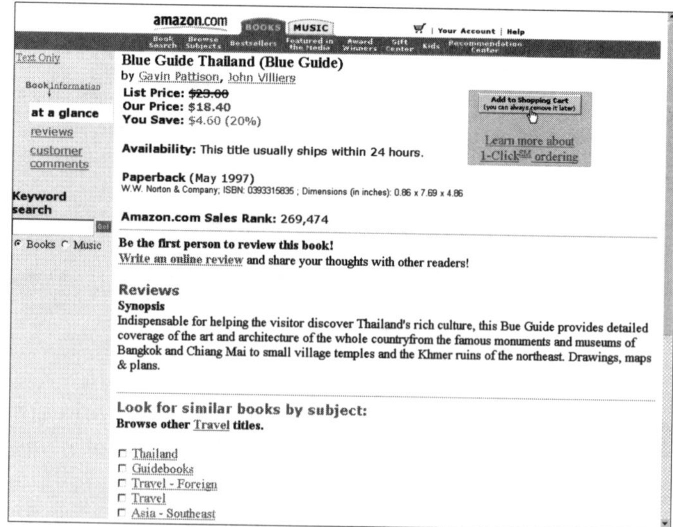

5 A continuación, veo el contenido de mi chango de compras, donde tengo las siguientes opciones:

- Seguir comprando: clic en `Books Home`.

- Sacar el libro del chango: ingreso 0 al lado del libro y hago clic en `Changed Quantities`.
- Realizar la compra: clic en `Proceed to Checkout` (ésta es la que elijo).

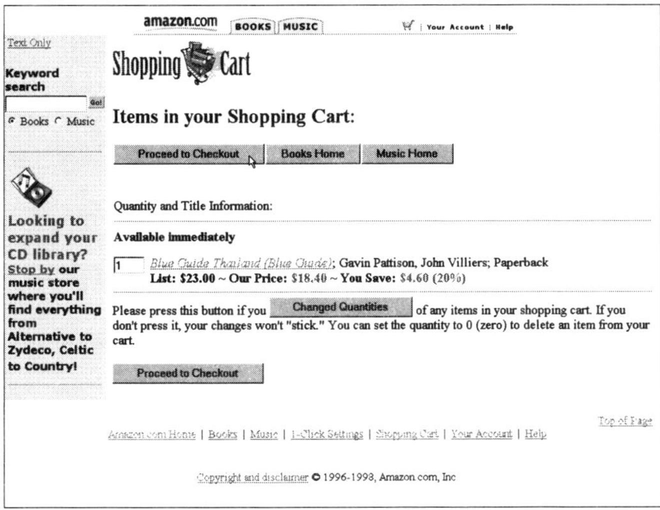

6 Un clic en `Clic here to continue...` me permite seguir la transacción en un **servidor seguro**.

Pág. 181: ¿Es seguro?

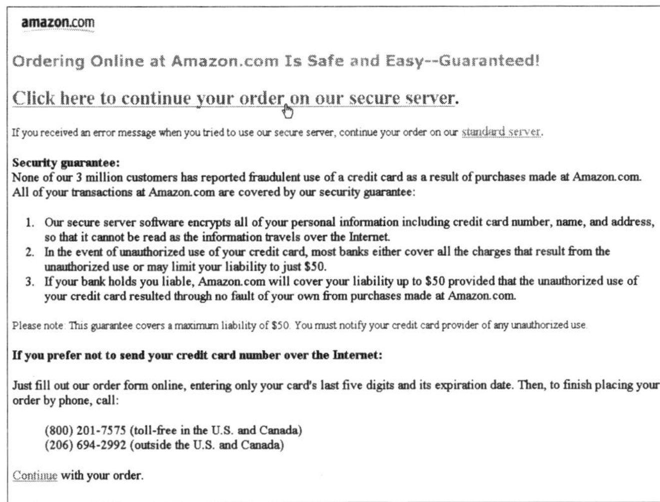
amazon.com

Ordering Online at Amazon.com Is Safe and Easy--Guaranteed!

Click here to continue your order on our secure server.

If you received an error message when you tried to use our secure server, continue your order on our standard server.

Security guarantee:
None of our 3 million customers has reported fraudulent use of a credit card as a result of purchases made at Amazon.com. All of your transactions at Amazon.com are covered by our security guarantee:

1. Our secure server software encrypts all of your personal information including credit card number, name, and address, so that it cannot be read as the information travels over the Internet.
2. In the event of unauthorized use of your credit card, most banks either cover all the charges that result from the unauthorized use or may limit your liability to just $50.
3. If your bank holds you liable, Amazon.com will cover your liability up to $50 provided that the unauthorized use of your credit card resulted through no fault of your own from purchases made at Amazon.com.

Please note: This guarantee covers a maximum liability of $50. You must notify your credit card provider of any unauthorized use.

If you prefer not to send your credit card number over the Internet:

Just fill out our order form online, entering only your card's last five digits and its expiration date. Then, to finish placing your order by phone, call:

(800) 201-7575 (toll-free in the U.S. and Canada)
(206) 694-2992 (outside the U.S. and Canada)

Continue with your order.

7 En el formulario que aparece, ingreso:
- dirección de correo electrónico
- si es la primera vez que compro en Amazon
- que voy a pagar con tarjeta de crédito

LLENANDO FORMULARIOS

Recuerde que para llenar cualquier formulario, debe primero hacer clic en el campo a completar y luego tipear el contenido; puede pasar después al campo siguiente pulsando la tecla Tab.

• si la orden es un regalo, ¡¡¡puedo elegir el papel y la dedicatoria!!!
Hago clic en `continue`.

amazon.com

Completing Your Order is Easy

We encourage you to enter your credit card number online (why this is safe). However, you also have the option of phoning us with the number after completing the order form. If you have any problems or questions, see the bottom of the page for details on our toll-free (800) customer support number.

1. Welcome.

Please enter your e-mail address: leder@hotmail.com
Please **check** your e-mail address for accuracy; one small typo and we won't be able to communicate with you about your order.

I am a first-time customer. (You will be asked to create a password later on.)
I am a returning customer, and my password is .
Have you forgotten your password?

2. Select a payment method.
You will enter complete payment information later in the order form. For now, you just need to choose your payment method.

credit card (Visa, MasterCard, Discover, American Express, or JCB only) (why this is safe)
gift certificate (or gift certificate and credit card, or balance on account) (how this works)
check or money order (why this takes longer)

3. Is this order a gift? If not, click here to continue
For gift orders, we will not print prices on the packing slip and you can include a personalized gift message in your order. These services are free of charge.

Please type your gift message, which will be printed on the packing slip (maximum 500 characters):

We can also gift-wrap your order. The charge for gift-wrapping is $2.00 per order.

Please select one of the following gift-wraps:

Big Hearts | Sunflowers | Maps of the World | Silver Foil | Earth Kids

We will try to use the gift-wrap you choose, but sometimes we have to make substitutions.

This order **is a gift**, but I prefer **no gift-wrapping.**

This order is **not a gift.**

IMPORTANT: Press this button to continue to the next page. You will still have a chance to cancel or change your order.

8 En la pantalla siguiente, hago clic en `new international address` (dirección fuera de los Estados Unidos). Aparece el siguiente formulario, que hay que llenar con nuestra dirección y teléfono para después hacer clic en `done`.

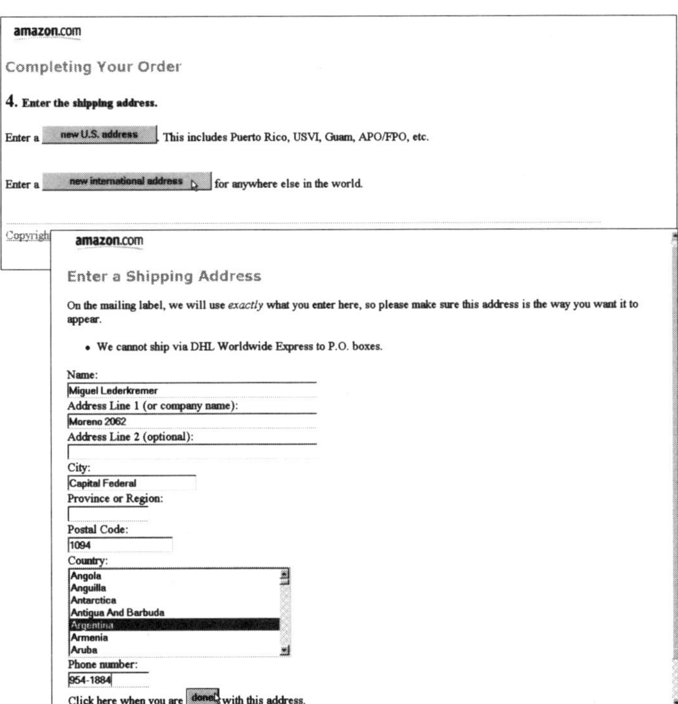

amazon.com

Completing Your Order

4. Enter the shipping address.

Enter a [new U.S. address]. This includes Puerto Rico, USVI, Guam, APO/FPO, etc.

Enter a [new international address] for anywhere else in the world.

Copyright

amazon.com

Enter a Shipping Address

On the mailing label, we will use *exactly* what you enter here, so please make sure this address is the way you want it to appear.

- We cannot ship via DHL Worldwide Express to P.O. boxes.

Name: Miguel Lederkremer
Address Line 1 (or company name): Moreno 2062
Address Line 2 (optional):
City: Capital Federal
Province or Region:
Postal Code: 1094
Country: Angola, Anguilla, Antarctica, Antigua And Barbuda, Argentina, Armenia, Aruba
Phone number: 954-1884

Click here when you are [done] with this address.

Ahora debo ingresar los datos de mi **tarjeta de crédito**:

- Número
- Tipo (Visa, Mastercard, etc.)
- Fecha de expiración
- Nombre del titular
- Código postal de la dirección de cobro de la tarjeta

amazon.com

Completing Your Order

5. Check your order.

Please verify that the items and quantities shown below are correct. Put a 0 (zero) in the **Quantity** field to remove a particular item from your order.

Quantity and Title Information:

Available immediately

1 *Blue Guide Thailand (Blue Guide)*; Gavin Pattison, John Villiers; Paperback
List: $23.00 ~ **Our Price:** $18.40 ~ **You Save:** $4.60 (20%)

6. Credit card information:

We recommend that you enter your full credit card number. (Why this is safe.) Even if you're a returning customer, please re-enter your credit card number. (Here's why.) If you prefer to phone in your credit card, enter only the last five digits. After you have submitted your order, we'll give you the phone number to call.

Credit card number: 1234567890123456
Type of credit card: Visa MasterCard Discover American Express JCB
Expiration date (mm/yy or mm/dd/yy): 12/99
Cardholder's name as it appears on the credit card: Miguel Lederkremer
Zip or postal code of the **billing** address for this card: 1094

7. What is your name?

A continuación, debo elegir una forma de envío y una clave para que, si vuelvo a Amazon, no tenga que tipear nuevamente mis datos. Clic en `continue`.

7. **What is your name?**

Your name, if it is different from the name on the credit card: Miguel Lederkremer

8. **What shipping option would you like?** (Click here for more about shipping options and prices.)

Shipping Method:
prices ◉ Standard Shipping (Averages 4-10 weeks)

prices ○ WorldMail (Averages 7-21 business days)
WorldMail **can** *be shipped to PO Boxes.*

prices ○ DHL Worldwide Express Shipping (Averages 1-4 business days) DHL
DHL Worldwide Express **cannot** *be shipped to PO Boxes.*

Number of Shipments:
◉ Make one shipment when complete order is ready (minimizes shipping cost)
○ Ship as ordered items become available (at extra shipping cost)

9. **Please choose a password.**

When you come back to Amazon.com in the future, you can use your e-mail address and the password you choose here to access your account. This means:

- you won't need to type in your address again
- you won't need to give us your credit card number again unless you enter a new shipping address
- you'll be able to check the status of your orders from the **Your Account** page

Enter a password of your choice: ****
Confirm this password: ****

Press this button to continue

The next page shows you a summary of your order including its **total cost**. You may then submit your completed order or back up and make changes.

Copyright and disclaimer © 1996-1998, Amazon.com, Inc.

En la pantalla anterior, haciendo clic en `shipping options and prices` uno puede informarse sobre los **costos y tiempos de envío**. Cuanto más rápido quiera el libro, más caro le costará. La opción intermedia es bastante razonable: $ 7 por paquete, más $ 5,95 por libro, a recibir en 7 a 21 días hábiles.

International Shipping for Book-Only Orders

Shipping Method	Shipping Time	Total price: add both columns	
		Per Shipment	Per Item
Standard Shipping *Surface mail--travels by land and sea routes.*	2 to 12 weeks	$4.00 per shipment **plus**	$1.95 per book
DHL World Mail *Airmailed to destination country, local postal system*	7 to 21 business days	$7.00 per shipment **plus**	$5.95 per book
DHL Worldwide Priority Express	1 to 4 business days	$30.00 per shipment **plus**	$5.95 per book

International Shipping for Music CD-Only Orders

Shipping Method	Shipping Time	Total price: add both columns	
		Per Shipment	Per Item
DHL World Mail *Airmailed to destination country, local postal system*	7 to 21 business days	$5.00 per shipment **plus**	$0.95 per CD
DHL Worldwide Priority Express	1 to 4 business days	$19.00 per shipment **plus**	$2.25 per CD

International Shipping for Combination Music CD and Book Order

Shipping Method	Shipping Time	Total price: add both columns	
		Per Shipment	Per Item

La pantalla final le mostrará todos los datos de su pedido para que los confirme. Es la última oportunidad de arrepentirse, haciendo clic en el botón `Atrás` de Explorer. Si está todo bien, presione en `Clic here to send...`

amazon.com

Review and Submit Your Order - the Last Step!

Review the summary of your order below, then

CLICK HERE TO SEND US YOUR ORDER.

PLEASE BE SURE TO CLICK THIS BUTTON. (If you don't, your order won't be processed!)

If you need to make any corrections, use your browser's Back button to return to the order form.

Your order reads as follows:

```
E-Mail Address: leder@hotmail.com

Ship to:        Miguel Lederkremer
                Moreno 2062
                Capital Federal
                1094
                Argentina

Tel:            954-1884

Items:
```

- 1 copy of *Blue Guide Thailand (Blue Guide)*; Gavin Pattison, John Villiers; Paperback; @ $18.40 each

Will ship via: Standard Shipping

```
Item(s) Subtotal:       $ 18.40
Shipping & Handling:    $  5.95
Tax:                    $  0.00
                        -------
TOTAL DUE:              $ 24.35
```

Ahora sólo le queda esperar pacientemente a recibir en su casa la tarjeta de aviso de encomienda; deberá pasar a retirar el paquete por la oficina de correos que se le indique. ¡Felicitaciones! ¡Ha realizado su primera compra por Internet!

¿Es seguro?

Ya sé lo que usted está pensando: *"¡Loco! ¡Mandaste tu tarjeta de crédito por Internet! ¡Te van a dejar en calzones!"*. Tranqui, las compras por Internet son seguras, y le voy a mostrar por qué. En el paso 6 se me ofrecía seguir la transacción en un **servidor seguro**. Cuando usted está conectado a un servidor seguro, toda información que le envíe se encriptará (codificará) apenas salga de su PC, de manera que, ante la eventualidad de que alguien intercepte la información de su tarjeta en el camino, no podrá ver nada. Sólo la gente de Amazon, en este caso, tiene la clave para poder decodificar sus datos, así que, si está conectado a un servidor seguro, no tiene de qué preocuparse.

DATOS ÚTILES

¿Y LA ADUANA?

Los libros y CDs, comprados en cantidades moderadas, no pagan aduana. Para el resto de lo que adquiera, deberá abonar el 50% de lo indicado en la factura de compra.

IDEAS

HAGA UNA VAQUITA

Cuando recibe libros por Amazon, le cobran un precio por paquete y un extra por cada libro. Por eso le conviene juntarse con varios amigos que quieran comprar libros o discos y pedirlos todos juntos. Recibir un solo libro por DHL Express (el servicio más rápido) le costará $ 35,95 de gastos de envío; recibir, en cambio, 5 libros le costará $ 30 + $ 5,95 x 5 = $ 59,75, es decir, $ 11,95 por libro, la tercera parte de lo que pagaría si pide uno solo.

La primera vez que usted entre en un servidor seguro, le aparecerá el siguiente mensaje, después lo puede deshabilitar:

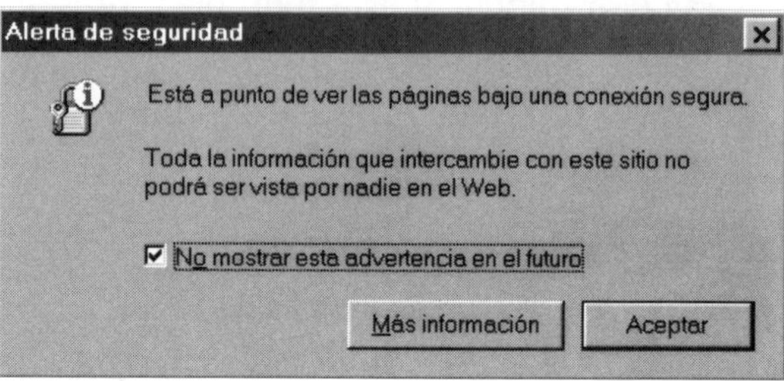

Como regla general, sólo envíe los datos de su tarjeta de crédito a servidores seguros. ¿Cómo saber que un servidor es seguro? En la barra de estado de Internet Explorer verá **un candadito** y observará que la dirección, en lugar de comenzar con http://, dirá **https://**.

De todos modos, en el caso de que llegaran a su tarjeta gastos que no le corresponden, comuníquese de inmediato con la empresa de su tarjeta; hay un seguro que lo cubre como si se la hubieran robado, ellos se encargarán de investigar qué ocurrió.

SUPERMERCADO VIRTUAL

¿Quiere estar en la última onda? Haga las compras sin moverse de casa. Supermercados Disco (www.disco.com.ar) habilitó las compras por Internet desde varias ciudades de la Argentina. La compra mínima es de $ 30, y le cobran $ 3 por el servicio (incluye el envío a domicilio). No podrá palpar los tomates, pero no tendrá que moverse de casa...

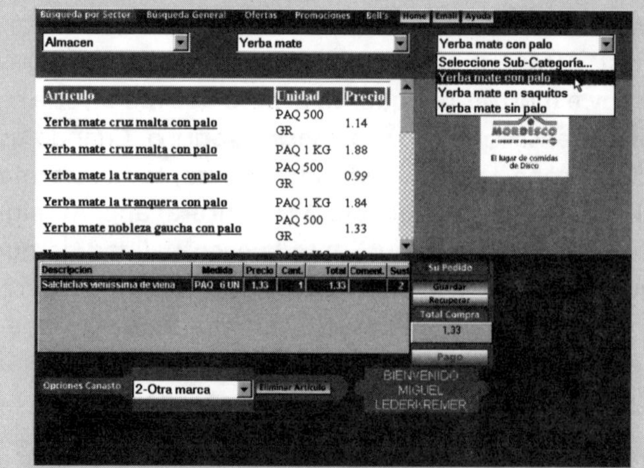

Consiguiendo programas

Una de las posibilidades más excitantes de Internet es la de **bajarse** programas. Los que podemos conseguir en Internet son programas ***shareware***.

Éstos, así como los **demos** (versiones de demostración) y los **trials** (versiones de prueba), se pueden copiar libremente. Los programas shareware tienen al principio un cartelito que dice algo así: "*Si le gusta el programa, envíe $ 30 a tal dirección*". Al enviar el dinero, recibimos una clave para **registrar** el programa. Así, estos programas tienen dos versiones: la versión de prueba, o shareware, y la versión registrada.

Muchos programas tienen limitaciones en su versión shareware, demo o trial: en algunos casos, duran 30 días, luego de los cuales dejan de funcionar; si es un juego, suele incluir un solo nivel; si es un utilitario, puede no incluir todas las funciones. En otros casos, el programa shareware no tiene ninguna limitación. ¿Cómo gana su dinero el programador? Se apela a la ética del cliente: si el programa le resulta útil, debe pagarlo.

El sistema shareware es muy bueno para el usuario: le permite probar una gran cantidad de programas y pagar solamente el que usará. Los programas shareware son mucho más baratos que los comerciales, porque el dinero va directamente del usuario al programador, evitando a todos los intermediarios. El sistema está tan difundido que hay miles y miles de programas shareware para cualquier tarea que se le ocurra.

DEFINICIONES

BAJAR UN ARCHIVO (*DOWNLOAD*)

Es transferirlo vía Internet desde una máquina remota a nuestra PC. El archivo puede ser de cualquier tipo: un programa, una imagen, un *driver*, un sonido. Una vez terminada la transferencia, podemos desconectarnos de Internet: el archivo quedó en nuestro disco rígido. Subir un archivo (*upload*) es lo contrario: mandar un archivo desde nuestra PC a otra máquina remota.

Cómo bajar archivos

PASO A PASO

Veamos ahora cómo conseguir un programa shareware. Supongamos que estoy con ganas de jugar al Pacman, pero no tengo ningún Pacman en mi PC, así que...

1. Me conecto a **www.hotfiles.com**, uno de los mejores sitios en Internet dedicados al shareware. En la pantalla principal hay un formulario de

búsqueda, en el que tipeo "pacman"; luego, hago clic en `Search`.

2 Obtengo una lista de varios Pacman, ¿cuál elegir? La cantidad de estrellitas que le puso la gente de ZDNet es un buen consejo; otro es la cantidad de veces que el programa fue bajado (columna `Downloads`). También es un buen síntoma cuando el programa ya va por la segunda o posterior versión (ej.: v4.0). Yo, sencillamente, elijo el programa de fecha más reciente, y hago clic en él.

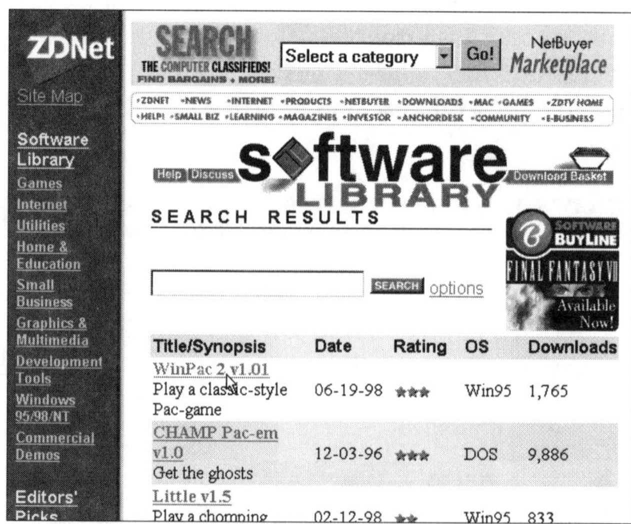

Title/Synopsis	Date	Rating	OS	Downloads
WinPac 2 v1.01 Play a classic-style Pac-game	06-19-98	★★★	Win95	1,765
CHAMP Pac-em v1.0 Get the ghosts	12-03-96	★★★	DOS	9,886
Little v1.5 Play a chomping	02-12-98	★★	Win95	833

DATOS ÚTILES

ARCHIVOS COMPRIMIDOS

Algunos archivos que usted baje de Internet no estarán listos para usar, porque vienen comprimidos para que se transfieran más rápido; verá que el nombre del archivo termina en ".zip". Para utilizarlos, primero tendrá que descomprimirlos. El programa más popular para comprimir y descomprimir archivos es Winzip.

Winzip 7.0
Sección utilitarios

3 En la pantalla siguiente puedo ver una buena descripción del programa y algo muy importante: **el tamaño del archivo**. Este Pacman es bastante gordito: 1.711.155 bytes (1,7 MB); voy a estar un buen tiempo bajándolo, ¡esperemos que valga la pena! Para comenzar a bajarlo, hago clic en `Download Now`.

4 Aparece esta pantalla, en la que debo seleccionar `Guardar este archivo a disco.`

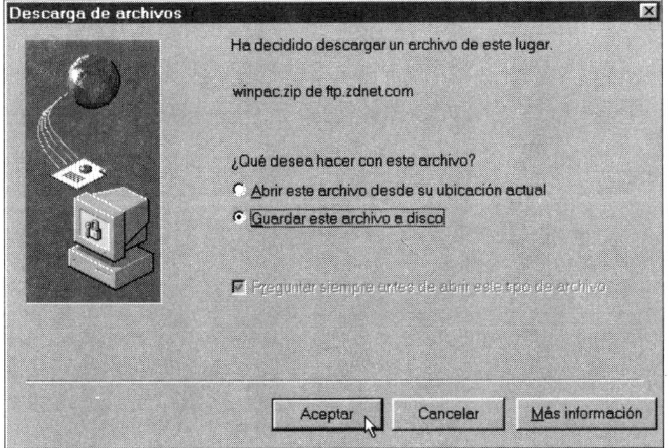

¿Me puedo agarrar un virus?

Sí. Si baja un programa y lo ejecuta, es posible contagiarse un virus. Por eso, luego de que lo bajó y antes de ejecutarlo, se recomienda verificarlo con un antivirus actualizado (con menos de 1 mes de antigüedad). ***¿Y si no tengo programa antivirus?.*** *Ingrese "virus" en la búsqueda de Hotfiles, y encontrará decenas de antivirus para bajar.* ***¿Y si el antivirus viene con virus?*** *Y qué quiere que le diga, una vida sin riesgos no merece ser vivida...*

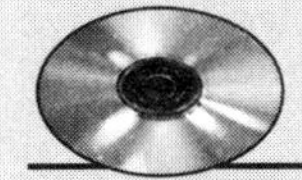

EN EL CD

Programas antivirus

Norton Antivirus 5.0
McAfee VirusScan 3.2.0
ViruSafe Web 4.0
Sección antivirus

A continuación, se nos pregunta en qué carpeta deseamos guardar el programa. Yo hice una carpeta que se llama `Instalar`, donde guardo todo lo que bajo de Internet, así no se me pierde nada. Una vez seleccionada o creada la carpeta, hago clic en `Guardar`.

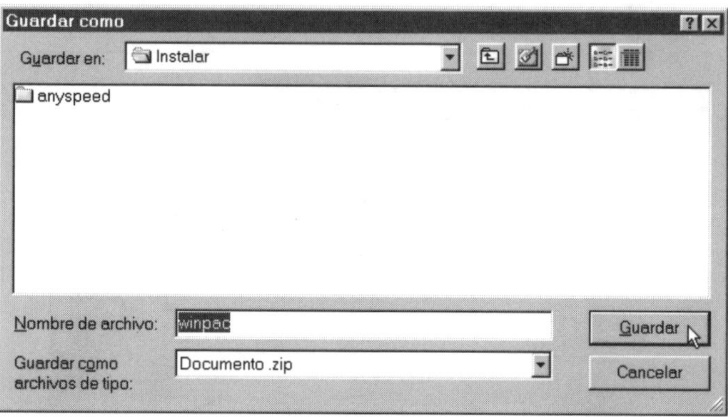

¡Comienza la transferencia! En el cuadro siguiente aparecen dos datos importantes: cuánto recibimos del archivo hasta el momento y la velocidad de transferencia. Si no aparece el tiempo estimado que demorará el traspaso, consulte el cuadro en esta página.

Puede seguir navegando o comenzar otras transferencias mientras se realiza ésta. Pero recuerde que está repartiendo el caño entre varias "canillas", así que de cada una saldrá menos agua.

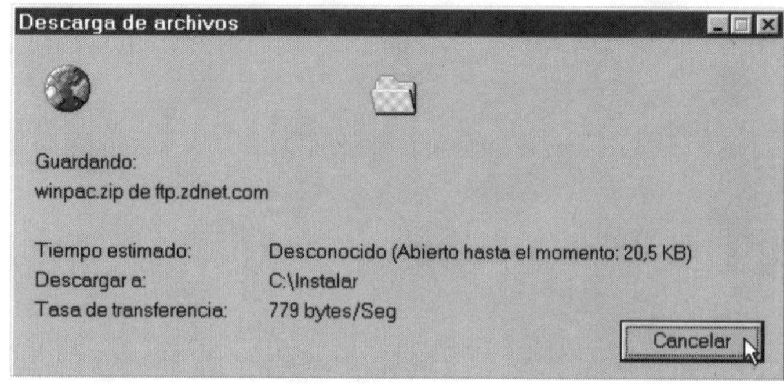

Un sonido y el siguiente cartelito le indican que terminó la transferencia. ¡El programa ya es suyo!

SÓLO PARA GENIOS

DRIVERS Y PATCHES

Para los que nos gusta tener la PC pipí-cucú, Internet es indispensable para tener siempre los últimos *drivers* (programas controladores de nuestro hardware). Especialmente recomendado: visite a los fabricantes de su placa de video. El mejor sitio que conozco para bajar drivers es www.conitech.com/windows/upmenu.asp. Los *patches* son "parches" que solucionan problemas de diversos programas, mayormente juegos. Con la proliferación de placas 3D, muchos juegos necesitan las actualizaciones de Internet para correr bien con su placa. Visite los sitios de sus juegos favoritos.

DATOS ÚTILES

TUCOWS

En tucows.oceanic.com puede bajar prácticamente todos los programas que existen para Internet, organizados por tema (e-mail, chat, etc.), con calificación y comentario. Muy bueno.

Lo encontrará en la carpeta que seleccionó para guardarlo. Puede desconectarse de Internet e instalarlo haciendo doble clic en él.

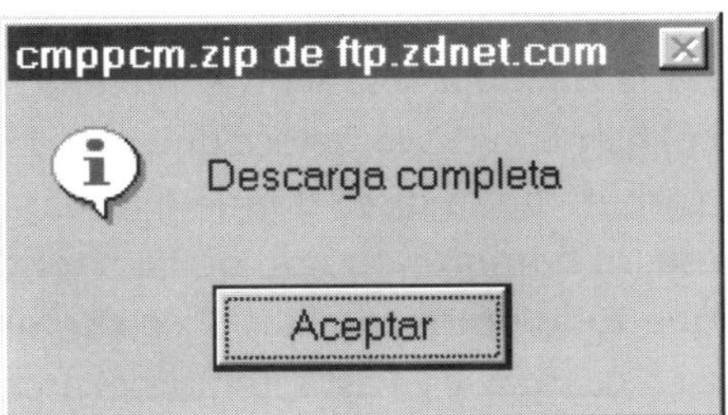

TIEMPOS ESTIMADOS DE TRANSFERENCIA

Velocidad de transferencia	Para bajar 100 KB	Para bajar 1 MB
500 bytes / seg	3 min 25 seg	35 min
1 KB / seg	1 min 40 seg	17 min
2 KB / seg	50 seg	8 min 30 seg
3 KB / seg	33 seg	5 min 40 seg
4 KB / seg	25 seg	4 min 15 seg

TRADUCCIÓN DE PÁGINAS WEB

¿No entiende el inglés? Conéctese a www.altavista-.digital.com, en `Services` seleccione `Translation` y tipee el texto o la dirección de la página que quiere traducir. Sí, es gratis.

Cómo guardar una página web

Posiblemente probó ir en Internet Explorer a `Archivo` ➡ `Guardar como` para guardar una página web, y descubrió, decepcionado, que esto sólo guarda el texto de la página, no las imágenes.

Para guardar las imágenes tendrá que hacer clic derecho en cada una y seleccionar `Guardar imagen como...`

Inexplicablemente, Internet Explorer no permite guardar de una sola vez una página con imágenes y todo. Pero si realmente lo quiere hacer, acá le ofrezco un truco exclusivo (aunque un poco complicado) para guardar una página web completita (a no ser que ésta tenga marcos o *applets* java):

1. En IE4 y con la página cargada completamente, vaya al menú `Archivo` ➡ `Enviar` ➡ `Página por correo.`
2. En el mensaje que aparece, vaya al menú `Herramientas` y active la opción `Enviar imágenes con el mensaje.`

3. Cierre el mensaje. Outlook le preguntará: `¿Desea guardar los cambios para este mensaje?` Seleccione `Sí`. El mismo se guardará en la bandeja `Borrador` de Outlook Express.
4. Vaya a la bandeja `Borrador`, seleccione el mensaje y, en el menú `Archivo`, seleccione `Guardar como`. Elija la carpeta de su disco donde guardará la página, ingrese un nombre seguido de la extensión .mht, y coloque todo entre comillas, "xxxxxx.mht".
5. Pulse en `Guardar` y ya está, tendrá el archivo de una página web completa.

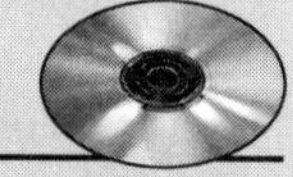

Teleport Pro 1.28
Navegador fuera de línea
Sección Utilitarios,

Ahora, si usted quiere bajar un **sitio** completo, esto es, la página principal y las páginas vinculadas, deberá utilizar un programa de los llamados *offline browsers*, navegadores fuera de línea, que pueden bajar todo un sitio rápidamente, para que después usted lo lea tranquilamente desconectado. **Teleport Pro** es de los mejores programas de este tipo.

Sonido y movimiento

Hasta ahora navegamos viendo texto e imágenes fijas, pero el desarrollo de la Web no se detuvo en esto; para competir con la televisión tenía que ofrecer lo mismo que ella: audio y video. La Web brinda todo esto y mucho más.

Los componentes adicionales

Para poder ver archivos de audio y video, nuestro programa debe comprender **el formato** en el que están estos archivos en la página web. Sin embargo, los programas navegadores (tanto Internet Explorer como Netscape) vienen preparados originalmente para ver páginas web estándar, con texto e imágenes fijas. Los cambios en la Web son tan veloces que los programas no tienen tiempo de incorporarlos. Por suerte, se encontró una solución muy práctica: los **componentes adicionales** (en Netscape, ***plugins;*** en Internet Explorer, componentes **ActiveX**), que le permiten ir agregándole a Internet Explorer mayores posibilidades a medida que las necesita.

Cuando en una página web usted hace clic en un vínculo a un archivo con formato desconocido (sea audio, video u otro), pueden pasar dos cosas:

❶ *Instalación automática de un componente*

En la barra de estado aparecerá el mensaje `Instalando componentes necesarios` mientras Internet Explorer baja el archivo. Luego de haberlo transferido, se le pedirá permiso para instalar el nuevo componente ActiveX en su PC:

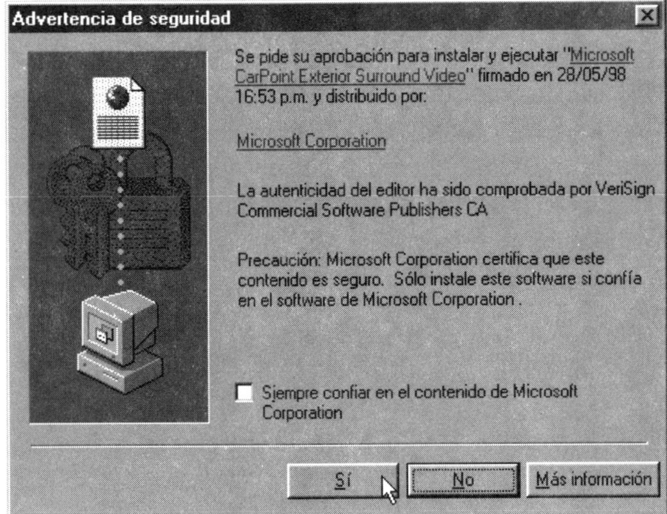

Una vez que haga clic en `Aceptar`, el nuevo componente estará instalado. Puede seguir navegando y ver el contenido deseado.

❷ *Instalación manual de un componente*

En otros casos, usted hará clic en un archivo con un formato desconocido de audio o video, e Internet Explorer le dirá que no sabe qué hacer con ese archivo mediante el mensaje siguiente:

Si viendo una página web se le pide autorización para instalar un componente ActiveX no acepte a no ser que sea de una empresa reconocida. Puede tratarse de un virus.

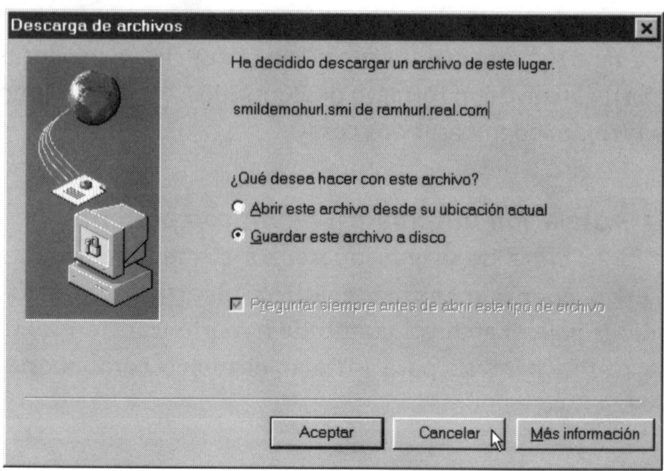

En este caso, debe cancelar para bajar e instalar el programa necesario. Generalmente, en una página que necesita un componente adicional, encontrará un vínculo que lo llevará al sitio para que lo baje; suele ser un cartelito como éste:

Diríjase a esa página, donde podrá bajar un archivo ejecutable (.exe). Una vez bajado, ejecútelo para instalar el nuevo componente. Vuelva a Internet Explorer, y ya está listo para seguir navegando.

STREAMING

Según el formato, el audio o el video llegan a nosotros de dos maneras diferentes:

1. Lo bajamos al disco como cualquier archivo, y luego lo abrimos en nuestra PC para verlo u oirlo con el programa correspondiente. La desventaja de este método es que tenemos que esperar largos minutos antes de empezar a escuchar el sonido o ver el video; con los medios tradicionales no estamos acostumbrados a esto: apenas prendemos la tele, empezamos a ver. Algunos formatos que utilizan este método son: MP3, MPG, AVI, MOV (película en formato QuickTime).

2. La otra manera de recibir un archivo multimedia es ir viéndolo u oyéndolo a medida que lo recibimos. A esta manera de captar el contenido se la llama **transmisión en tiempo real** o ***streaming***. La ventaja de este método es que podemos, por ejemplo, mirar una película, cuyo archivo es enorme, sin esperar a que baje toda a nuestro disco.

El problema es que, para que el video o el audio no se corten, los datos deben llegar a gran velocidad y sin parar a nuestra PC, cosa que con el tráfico que hay en Internet es imposible. Por eso, los programas que hacen *streaming* reducen la cantidad de información que envían para ajustarla al ancho de banda (la velocidad) disponible. Como resultado, la calidad del audio y video que recibamos va a variar muchísimo con la velocidad de la conexión. Formatos que utilizan este método: RealPlayer, LiquidAudio, VDOLive.

JAVA

Este lenguaje de programación es otra manera que utilizan algunas páginas web para ofrecer contenido interactivo y con muchas más posibilidades que las páginas web estándar. Como ejemplo puede ver todos los juegos en Java en los que puede participar desde la sección Games de www.yahoo.com.

Formatos más utilizados

En la Web hay información en cientos de formatos diferentes, pero menos de media docena son utilizados ampliamente. Para cada tipo de contenido (por ejemplo, video) hay varios formatos que compiten entre sí, aunque uno suele ser el más popular. Si quiere aprovechar al máximo las posibilidades multimedia de la Web, le conviene tener instaladas las últimas versiones de los componentes más utilizados:

RealPlayer

Permite la recepción de audio y video, es prácticamente el estándar en la Web. Es apasionante recorrer los

cientos de radios de todo el mundo que transmiten en vivo por Internet. Ahora usted ya no está obligado a escuchar las de su ciudad. Imagínese lo que vale para un hincha de boca que vive en los Estados Unidos poder conectarse a un sitio de la Web y escuchar en vivo el partido del domingo. Otra ventaja de Internet sobre la radio tradicional es que, además de escuchar lo que se está transmitiendo en vivo, usted puede optar por escuchar el último noticiero o los programas anteriores que hay en archivo. RealPlayer permite también ver **video** en tiempo real, pero, por la calidad obtenida con las velocidades de conexión actuales, el video por Internet es, por ahora, una curiosidad más que otra cosa.

Versiones

La última es **RealPlayer G2**. Si utiliza Windows 3.1 o Mac, debe bajar la versión anterior, RealPlayer 5.0. Hay otra versión, RealPlayer G2 Plus, que se cobra $ 30 y agrega algunos chiches, como controles de imagen y ecualizador gráfico. En los archivos de instalación de Internet Explorer 4 y Windows 98 ya viene incluido RealPlayer 4.0.

EN EL CD

Realplayer G2
Acrobat Reader 3.01
Quicktime 3.0
Shockwave 6.01
Sección Componentes

Requerimientos

Para audio: Pentium - 16 MB RAM; para video: Pentium 120 - 16 MB RAM.

Instalación

Se baja de **www.real.com/products/player**. Tamaño del archivo: 2,4 MB.

Ejemplos

Hay infinidad de **radios** transmitiendo en vivo por Internet. Algunas de la Argentina son:

Radio LV3 de Córdoba: **www.lv3.com.ar**
Radio Mitre: **www.clarin.com.ar**

LiquidAudio

Es un formato pensado para acceder a disquerías virtuales. Además de escuchar trozos de los temas, puede ver la tapa, las letras y los créditos. Y escuche esto: por $ 1 puede bajar un tema completo en calidad CD, y si usted tiene grabadora de CD, este programa le graba los temas para que los pueda escuchar en cualquier equipo. ¿No consigue a su cantante favorito en las disquerías?

¡Bájese la música de Internet y grabe el CD usted mismo!

Última versión

LiquidAudio MusicPlayer 4.0

Requerimientos

Windows 95 - Pentium 100Mhz - 16 MB RAM - Tarjeta de sonido de 16 bits - Placa de video de 1 MB.

Instalación

Desde **www.liquidaudio.com**, tamaño de archivo: 1.4 MB.

Ejemplos

Music Boulevard (disquería virtual): **www.musicblvd.com**.

El Faro (disquería argentina): **www.farobue.com.ar**.

Shockwave

Permite ver animaciones. Hay dos tipos de formato: Shockwave Director y Shockwave Flash; este último es para animaciones más pequeñas y vectoriales. Shockwave es un estándar de la Web, todas las páginas que tienen animación utilizan este formato. Tanto es así que viene incluido en la instalación de Windows 98 (`Panel de Control ➡ Agregar o quitar programas ➡ Instalación de Windows ➡ Multimedia`). No confundir con los **GIF animados**, que son pequeños gráficos con movimiento propio muy elemental; para distinguirlos, haga clic derecho sobre la animación y seleccione `Guardar como...`

Últimas versiones

ShockWave Director: 6.0,1,6121. Flash: 3,0,8,0 (16-7-98).

Instalación

Desde **www.macromedia.com**; tamaño del archivo: 987 K.

Ejemplos

www.cyberjuegos.com: lleno de juegos. Muy divertido; sobre personajes de nuestra farándula.

www.abnamro.com/goalkeeper/game.htm: campeonato mundial de penales, adictivo.

Quicktime VR y MS Surround

Permiten ver fotos panorámicas en 360 grados. Usted mueve el mouse y va mirando a su alrededor, como si estuviera en el lugar; el efecto es muy realista. Los dos formatos son similares, uno es de Apple y el otro de Microsoft.

Quicktime

Versiones

Quicktime 3 para Windows 95, Quicktime 2.1.2 para Windows 3.1.

Instalación

Desde **www.apple.com/quicktime/qtvr**; tamaño del archivo: 6,8 MB.

Requerimientos

486/DX 66, tarjeta de sonido.

QTVR.GIF

Ejemplos

En **carpoint.msn.com/gallery** podrá recorrer por fuera y por dentro los mejores autos del mundo. Impresionante.

VRML

Virtual Reality Modeling Language. Actualmente, por su versión 2.0, VRML es un lenguaje estándar para describir escenarios de realidad virtual. Este nombre tan impresionante se refiere a escenarios tridimensionales en los que uno se puede mover en todas las direcciones (como los juegos Doom o Quake), rotar objetos y verlos desde distintas perspectivas. Internet Explorer 4 trae como componente estándar Cosmo Player, un navegador VRML.

Por ahora, la tecnología promete más de lo que cumple. Se va a poner bueno cuando se popularicen los dispositivos de realidad virtual: será posible utilizar cascos que muestren una imagen distinta a cada ojo, que crearán una perfecta sensación tridimensional; guantes con sensores le permitirán mover y tomar objetos virtuales en sus manos, y el sonido espacial (ya provisto por placas de sonido como la SoundBlaster Live!) completará la sensación de "estar ahí".

MP3

El formato de sonido altamente comprimido que promete revolucionar la industria discográfica mundial. Los archivos de sonido MP3 tienen la misma calidad que un CD de audio, pero su tamaño es 10 veces menor. Un minuto de un tema musical ocupa 1 MB en un CD (o en formato WAV); en MP3 ocupa 100 KB. Esto hace que sea muy fácil distribuir música por Internet, por lo que últimamente han proliferado cientos de sitios piratas que ofrecen música comercial grabada en este formato (¡esto es ilegal!). Han aparecido, incluso, aparatos como el MPMan, que es un walkman que no usa casete, se conecta a la PC para cargarle hasta 1 hora de archivos MP3 en su memoria y luego uno los va escuchando. Al día siguiente, baja nuevos temas de Internet y recarga el MPMan.

El MP3 no es un formato apto para *streaming*: **hay que bajar el archivo entero antes de poder escucharlo** con algún programa, como el popular **Winamp**.

EN EL CD

Música en la Web
Liquid Audio Player 4.0:
para escuchar y comprar música en la Web.
WinAmp 2.02:
para oír archivos MP3.
MP3 Leech 2.8: busca canciones en MP3 por FTP.
WebStereo 3.0:
para escuchar las radios que transmiten por la Web.
Sección Utilitarios

MPG

Es el equivalente al MP3, pero para video: un formato altamente comprimido y muy popular. El Reproductor Multimedia incluido en Windows 98 puede reproducir archivos en este formato. El formato Quicktime Movie (.MOV) también sirve para ver videos, pero es menos comprimido.

Acrobat

Un excelente formato universal para la publicación electrónica e intercambio de documentos con texto e imágenes. Se está convirtiendo en estándar. Los archivos en este formato tienen la extensión .PDF

Protegiendo a los niños

El asesor de contenido de Internet Explorer permite restringir el acceso a páginas web con contenido adulto u ofensivo para proteger a los niños de la casa o de la escuela. El sistema funciona así: antes de cargar una página web, el asistente de contenidos se fija en ciertas

claves ocultas en el encabezado de la misma que indican su calificación. El problema es que no son muchos, por ahora, los sitios que adhieren a este sistema y, al activar las restricciones, Internet Explorer, por omisión, no mostrará los sitios sin calificación. De todos modos, esperemos que este estándar se difunda, porque es mucho más saludable que cada uno decida qué quiere ver en su casa antes que la aplicación de una censura centralizada.

Para activar el asesor de contenido

❶ Vaya a `Ver` ➡ `Opciones de Internet` ➡ `Contenido` ➡ `Configurar`. Deberá crear una contraseña para que sólo usted pueda, de ahora en más, cambiar el asesor de contenido.

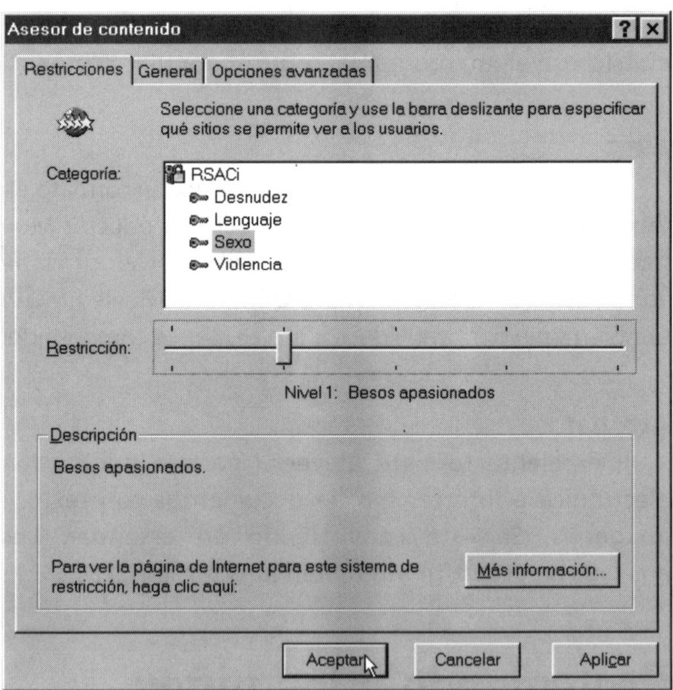

❷ Ajuste con las perillas el nivel de control deseado para cada tema, más conservador hacia la izquierda, más liberal hacia la derecha. Acá va la tabla, la incluyo porque es muy divertida:

Niveles de protección

Categoría	Nivel	Descripción
Desnudez	0	Ninguna
	1	Atuendos reveladores
	2	Desnudez parcial
	3	Desnudez frontal
	4	Desnudez frontal provocativa
Lenguaje	0	Jerga inofensiva
	1	Reniegos suaves
	2	Reniegos moderados
	3	Gestos obscenos
	4	Lenguaje explícito o cruel
Sexo	0	Ninguno
	1	Besos apasionados
	2	Roce sexual con la ropa puesta
	3	Roce sexual no explícito
	4	Actividad sexual explícita
Violencia	0	Sin violencia
	1	Lucha
	2	Muerte
	3	Muerte con sangre y horror
	4	Violencia perversa y gratuita

❶ Haga clic en `Aceptar`, clic en `Activar`, ¡y ya tiene a su niño protegido! Supongamos que el muy pícaro aprovecha su ausencia: "*Me voy a conectar a www-.playboy.com a ver unas chuchis*". Para desazón de la inocente criatura, en lugar de la página de Playboy, Internet Explorer le mostrará este cartel:

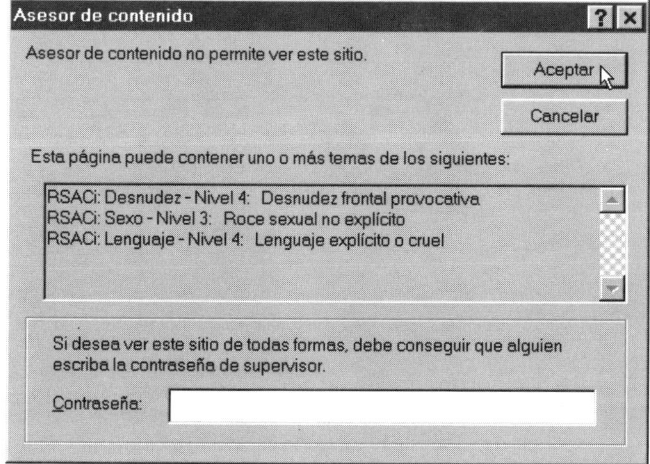

EN EL CD

Para niños
KidSafe Explorer 1.1 es un navegador para niños que sólo muestra las páginas seleccionadas.
Sección Navegadores

Por supuesto que, si el niño es despierto, puede reinstalar Internet Explorer o instalar otro navegador para ver la página en cuestión. Pero, si es capaz de hacer eso, supongo que ya está en condiciones de ver lo que tenga ganas...

Integración al Escritorio

Internet Explorer 4 es mucho más que un programa para navegar por Internet, modifica totalmente la apariencia y el funcionamiento de Windows. La idea de Microsoft es simple: a la gente le encanta navegar por Internet, es sencillo y práctico. ¡Hagamos que todo el manejo de la PC sea como navegar por Internet! ¿Por qué abrir de manera distinta un archivo según esté en nuestro disco rígido o en una máquina en Japón?

Con Internet Explorer 4 ya no hay diferencia, se integra el `Explorador de Windows` con el `Explorador de Internet`. Así, en el Explorador se puede ingresar indistintamente una dirección de la Web o un subdirectorio de nuestro disco.

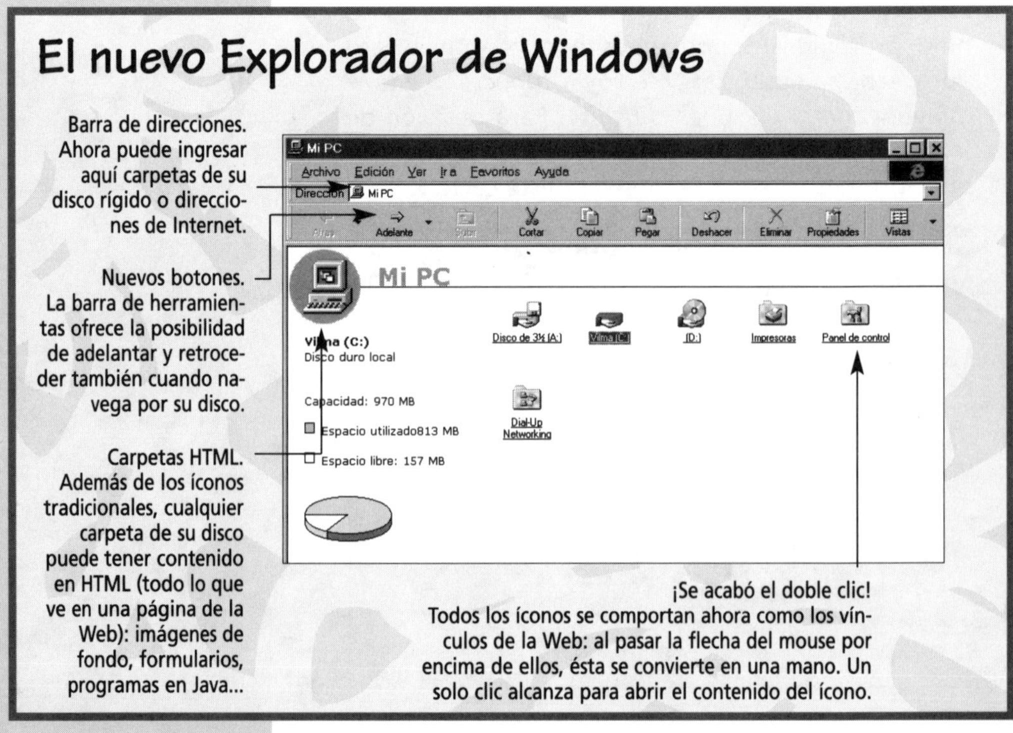

El nuevo Explorador de Windows
Barra de direcciones. Ahora puede ingresar aquí carpetas de su disco rígido o direcciones de Internet.
Nuevos botones. La barra de herramientas ofrece la posibilidad de adelantar y retroceder también cuando navega por su disco.
Carpetas HTML. Además de los íconos tradicionales, cualquier carpeta de su disco puede tener contenido en HTML (todo lo que ve en una página de la Web): imágenes de fondo, formularios, programas en Java...
¡Se acabó el doble clic! Todos los íconos se comportan ahora como los vínculos de la Web: al pasar la flecha del mouse por encima de ellos, ésta se convierte en una mano. Un solo clic alcanza para abrir el contenido del ícono.
Mi PC
Archivo Edición Ver Ir a Favoritos Ayuda
Dirección Mi PC
Adelante Cortar Copiar Pegar Deshacer Eliminar Propiedades Vistas
Mi PC
Vilma (C:)
Disco duro local
Capacidad: 970 MB
Espacio utilizado813 MB
Espacio libre: 157 MB
Disco de 3½ (A:)
Vilma (C:)
(D:)
Impresoras
Panel de control
Dial-Up Networking

El nuevo Escritorio

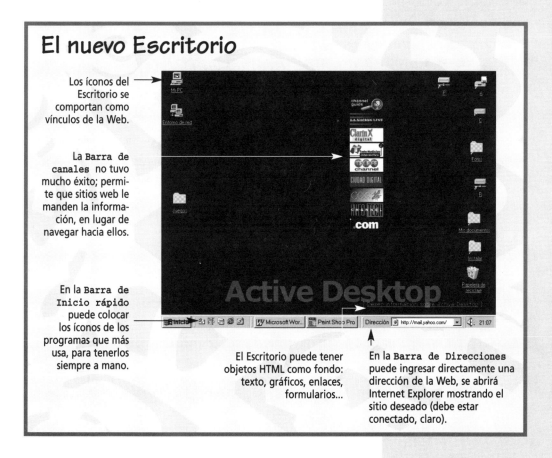

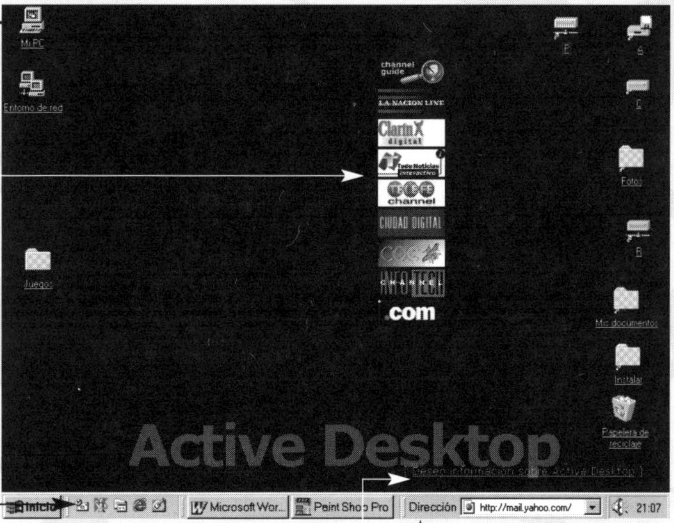

Los íconos del Escritorio se comportan como vínculos de la Web.

La **Barra de canales** no tuvo mucho éxito; permite que sitios web le manden la información, en lugar de navegar hacia ellos.

En la **Barra de Inicio rápido** puede colocar los íconos de los programas que más usa, para tenerlos siempre a mano.

El Escritorio puede tener objetos HTML como fondo: texto, gráficos, enlaces, formularios...

En la **Barra de Direcciones** puede ingresar directamente una dirección de la Web, se abrirá Internet Explorer mostrando el sitio deseado (debe estar conectado, claro).

¿Problemas?

Veremos acá los problemas comunes que se originan navegando la Web. Para problemas de conexión con el proveedor, vea el final del capítulo **Configuración Avanzada**.

¡No puedo conectarme a ningún sitio!

Estando en Internet Explorer, al intentar conectarme a un sitio, aparece el siguiente cartel:

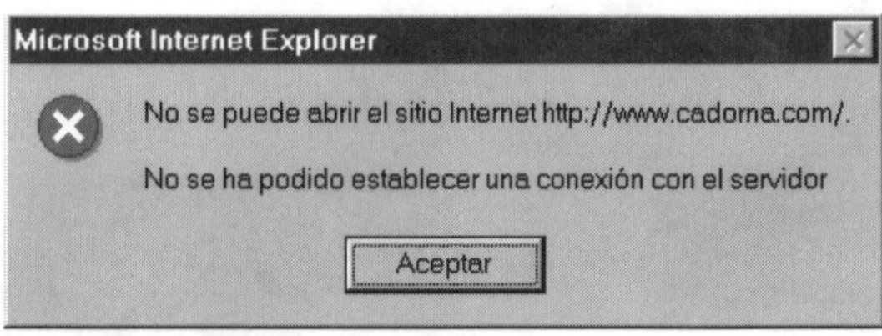

❶ En el ángulo inferior derecho de la pantalla (al lado del reloj) ¿aparece el ícono de conexión que le muestro acá? Si no aparece, ¡usted no está conectado a Internet! Vaya a **Mi PC** ➡ **Acceso telefónico a redes** y haga doble clic en su proveedor Internet para conectarse.

❷ Pruebe conectarse a direcciones distintas. Si lo consigue, la dirección a la que estaba tratando de conectarse es incorrecta o (poco probable) el sitio está caído (no anda); espere un par de horas e intente de nuevo.

❸ Si se conecta con el proveedor Internet, pero **NUNCA** pudo conectarse a ningún sitio con Internet Explorer, probablemente usted tiene mal configurado el DNS. Vamos a comprobarlo:

Pág. 68
El DNS

Revisando el DNS

❶ Una vez conectado con el proveedor, haga **Inicio** ➡ **Ejecutar**, tipee **winipcfg** y **Enter**.

2. Haga clic en **Más información.** En el campo **Servidores DNS** debe haber un número como se muestra en la figura siguiente; si no figura, no podrá navegar. Si su proveedor no le asignó automáticamente un DNS, debe asignarlo manualmente, para ello...

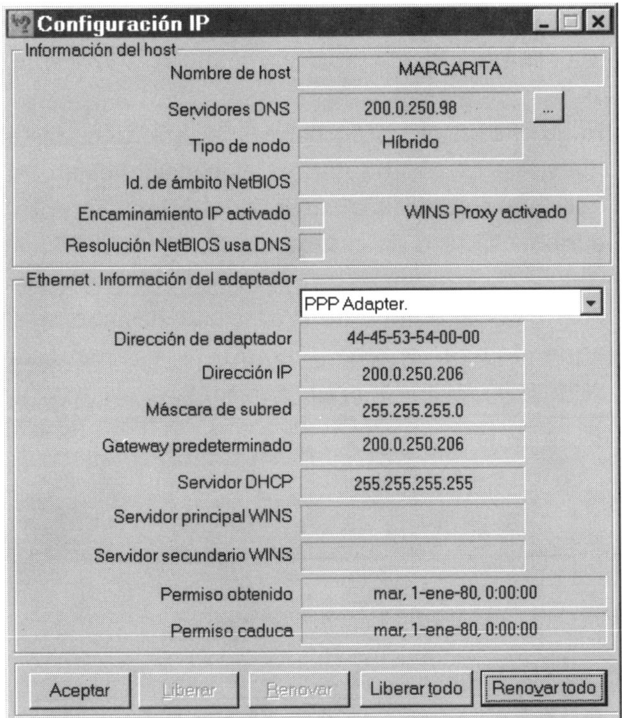

❸ Llame a su proveedor y pregúntele la dirección de los servidores DNS primario y secundario. Si ahora no lo puede llamar, utilice mientras tanto los servidores DNS de cualquier proveedor; aquí tiene un par que le serán útiles: 200.10.122.10, 200.10.122.10. Serán más lentos que usar los de su propio proveedor, pero funcionarán mientras tanto.

Si el DNS está bien y sigue sin poder navegar, entonces revise si no está configurado por error un Proxy. En ese caso, anúlelo. Si esto también falla, hasta aquí llegó mi amor, llame a su proveedor.

Pág. 81
Configurando un proxy

¡La página no termina nunca de cargarse!

Ingresé la dirección de la página web, pulsé Enter, el ícono de Explorer gira, pero luego de varios minutos, la página no termina de aparecer (tampoco sale un mensaje de error).

¡Bienvenido a su primer embotellamiento en la Red! Ahora sabe por qué a la WWW le dicen la *World Wide Wait*.

❶ Haga clic en el botón `Detener` e intente conectarse nuevamente al sitio. Como las conexiones en Internet son dinámicas, a veces en el primer intento no engancha, pero en el segundo sí.

❷ Puede ver el tiempo de retraso que hay con un sitio abriendo una ventana DOS (`Inicio` ➡ `Programas` ➡ `MS-DOS`) y tipeando: `ping` *`dirección`*

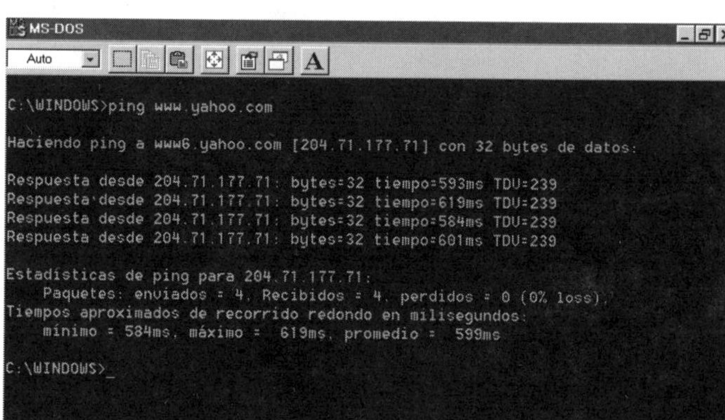

MS-DOS
Auto
C:\WINDOWS>ping www.yahoo.com
Haciendo ping a www6.yahoo.com [204.71.177.71] con 32 bytes de datos:
Respuesta desde 204.71.177.71: bytes=32 tiempo=593ms TDV=239
Respuesta desde 204.71.177.71: bytes=32 tiempo=619ms TDV=239
Respuesta desde 204.71.177.71: bytes=32 tiempo=584ms TDV=239
Respuesta desde 204.71.177.71: bytes=32 tiempo=601ms TDV=239
Estadísticas de ping para 204.71.177.71:
Paquetes: enviados = 4, Recibidos = 4, perdidos = 0 (0% loss),
Tiempos aproximados de recorrido redondo en milisegundos:
mínimo = 584ms, máximo = 619ms, promedio = 599ms
C:\WINDOWS>_

❸ A veces, el embotellamiento no está en su proveedor, sino en el sitio al que intenta conectarse. Puede averiguar todos los servidores del mundo que recorre la información, desde su PC hasta el sitio de destino, así como las demoras parciales, con el interesantísimo comando DOS: `tracert` *`dirección`*:

¿Qué está pasando? Net.Medic 1.2: diagnostica la conexión. NetScanTools 3.1: conjunto de utilitarios para Internet. IP Watchr 98 1.2: muestra nuestra dirección IP. Sección Utilitarios

```
TRACERT
Auto

C:\WINDOWS>tracert www.yahoo.com

Traza a la dirección www1.yahoo.com [204.71.200.66]
sobre un máximo de 30 saltos:

  1  1217 ms  1200 ms  1337 ms  us1.mponline.com.ar [200.32.42.2]
  2  1997 ms     *     2216 ms  satlink-mp.mponline.com.ar [200.32.42.1]
  3   946 ms   302 ms   351 ms  satlink-mponline.satlink.com [200.9.213.53]
  4  1365 ms  1330 ms  1222 ms  core-1-microc.satlink.com [209.13.2.1]
  5   979 ms   340 ms   285 ms  209.13.2.10
  6   645 ms   733 ms  1049 ms  200.16.208.254
  7  1305 ms  1437 ms  1476 ms  200.16.170.9
  8   743 ms   906 ms  1005 ms  200.16.170.6
  9  2196 ms  2319 ms  2213 ms  border7-serial3-2.Bloomington.cw.net [204.70.216
.77]
 10  2061 ms  2255 ms  2143 ms  core2-fddi-0.Bloomington.cw.net [204.70.208.49]

 11  2280 ms  2165 ms  2306 ms  bordercore2.Bloomington.cw.net [166.48.176.1]
 12  2449 ms  2621 ms  2613 ms  hssi1-0.br2.NUQ.globalcenter.net [166.48.177.254
]
 13     *        *        *     Tiempo de espera agotado para esta solicitud.
 14     *     2704 ms  2323 ms  pos1-0-622M.cr1.SNV.globalcenter.net [206.251.0.
74]
 15   628 ms  1057 ms  1372 ms  pos5-0-0-155M.hr1.SNV.globalcenter.net [206.251.
0.105] aaaaaaaaaaaaaaaaaaaaaaaaaaaaaaaaaaaaaaaaaaaaaaaaaaaaaaaaaaaaaaaaaaaaaa
 16  1338 ms  1650 ms  1720 ms  www1.yahoo.com [204.71.200.66]

Traza completa.

C:\WINDOWS>
```

4. A veces, la conexión con el proveedor "se cuelga". En ese caso, corte y vuelva a llamar.
5. También puede ser que su proveedor tenga un problema de conexión con el exterior. Esto lo puede comprobar conectándose a la página web de su proveedor; si ésta carga pero todas las otras no, su proveedor está caído.

¿Dónde está la ~ ?

Algunos sitios tienen este símbolo en su dirección (la tilde de encima de la eñe). Éstas son las combinaciones de teclas para tipearlo en los distintos teclados:

Teclado español	Alt derecha + 4, luego barra de espacio
Teclado latinoamericano	Alt derecha + +
Teclado inglés internacional	Shift + ~, luego barra de espacio

Si las teclas no responden a lo que tienen escrito en ellas, debe cambiar las distribución del teclado en `Mi PC` ➡ `Panel de Control` ➡ `Teclado` ➡ `Idioma` ➡ `Propiedades`. Posiblemente necesite el CD-ROM de instalación de Windows.

Not Found

Si le aparece una página con este texto o con "HTTP error 404" es porque el servidor al que intenta conectarse existe, pero la página dentro de este servidor no (ver pág. 147). Tipee la dirección sólo hasta la primera /.

EN EL CD

Test de autoevaluación

Y con esto usted se recibe de navegante avanzado, ya sabe cómo hacer compras en la Web, cómo bajar nuevos programas y cómo instalar nuevos componentes a su navegador. La Web es suya, el horizonte es infinito, felices viajes...

Publicando una página web

Si hasta ahora usted navegó por la Web RECIBIENDO información, conoce sólo la mitad de la fiesta. Una de las posibilidades más excitantes de la Red es publicar una página para una audiencia de millones de personas, de manera increíblemente fácil, ¡y gratis!

Capítulo 9

Publicar una página en la Web es el equivalente a poner al aire nuestro propio canal de televisión o distribuir nuestra revista, con la diferencia de que el alcance de nuestra página no tiene límites geográficos y queda disponible a los millones de usuarios de Internet de todo el mundo. ¡Mi página en la Web tiene el mismo poder de llegada que la de Clarín!

OK, los críticos de Internet dirán *"es **demasiado** fácil publicar una página en la Web, por eso hay tanta verdura, tantas páginas sin interés, inútiles, ofensivas"*. Es cierto, pero eso es justamente lo bueno de la Red, ¡cualquiera puede publicar cualquier cosa! Un tipo cuya pasión es recorrer el mundo y sacarse fotos para publicarlas en la Web mostrando el trasero en lugares famosos (**www.teleport.com/~pulver/tour.html**), otro que da instrucciones paso a paso para destrozar su PC utilizando distintas herramientas (**members.aol.com/spoons-1000/break/**)... ¿hace falta seguir? Todo esto es para que usted se anime a publicar su propia página: siempre podrá encontrar otra peor que la suya.

En este capítulo veremos, entonces, cómo crear, publicar y difundir nuestra página en la Web. Pero primero tendríamos que preguntarnos... **¿para qué quiero publicar una página web?**

Páginas comerciales

Si usted trabaja para una empresa o comercio, son varios los motivos para poner un sitio en la Web.

Publicidad

Digamos que usted ofrece un servicio de calibrado de balanzas. Publicar un sitio en la Web es una manera fácil, rápida y barata de anunciarlo. Veamos las diferencias que tiene la publicidad en la Web con respecto a los medios tradicionales.

Llegada

Cuando usted publica un aviso en la televisión o en un diario, **está disparando al aire**, no sabe si la gente vio

100 MILLONES
Se calcula que son los usuarios de Internet en todo el mundo a julio del 98. El crecimiento en la cantidad de usuarios es de un 100% al año.

el anuncio, estaba haciendo zapping o usó esa página del diario para envolver huevos.

Cuando publica en la Web, por el contrario, usted no tiene que llegar a la gente, **la gente llega a usted**: toda persona que haga una búsqueda de "calibrado de balanzas en la Argentina" llegará a su sitio. Y mejor que eso, usted **puede saber exactamente cuánta gente entró a su sitio**; puede, incluso, pedirles su dirección de e-mail, y en poco tiempo crear un mailing de gente interesada en su producto o servicio, al que podrá dirigir su comunicación de manera mucho más específica.

Costo

Publicar una página impar dentro del cuerpo principal del Clarín un domingo cuesta unos **$ 70.000**, y la publicidad en un programa televisivo de buen rating, tipo *Fútbol de Primera*, cuesta más de **$ 1.000 el segundo**. Publicar un sitio en la Web le puede costar unos **$ 50 por mes**. OK, la gente que lee el Clarín o que mira Canal 13 se cuenta por millones, mientras que la cantidad de usuarios de Internet en la Argentina, en el momento de escribir este libro, es de unos **200.000**, aunque este número está creciendo rápidamente.

Información y servicios

En su sitio usted puede informar y dar servicio al cliente de su empresa o comercio. Hasta hace un tiempo, cuando yo tenía que viajar al Interior, llamaba a Aerolíneas Argentinas y escuchaba cómo una señorita tipeaba en su computadora y me leía los vuelos disponibles que aparecían en su pantalla. Yo pensaba: "*Acá estamos haciendo algo mal, ¿por qué directamente no me conecto yo a la computadora de Aerolíneas y consulto los vuelos disponibles?*" Para mí es mejor, porque puedo averiguar tranquilo todo lo que quiero desde mi PC y no tengo que luchar para comunicarme por teléfono, y para Aerolíneas también es conveniente, porque puede poner a su telefonista en algún trabajo más productivo.

Muy bien, ésa es justamente la tendencia actual en las empresas del mundo: **sírvase la información usted mismo**.

Ventas

Como vimos antes, usted también puede **vender** desde un sitio en la Web; éste funciona como un boliche virtual. Mi amigo Magú, por ejemplo, hace muñequitos de Poxilina:

– Magú, ¡vos podés cumplir el sueño de la multinacional propia!

– ¡Vamos! ¿Cómo?

– Hacés un arreglo con Visa para vender con tarjeta de crédito, les sacás fotos a tus muñequitos, publicás las fotos con sus precios en la Web, ¡y listo! Cualquier persona que busque en Internet "muñequitos de poxilina" caerá en tu página, se los vendés con tarjeta y se los mandás por correo a cualquier parte del mundo. ¡Ya tenés tu propia multinacional!

– ¡Qué lo parió!

DATOS ÚTILES

EL BANCO EN SU PC

Otro servicio que utilizo mucho es el del Banco Galicia (www.bancogalicia.com.ar); ahí consulto saldos, hago transferencias, pago impuestos, constituyo plazos fijos, etc. Conéctese a la página de su banco, tal vez ofrece estos servicios.

Intranets

Otro motivo para poner un sitio web es la creación de una intranet en su empresa. Seguramente oyó hablar de esta palabrita de moda. ¿Qué es una intranet? Es una especie de Internet en miniatura que funciona sólo dentro de una empresa, algo así como un barrio cerrado de Internet.

¿Para qué sirve una intranet? Veámoslo con un ejemplo:

En la Redacción de PC Users tenemos una base de datos con todas las empresas de informática de la Argentina. Esta base de datos está confeccionada con el programa Access, que utilizamos bajo Windows 98. Últimamente surgió la necesidad de poner la información a disposición de toda la editorial. Ahora bien, en Administración aún usan DOS, en Arte usan Mac, en el Laboratorio tenemos máquinas corriendo Unix y Windows NT. En total, son 5 plataformas distintas.

¿Se puede dar una idea de la tarea a la que me enfrento? Tengo que buscar programas adecuados para cada uno de esos sistemas operativos, traducir la base de datos a los distintos formatos, capacitar a la gente de

cada sector para que pueda manejar el programa correspondiente... una pesadilla.

Pero, *"porque nací gitanillo, le tengo alergia al trabajo"*, así que busco una solución mucho más sencilla, una intranet:

EN EL CD

Podrá probar los programas de diseño de páginas web más usados:
Frontpage 98 - Trial por 45 días
Adobe PageMill 3.0 - Trial por 15 días
Hot Metal 5.0 - Trial por 30 días
HotDog Express 1.51
Sección Diseño de Páginas web

Instalo en mi PC un sitio web con acceso dinámico a mi base de datos. Ya se cruzó con muchos sitios así: el usuario introduce en un formulario lo que está buscando, hace clic en `Buscar,` y le aparece una página con los resultados. ¡Listo! Todo lo que tienen que hacer los que quieran consultar la base de datos es entrar con su navegador a mi sitio. Me olvido del problema de las distintas plataformas: hay navegadores para todos los sistemas operativos (si no hay Explorer, hay Netscape). Me despreocupo también de tener que capacitar gente; todo el mundo sabe navegar por la Web, y es una interfase que les resulta cómoda y amigable.

Una intranet puede incluir, además de un servidor de páginas web, otros servicios de Internet, como correo electrónico, grupos de discusión internos de la empresa, etc.

Como generalmente la compañía tiene también una conexión externa a Internet, se evita que gente indeseada acceda a su intranet mediante las **firewalls** ("paredes de fuego"), que funcionan como el patovica a la entrada de una discoteca: *"Vos entrás, vos no"*.

Páginas personales

Finalmente, mi motivo favorito para publicar un sitio en la Web: por gusto, nomás. Éstas son las páginas personales.

Hay infinitas variantes de páginas personales: un lugar de reunión para contactarse con otros aficionados a la pesca con mosca, un club de fans virtual donde intercambiar imágenes y datos de Ricky Martin, un centro de difusión por la liberación de las ratas de laboratorio, un álbum de fotos familiar accesible desde todo el mundo o, simplemente, un sitio que funciona como tarjeta electrónica de presentación: cuando me manden el clásico "contáme algo de vos" en un chat, podré contestar "conectáte a www.miguelito.com.ar".

Muy bien, ¿ya encontró algún motivo para publicar una página en la Web? ¡Vamos a por ella!

Diseñando un página — PASO A PASO

Vamos a armar paso a paso una página personal muy sencilla con los tres elementos básicos que la componen: **texto**, **imágenes** y **vínculos**.

1 Vamos a `Inicio` ➡ `Programas` ➡ `Internet Explorer` ➡ `FrontPage Express`. Éste es el programa para diseño de páginas incluido en Internet Explorer 4. Como puede ver, la primera barra de herramientas no tiene misterios si utilizó alguna vez un procesador de textos.

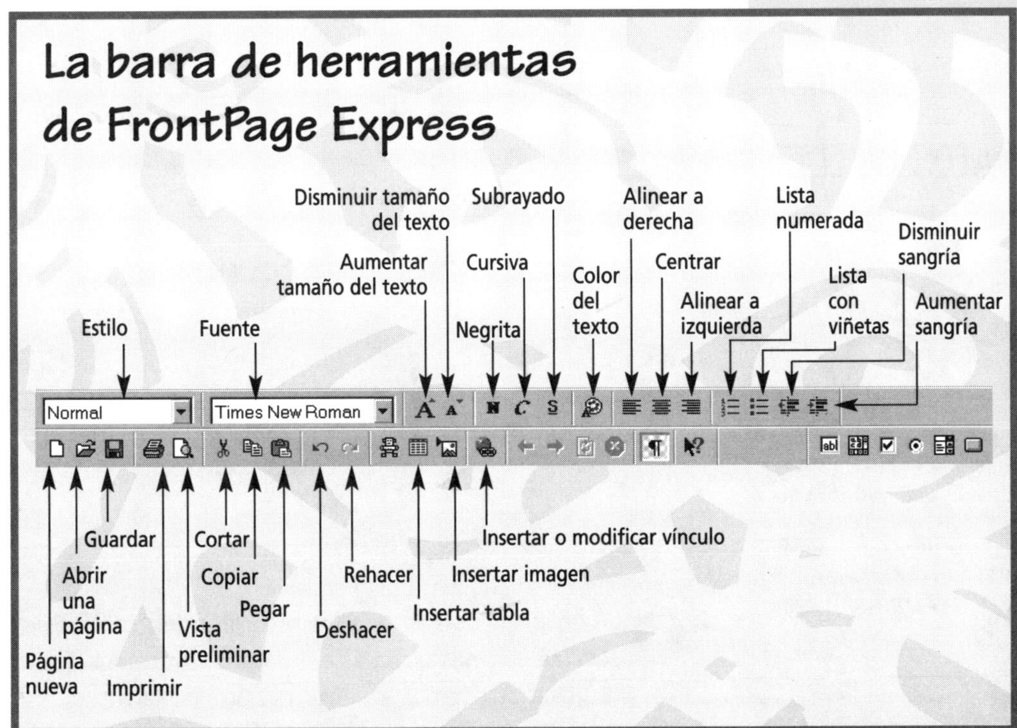

¿No tiene instalado FrontPage Express?

En Windows 98 vaya a `Panel de Control` ➡ `Agregar o quitar programas` ➡ `Instalación de Windows` ➡ `Herramientas de Internet` ➡ `Detalles`. *Marque* `FrontPage Express` y `Aceptar`. *Necesitará el CD-ROM de Windows 98. Si usa Windows 95, puede instalar FrontPage Express junto con el Internet Explorer 4.01 incluido en el CD-ROM que acompaña este libro.*

DATOS ÚTILES

FRONTPAGE 98

Es la versión "polenta" de FrontPage Express. Es considerado uno de los mejores programas de diseño de páginas, pero con FrontPage Express le alcanza y le sobra para armar una página personal.

2 Lo primero que debe llevar nuestra página es un título, así que lo tipeamos. Para agrandarlo y centrarlo, seleccionamos el texto (lo "pintamos") y hacemos clic en los botones `Aumentar tamaño del texto` y `Centrar`.

3 Ahora vamos a incluir una fotografía. Necesitamos el archivo de la foto en formato **GIF** o **JPG** (este último es preferible). Tiene 3 opciones:

A. Llevar a escanear a un centro de copiado una foto tradicional en papel.

B. Comprarse un escáner –por unos $ 100– y escanear las fotos en su casa.

C. Utilizar una cámara de fotos digital (unos $ 500), que se conecta a la PC y genera directamente el archivo con la foto.

4 Una vez que tenemos el archivo con la foto, hacemos clic en el botón `Insertar imagen`, buscamos la foto en nuestro disco y cliqueamos en `Aceptar`. La podemos centrar igual que el texto.

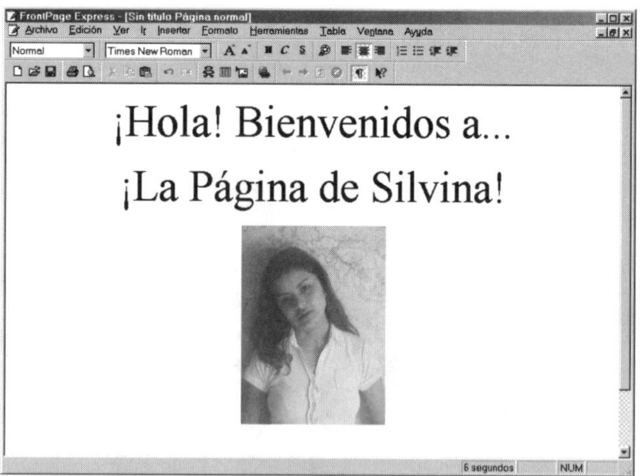

5 A todos les gusta que les recomienden otros sitios en las páginas que visita. Veamos cómo incluir vínculos a otros sitios en nuestra página. Para ello, pulsamos un par de veces `Enter` para bajar y tipeamos el texto que servirá como vínculo, lo seleccionamos, hacemos clic en el botón `Crear hipervínculo`, y en

el cuadro que aparece tipeamos la dirección a la cual llevará el vínculo. El texto de la página quedará celeste y subrayado, indicando que se trata de un vínculo.

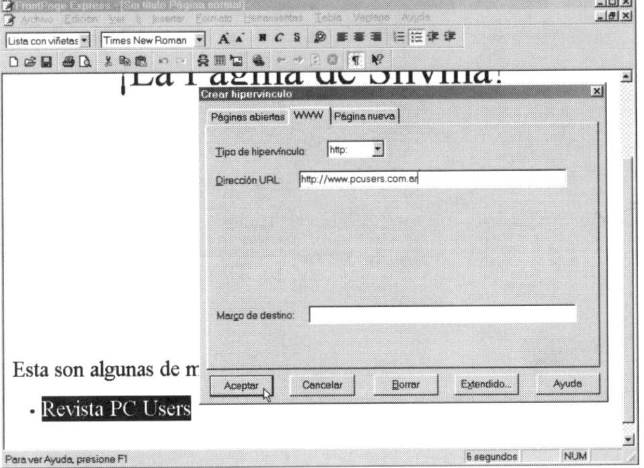

6 Insertemos ahora otro tipo de vínculo muy usado: uno a una **dirección de correo**. Tipeamos el texto que aparecerá en la página, lo seleccionamos, hacemos clic en `Crear hipervínculo;` en `Tipo de hipervínculo` seleccionamos `mailto:` y en el cuadro inferior tipeamos la dirección de correo electrónico. Cuando el navegante haga clic en este vínculo, se le abrirá su programa de correo electrónico con un mensaje en blanco listo para enviar a nuestra dirección de e-mail.

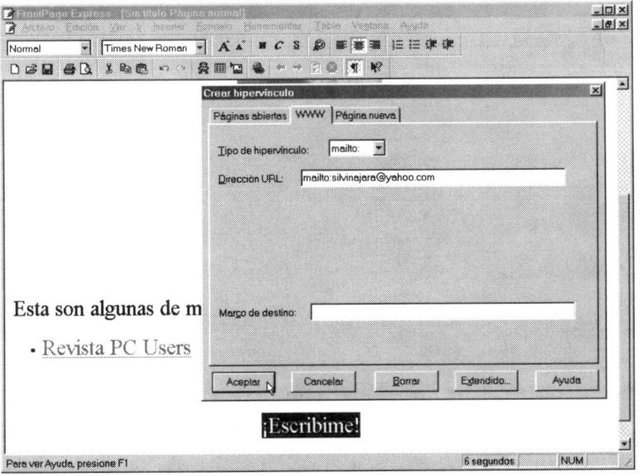

Gráficos
Paint Shop Pro 5.01
El mejor programa shareware para captura, conversión y edición de imágenes.

ESCANEAR
Es pasar la foto por un escáner, un aparato similar a una fotocopiadora que convierte la foto de papel a un archivo en la PC.

EL CÓDIGO HTML

Puede ver el código HTML que describe a su página (o a cualquier otra de la Web) haciendo `Ver` ➡ `HTML` (`Ver` ➡ `Código fuente` en Explorer). Hágalo, es una buena manera de aprender HTML y sirve para descubrir errores de su página.

EN EL CD

Ayuda para diseñar paso a paso una página web
Sección Tutoriales

7 ¿Y si queremos hacer un sitio con varias páginas? Fácil, escribimos el texto que servirá de vínculo, lo seleccionamos, hacemos clic en `Crear hipervínculo` y, en el cuadro que aparece, en lugar de ingresar una dirección como hicimos antes, hacemos clic en la pestaña `Página nueva` y `Aceptar`.

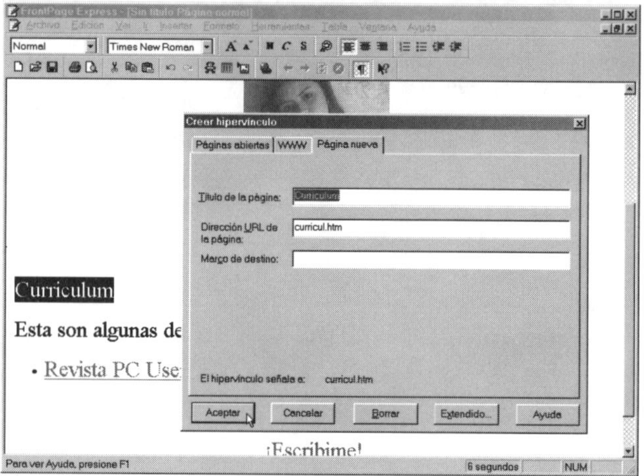

8 Aparecerá una página limpia. Ingresamos el contenido y hacemos clic en el botón `Guardar`. En el cuadro que aparece, seleccionar `Como archivo` y elegir en qué carpeta del disco guardaremos la página. Ya la podemos cerrar.

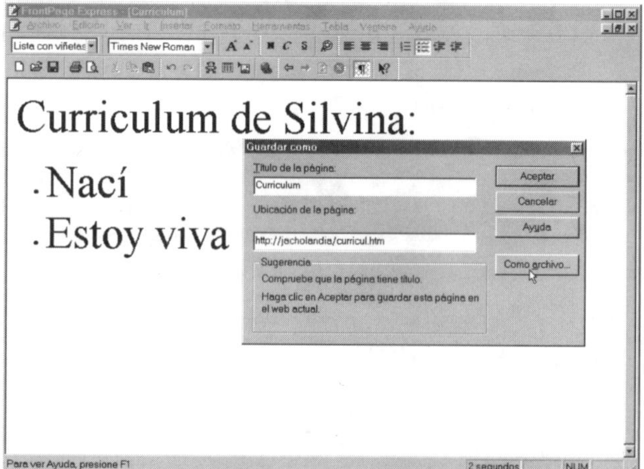

9 Finalmente, podríamos agregarle un fondo a la página, que está medio triste. Pero como no tenemos ninguna imagen de fondo en nuestro disco, vamos a "tomarla prestada" de algún sitio de la Web. Navegamos un rato, y una vez que encontramos una imagen de nuestro agrado, hacemos clic derecho en el fondo para guardar la imagen en nuestro disco.

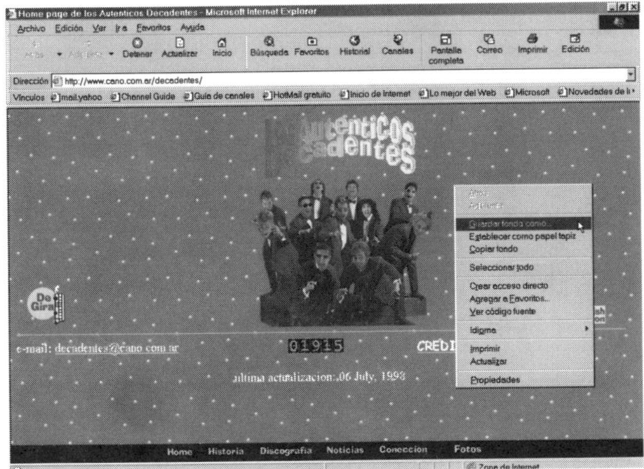

10 Ahora vamos a incluir este fondo en nuestra página. Para ello, vamos al menú **Formato ➡ Fondo**, seleccionamos el cuadro **Imagen de fondo**, hacemos clic en **Examinar** y buscamos el fondito que acabamos de tomar prestado. Quedó linda, ¿no?

¡Todo en una carpeta!
Guarde todos los archivos que intervienen en su sitio en una misma carpeta; de lo contrario, FrontPage incluirá los nombres de las distintas carpetas dentro de los vínculos, y nuestro sitio no funcionará bien cuando lo publiquemos (revise el HTML, por las dudas).

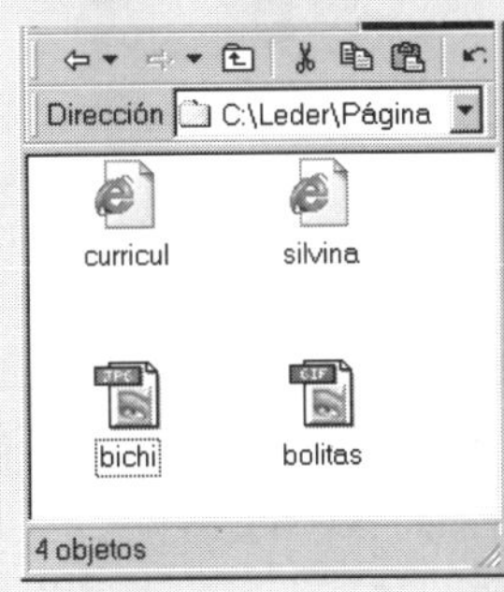

index.html
Generalmente, al publicar nuestro sitio web se pide que la página principal tenga este nombre.

¿CÓMO QUEDÓ?
Si queremos saber cómo verá la gente nuestra página cuando la publiquemos, podemos buscarla en el disco, y al hacer clic en ella, se abrirá en Internet Explorer.

11 Finalmente, hacemos clic en el botón `Guardar`, en el cuadro que aparece seleccionamos `Como archivo` y grabamos nuestra creación con el nombre **index.html**.

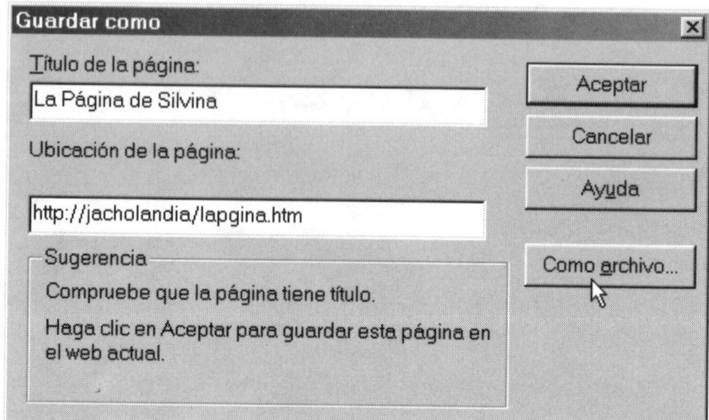

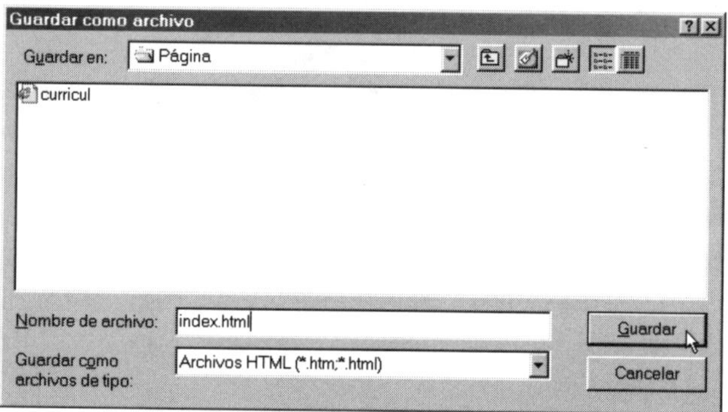

12 Revisar que en la carpeta hayan quedado todos los archivos que intervienen en nuestro sitio.

Publicándola

Muy bien, ya tenemos nuestro sitio creado, lo podemos ver localmente en nuestro disco, pero por ahora no está disponible para los usuarios de Internet. Para publicar un sitio tenemos 3 opciones:

A. Opción cara

Tener un servidor propio. Esto es, una máquina potente que aguante la conexión simultánea de muchos usuarios, corriendo Windows NT o Unix, con una conexión permanente a Internet, con un operador encargado de mantener el servidor... Estamos hablando de unos $ 5.000 para instalarlo, y otro tanto mensual para mantenerlo y pagar el "caño".

B. Opción barata

Le envío los archivos a un proveedor Internet, que publicará mi sitio por unos $ 50 al mes (pregunte a su proveedor si la publicación de una página no está incluida en el abono).

C. Opción gratis

Que, para alegría popular, es la que veremos aquí. Hay decenas de sitios en Internet que publican sin cargo las páginas de los usuarios. ¿Por qué son tan buenos? Porque a ellos les conviene tener mucha gente accediendo a su servidor para vender publicidad. Vamos a ver cómo publico mi página en **Geocities**, el sitio más tradicional de páginas gratuitas en la Web.

DATOS ÚTILES

PERSONAL WEB SERVER

Este programa le permite convertir la PC de su casa o de su oficina en un sitio web al que los demás se pueden conectar. Personal Web Server 4.0 viene incluido en el CD-ROM original de Windows 98, aunque algo oculto en el directorio \add-ons\pws\setup.exe.

PASO A PASO — Publicando gratis una página

1 Me conecto a **www.geocities.com** y, en la página principal, hago clic en `Free web pages`.

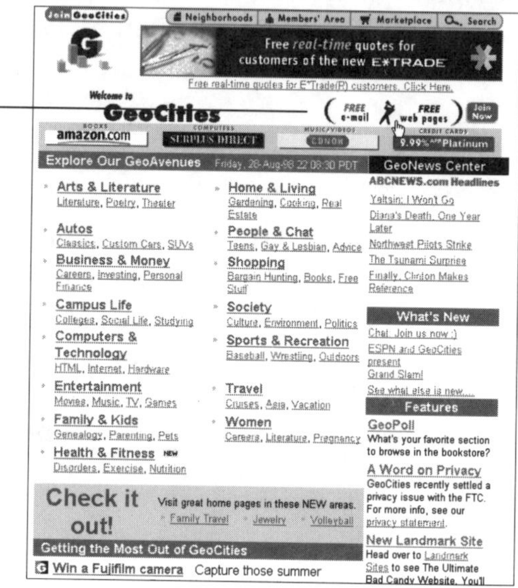

2 Hay varios planes para elegir: el gratuito incluye 11 MB de espacio disponible para nuestras páginas, de sobra. Selecciono, entonces, la primera opción, y hago clic en `Join`.

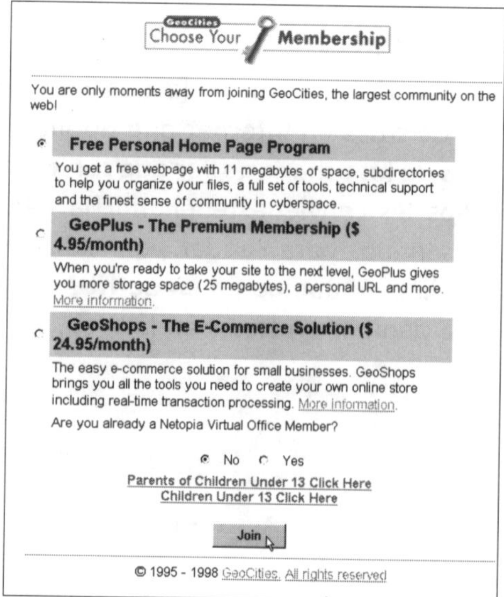

3 Lleno con mis datos y elijo un nombre de usuario. También me dan la opción de obtener una dirección de correo gratuita. Clic en `I Agree`.

GeoCities Become a GeoCitizen

This simple form will secure your home on the Web. Once we receive your registration, we'll send you a confirmation e-mail with your password and instructions for moving into your new home.

Personal Information

First Name: Miguel Last Name: Lederkremer
Street Address: Moreno 2062
City: Buenos Aires State: Choose One
Country: Argentina
Postal Code: 1094
Area Code: (US Residents Only)
Highest Level of Education Completed: Click for options
Household Income: Click for options
Marital Status: Click for options
Occupation: Click for options
Interests:
Gender: Male Female
Date of Birth: December 12 Year: 19 6 6

Very Important
Please ensure that you enter your **E-mail address correctly** so that you receive your GeoCities Registration Confirmation and password.
E-mail Address: leder@mponline.com.ar
Retype E-mail Address: leder@mponline.com.ar

Member Name

Your member name is how you will be referred to within GeoCities. It will also determine the username of your GeoCities e-mail address, and appears next to your address in the neighborhood listings.

Member Name: leder
Click for Rules

Theme of Your Page

The following is used to describe the theme of your page. It appears next to your address in the neighborhood listings.

Line 1: Personal
Line 2:
Line 3:

You can always change these values later by using the Personal Profile Editor.

Click for Rules

Would you like us to include your interests and e-mail address on your page? Posting your address will also allow our Community Leaders to say "hello" and see if you need any help. Yes No

GeoCities E-mail Account

As part of your free membership, GeoCities offers you a free e-mail account. Your address will be **"membername@geocities.com"**, and will be yours for as long as you remain a member of GeoCities.

Would you like to receive a free GeoCities e-mail account? Yes No

GeoCities Page Content Guidelines and Member Terms of Service
Specifically, we do not allow any nudity or pornography in GeoCities.

The GeoCities Page Content Guidelines and Terms of Service are available at:
http://www.geocities.com/members/guidelines/

****

Members who are in violation of these policies may have their membership revoked and their pages, or portions of their pages, removed without warning.

****

Read Our Statement on Privacy

I Agree

Cómo publicar su página gratis en Xoom Sección Tutoriales

¡NO HACE FALTA TENER CUENTA INTERNET!

Puedo crear la página en mi PC con FrontPage Express, llevar los archivos en un diskette a un cibercafé, y conectarme desde ahí a Geocities. *"¡Pero ahí me piden una dirección de e-mail para enviarme la clave!"*. Todo bien, obtenga primero una cuenta gratuita de correo electrónico en `mail-.yahoo.com`, y luego, con ella, ¡obtenga su página gratuita!

En la página siguiente me ofrecen un montón de ofertas, les pongo a todas `No`, porque si no, después me inundan el correo de publicidad. Clic en `Submit`.

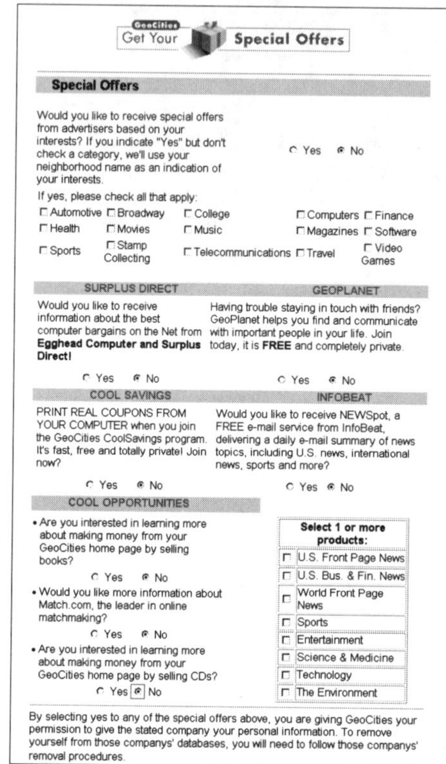

5 Geocities organiza las páginas en áreas temáticas representadas por barrios (*neighborhoods*). Debo elegir uno, y presiono `Continue`.

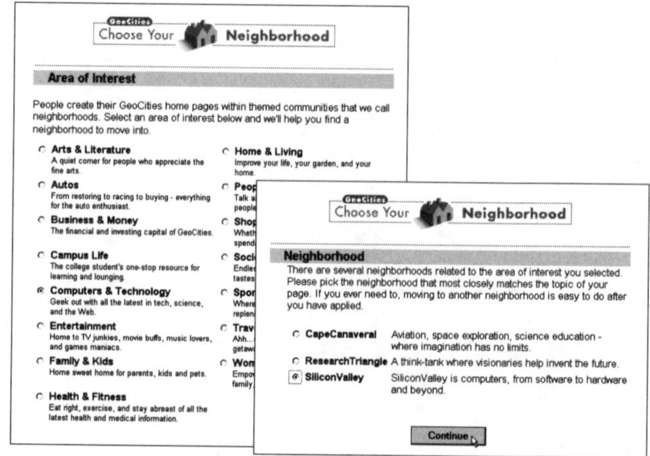

6 Los barrios están organizados como calles, con alturas. Geocities me presenta una serie de direcciones vacantes en mi barrio. Debo elegir una y hacer clic en `Move Me In!` (¡mudarme!).

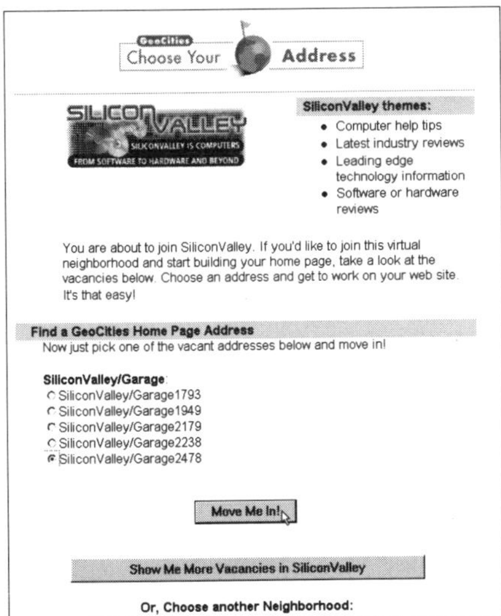

7 ¡Listo! Ya tengo asignada una dirección para mi página en Geocities. La clave para poder subir mi página (enviarla al servidor de Geocities) me la envían a la dirección de correo electrónico que ingresé en el formulario.

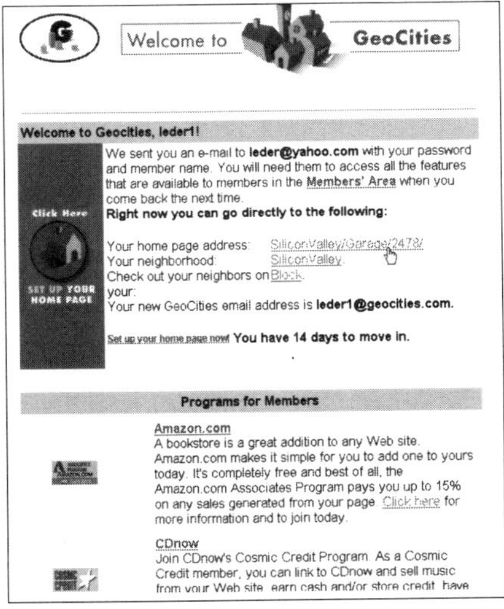

8 Pruebo a conectarme a la dirección de mi página; me dice que efectivamente es mi dirección, pero que todavía no me mudé.

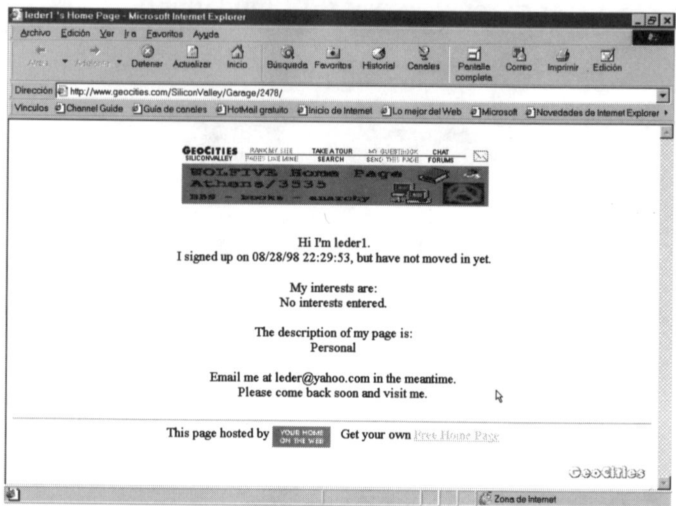

9 Una vez que leí mi correo (la clave me la envían pocos minutos después), vuelvo a `www.geocities-.com`, pero ahora ingreso por la entrada de miembros, `Members´Area.`

10 Aquí selecciono el `File Manager` (administrador de archivos), que me permitirá subir los archivos que componen mi página.

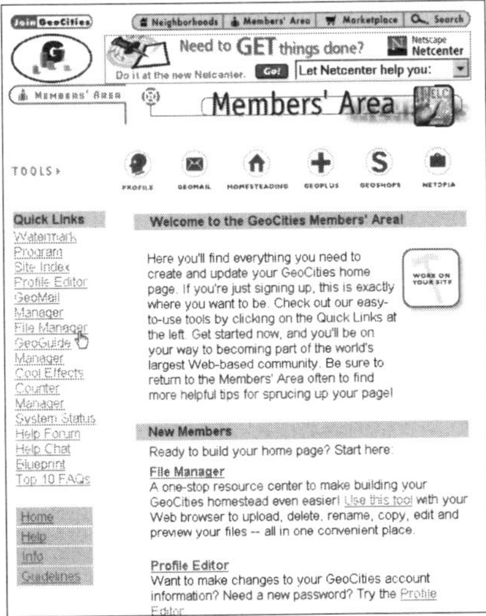

11 Ingreso nombre de usuario y clave. Clic en `Submit`.

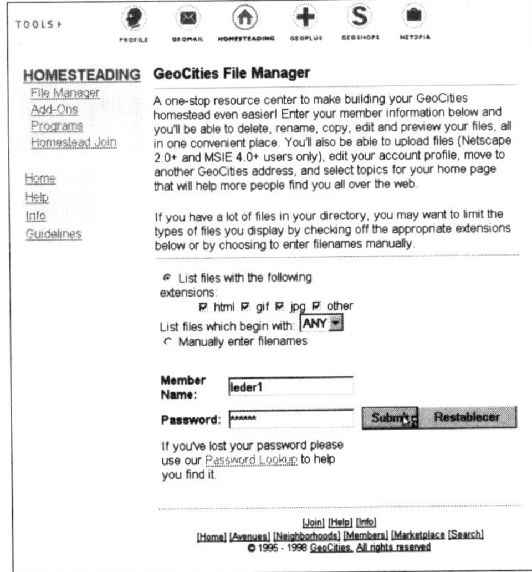

DATOS ÚTILES

¿SON MUCHOS ARCHIVOS?

Si tengo más de 5 archivos para subir: Seleccionar un número mayor donde dice `Number of Files to Upload`, y hacer clic en `Display`. También se pueden subir los archivos por tandas.

12 Entro en el **`File Manager`**, bajo hasta el **`EZ File Upload`** ("envío fácil de archivos") y voy haciendo clic en **`Examinar`** para seleccionar cada uno de los archivos que intervienen en mi página. Finalmente, hago clic en **`Upload Files`**.

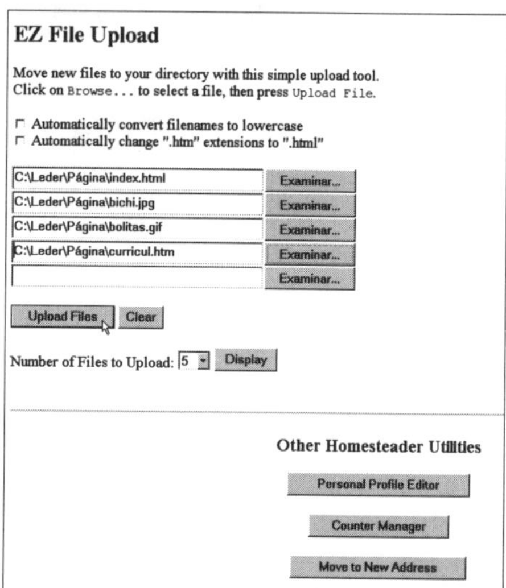

13 En la siguiente página se me confirma todos los archivos que hay en mi sitio.

SÓLO PARA GENIOS

FTP

Es un protocolo para enviar y recibir archivos más eficiente que el protocolo http utilizado en las páginas web, pero es necesario utilizar un programa adicional, llamado Cliente FTP, como WS_FTP. Para subir archivos a Geocities, configurar como servidor ftp.geocities.com, y conectarse con el nombre de usuario y la clave de Geocities.

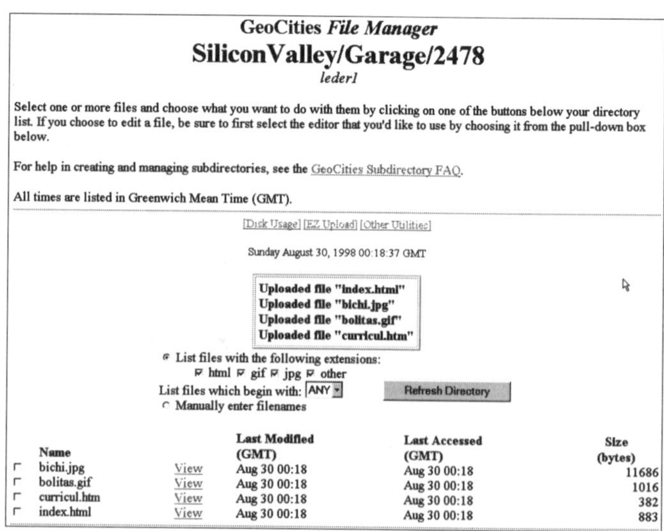

Name		Last Modified (GMT)	Last Accessed (GMT)	Size (bytes)
bichi.jpg	View	Aug 30 00:18	Aug 30 00:18	11686
bolitas.gif	View	Aug 30 00:18	Aug 30 00:18	1016
curricul.htm	View	Aug 30 00:18	Aug 30 00:18	382
index.html	View	Aug 30 00:18	Aug 30 00:18	883

14 ¡Listo! Ya le puedo pasar la dirección de mi página a todos mis amigos del mundo; cuando se conecten, verán mi creación. No se puede creer, ¿eh?

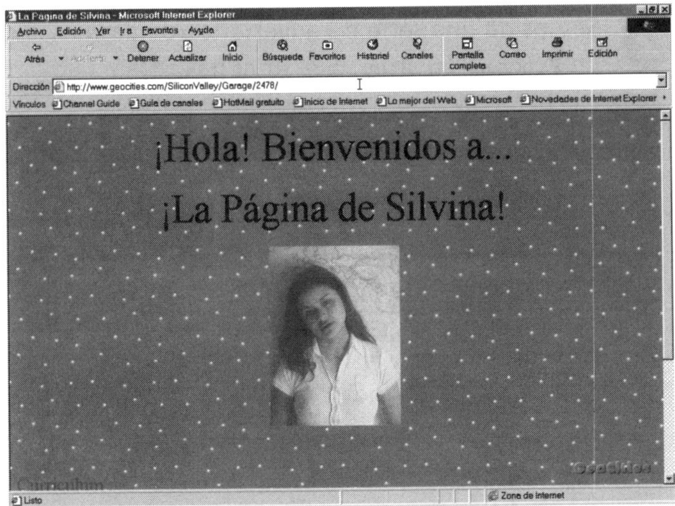

WS_FTP
El mejor cliente FTP
Sección Utilitarios

Difundiéndola

Muy bien, ya tenemos publicada nuestra página web. ¡Ahora tenemos que darla a conocer al mundo! Si no, ¿cómo la van a encontrar los navegantes? Para esto, lo que se hace es enviarla a los buscadores más conocidos para que quede registrada. Vamos a ver cómo hacer esto en **Yahoo!**.

Difundiendo una página web — PASO A PASO

1 Yahoo! está organizado por categorías temáticas. Lo primero será buscar la categoría en la que queramos que figure nuestra página. Una vez encontrada, hacemos clic en `Suggest a Site` (sugerir un sitio).

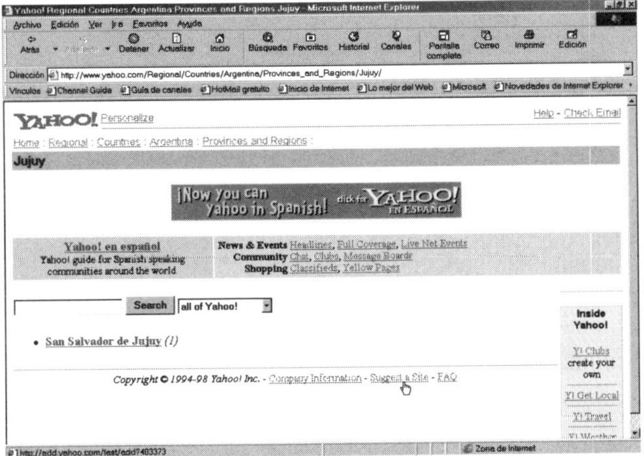

Major Submit
Envía los datos de nuestra página web a unos varios buscadores al mismo tiempo. Sección Utilitarios

2 Se nos da una serie de advertencias, hacemos clic en `Proceed to Step One` (ir al paso 1).

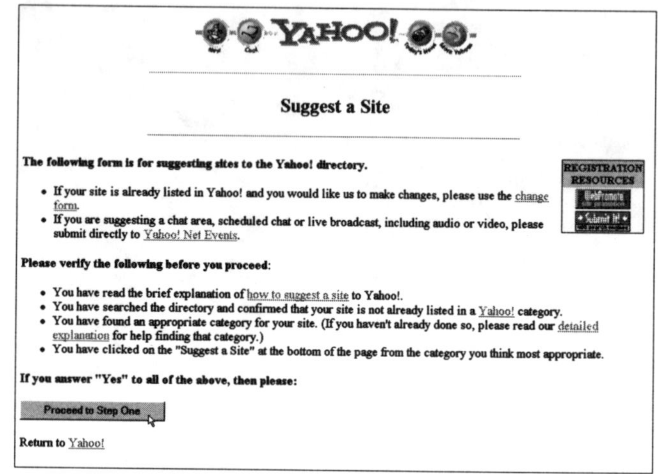

YAHOO!

Suggest a Site

The following form is for suggesting sites to the Yahoo! directory.

- If your site is already listed in Yahoo! and you would like us to make changes, please use the change form.
- If you are suggesting a chat area, scheduled chat or live broadcast, including audio or video, please submit directly to Yahoo! Net Events.

REGISTRATION RESOURCES

Please verify the following before you proceed:

- You have read the brief explanation of how to suggest a site to Yahoo!.
- You have searched the directory and confirmed that your site is not already listed in a Yahoo! category.
- You have found an appropriate category for your site. (If you haven't already done so, please read our detailed explanation for help finding that category.)
- You have clicked on the "Suggest a Site" at the bottom of the page from the category you think most appropriate.

If you answer "Yes" to all of the above, then please:

Proceed to Step One

Return to Yahoo!

3 Aquí tenemos que ingresar título, dirección y descripción de la página. Clic en `Proceed to Step Two`.

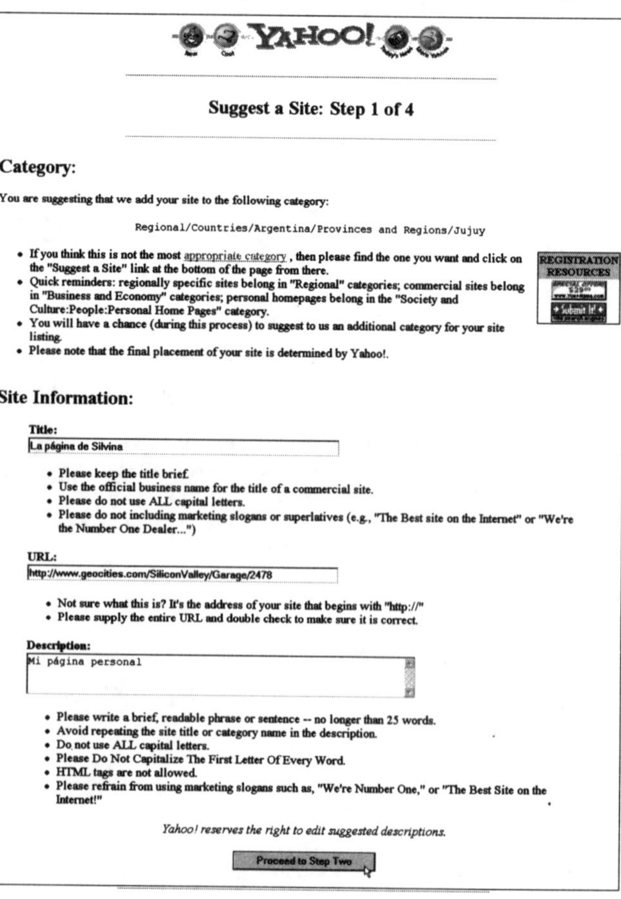

YAHOO!

Suggest a Site: Step 1 of 4

Category:

You are suggesting that we add your site to the following category:

Regional/Countries/Argentina/Provinces and Regions/Jujuy

- If you think this is not the most appropriate category , then please find the one you want and click on the "Suggest a Site" link at the bottom of the page from there.
- Quick reminders: regionally specific sites belong in "Regional" categories; commercial sites belong in "Business and Economy" categories; personal homepages belong in the "Society and Culture:People:Personal Home Pages" category.
- You will have a chance (during this process) to suggest to us an additional category for your site listing.
- Please note that the final placement of your site is determined by Yahoo!.

REGISTRATION RESOURCES

Site Information:

Title:
La página de Silvina

- Please keep the title brief.
- Use the official business name for the title of a commercial site.
- Please do not use ALL capital letters.
- Please do not including marketing slogans or superlatives (e.g., "The Best site on the Internet" or "We're the Number One Dealer...")

URL:
http://www.geocities.com/SiliconValley/Garage/2478

- Not sure what this is? It's the address of your site that begins with "http://"
- Please supply the entire URL and double check to make sure it is correct.

Description:
Mi página personal

- Please write a brief, readable phrase or sentence -- no longer than 25 words.
- Avoid repeating the site title or category name in the description.
- Do not use ALL capital letters.
- Please Do Not Capitalize The First Letter Of Every Word.
- HTML tags are not allowed.
- Please refrain from using marketing slogans such as, "We're Number One," or "The Best Site on the Internet!"

Yahoo! reserves the right to edit suggested descriptions.

Proceed to Step Two

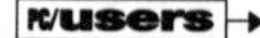

4 Acá podemos sugerir otras categorías adicionales en las que queremos que figure nuestro sitio; en el cuadro inferior podemos proponer la creación de una categoría nueva para el mismo.

YAHOO!

Suggest a Site: Step 2 of 4

Category Suggestions (Optional):

REGISTRATION RESOURCES

Is there an *additional* Yahoo! category where you think your site belongs? If yes, please let us know here:

Do you feel Yahoo! should create a *new category* to list your site and others like it? If yes, please let us know here:

Proceed to Step Three

Copyright © 1998 Yahoo! All Rights Reserved.

5 Se nos pide nombre y dirección de e-mail del responsable de la página; también podemos ingresar ubicación geográfica de la misma.

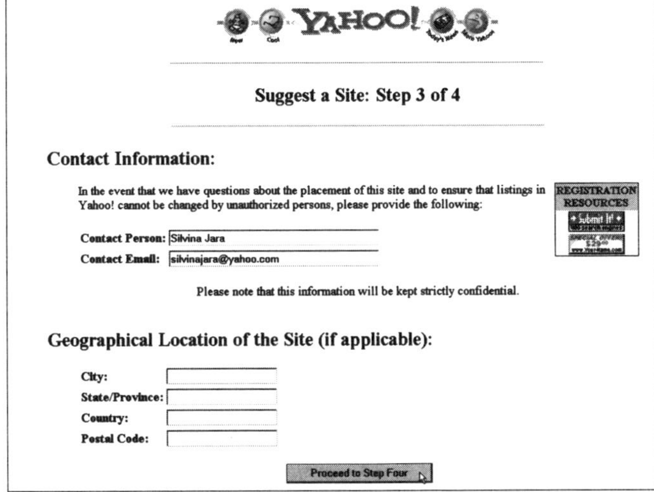

6 Finalmente, podemos indicar hasta qué fecha estará activo el sitio y cualquier comentario adicional para ayudar a la gente de Yahoo! a clasificarlo.

LOS CONTADORES

Le permiten saber cuánta gente se conectó a su página. En www.webcounter.com encontrará todo lo que necesita para poner un contador en su página.

Suggest a Site: Step 4 of 4

Time-Sensitive Information (if applicable):

Will this site only exist for a specific period of time? Please provide us with the date it will no longer be accessible. Format the date Month/Day/Year, for example 03/24/98.

End Date of Site:

Is the site about an event? Please provide the date (or dates) of the event. Again, format as Month/Day/Year, as in 03/24/98.

Start Date of Event:
End Date of Event:

Final Comments:

Finally, if you have additional information that will help us place this site, please let us know. For example, if your site is not in English, an English description would be most helpful.

Yahoo! reserves the right to choose which URLs appear in the directory.

Submit

REGISTRATION RESOURCES

7 Esta pantalla nos confirma que los datos han sido registrados y que en unos días visitarán el sitio y considerarán incluirlo en el listado de Yahoo!

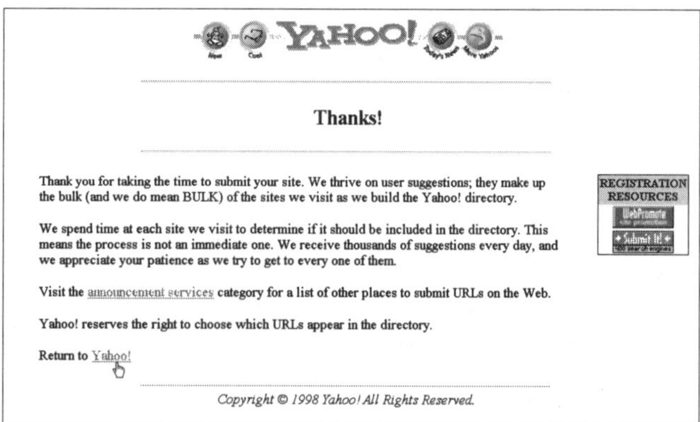

YAHOO!

Thanks!

Thank you for taking the time to submit your site. We thrive on user suggestions; they make up the bulk (and we do mean BULK) of the sites we visit as we build the Yahoo! directory.

We spend time at each site we visit to determine if it should be included in the directory. This means the process is not an immediate one. We receive thousands of suggestions every day, and we appreciate your patience as we try to get to every one of them.

Visit the announcement services category for a list of other places to submit URLs on the Web.

Yahoo! reserves the right to choose which URLs appear in the directory.

Return to Yahoo!

REGISTRATION RESOURCES

Copyright © 1998 Yahoo! All Rights Reserved.

EN EL CD

Test de autoevaluación

¡Ya tiene su propio sitio en la Web! A partir de ahora puede enviar su mensaje al mundo. ¿Quiere que su página sea visitada por miles de personas al día? Sólo necesita una idea original. Puede publicar lo que quiera, el límite es su imaginación...

Grupos de discusión

En estas comunidades virtuales de Internet no importan las diferencias de edades o las distancias. Las personas se relacionan entre sí no porque vivan cerca, trabajen juntas o vayan a la misma facultad, sino por tener una inquietud, un hobby, algo en común que las une.

10

Capítulo 10

Ya vimos cómo Internet permite obtener información con una facilidad nunca antes lograda, gracias a la Web. Vimos cómo intercambiar mensajes entre usuarios mediante el correo electrónico. Ya estamos listos para una posibilidad aun más excitante de Internet: los grupos de discusión, verdaderas comunidades virtuales.

En los grupos de discusión los integrantes envían y reciben mensajes de manera muy similar a la del correo electrónico. La diferencia es que los mensajes que uno envía a un grupo de discusión son **públicos**: los pueden leer miles de personas, que a su vez pueden contestar a través del mismo grupo de discusión.

No hay nada similar a los grupos de discusión fuera de Internet. Los avisos clasificados de los diarios nos permiten enviar mensajes públicos, pero no generan intercambio entre los que participan. Lo más parecido podría ser la pared escrita de un baño público o esas carteleras que hay en las facultades: leo los mensajes de otros y puedo escribir los míos. De todos modos, las discusiones que se pueden mantener en esos medios son bastante limitadas.

Fuera de esos ejemplos, casi no existe la posibilidad de enviar mensajes públicos en la vida cotidiana, ¡y qué bien que vendría! ¿Usted se anima a subirse al colectivo y decir en voz alta: "¡HEY! TENGO UN VIAJE DE UNA HORA, ¿ALGUIEN QUIERE CHARLAR UN RATO DE FÚTBOL?", u "HOLA, QUIERO HACER ESTA NOCHE UNA TARTA DE JAMÓN Y QUESO, ¿ALGUIEN TIENE UNA BUENA RECETA?". Seguramente, entre las 40 personas del colectivo hay más de una que disfrutaría hablando con usted sobre el partido de ayer o que le pasaría la receta con mucho gusto. Pero, lamentablemente, nos perdemos esa posibilidad y vamos todos callados mirando el vacío, porque si usted enviara uno de esos mensajes públicos, los pasajeros lo mirarían como si fuera un loco: en nuestra sociedad tenemos leyes muy estrictas para comunicarnos, y los "mensajes públicos en voz alta", entre tantas otras cosas, están prohibidos por el buen gusto (a no ser que usted sea vendedor ambulante).

Por no hablar de la vida de departamento: una capa de gente, una capa de cemento, una capa de gente, una capa de cemento... Y ninguno habla con los demás, cada

uno encerrado en su cubículo mirando la tele. Hoy, por ejemplo, fue un lindo día y salí a correr, pero acompañado hubiera sido más divertido. Estoy seguro de que, de las 200 personas que viven en mi edificio, más de una se hubiera enganchado a dar una vuelta un domingo de sol por Palermo, pero ¿cómo comunicarse?

Pero no todo está perdido; en Internet sí están permitidos los mensajes públicos, y en este capítulo veremos cómo recibirlos y enviarlos para pasar a formar parte de una comunidad virtual. Son los llamados grupos de discusión.

Esta posibilidad es una de las más revolucionarias de Internet, un medio de comunicación realmente único y poderoso que no tiene equivalente en el mundo real. Debido a su naturaleza interactiva, los grupos de discusión siguen siendo **el espacio público de Internet**, donde se intercambian ideas y se crean relaciones entre las personas.

Cuando enviamos un mensaje a un grupo de discusión, cualquier persona del mundo que entre a ese grupo verá nuestro mensaje. Este poder de llegada es único entre los medios de comunicación: ¡cualquier persona, sin gastar un peso (aparte de su abono a Internet), puede enviar un mensaje que llega a millones de personas!

Volviendo a nuestros ejemplos, para comentar el partido de ayer, intercambiar recetas, buscar compañero para correr el fin de semana o, simplemente, conocer ideas y gente interesante de diversos rincones del planeta, lo único que tiene que hacer es conectarse a Internet, buscar un grupo de discusión sobre el tema de su interés y enviar un mensaje público. Al poco tiempo, comenzará a recibir mensajes de todas partes del mundo, ¡tal vez, hasta de un vecino! ¿Ejemplos?

- Me quería comprar una cámara digital, pero no sabía cuál; la decisión la tomé cuando entré en un foro en la Web (**www.peimag.com**) donde usuarios de todos los modelos contaban los problemas y satisfacciones que tenían con sus cámaras.
- Mi amigo Magú tenía dudas sobre la conveniencia de comprar un Pentium Celeron, dejó un mensaje en el grupo de noticias **microsoft.public.es.espanol.soporte.entre.usuarios.internet**, donde un gallego

muy atento le explicó detalladamente las diferencias del Celeron con el Pentium II.

"*¡Yo también quiero!*". Así lo quería tener, mi estimado lector, entusiasmado como yo. Vamos a ver, entonces, cómo se hace.

Hay tres maneras técnicamente distintas de participar en grupos de discusión utilizando tres servicios distintos de Internet:

1. Grupos de noticias (*newsgroups*)
2. Foros en la Web (*webforums*)
3. Listas de correo electrónico (*mailing lists*)

Los tres sistemas permiten participar en foros de discusión mediante el envío de mensajes públicos, pero difieren en el modo de uso y en ciertas características. En este capítulo veremos los primeros dos servicios, ya que son bastante similares. Dejaremos las listas de correo para el capítulo que viene.

UNA BOCHA
Hay unos 60.000 grupos de noticias distintos en Internet.

Grupos de noticias

Los **grupos de noticias** (también llamados **newsgroups**, **foros** o, sencillamente, **grupos de discusión**) funcionan como gigantescas carteleras en las que gente de todo el mundo pega mensajes públicos. Cada grupo de noticias representa una cartelera dedicada a un tema distinto.

Estos grupos están organizados en grandes **categorías**. La categoría es la primera parte del nombre de un *newsgroup*. Hay 7 categorías oficiales y muchas otras no oficiales. Estas últimas no son tan ampliamente distribuidas, pero en ellas es mucho más fácil crear nuevos grupos de noticias; allí se pueden encontrar grupos sobre **cualquier tema**, y por si no me cree, veamos un ejemplo.

La categoría más popular es `alt` y reúne todos los temas alternativos. Tiene miles de subcategorías; dentro está, por decir una, la categoría `alt.sex`, con unas 240 subcategorías, entre las que se encuentra `alt.sex.fetish`, que tiene unas 60 subcategorías (todo esto me lo contaron, ¿eh?); dentro de ella está `alt.sex.fetish.startrek`, un grupo de noticias en el que intercambian mensajes

personas que se excitan vistiéndose como en "Viaje a las Estrellas".

Usted se preguntará "*¿a quién le puede gustar eso?*". Bueno, entre los lectores de este libro tal vez no haya nadie (?), pero en un gran mundo con millones de personas, siempre hay dos locos a los que les gusta lo mismo, y ahí se juntan y hablan de sus cosas...

Algunas categorías de grupos de noticias

En **negrita,** las categorías oficiales

Jerarquía	Temas
alt	Temas alternativos. Aquí se puede encontrar lo más loco de los newsgroups
bionet	Biología
biz	Negocios ("*bizness*")
clari	Buen servicio internacional de noticias mantenido por la empresa Clarinet (sólo lectura)
comp	Computadoras
misc	Miscelánea
news	Noticias sobre Internet
rec	Recreativos, deportes, hobbies, artes
sci	Ciencias
soc	Sociales, hay subcategorías de cada país
talk	Discusiones largas sobre temas polémicos

Algunos grupos de noticias en español

El asterisco indica que hay varias subcategorías y/o grupos de noticias

ar.*	Grupos de noticias de la Argentina
es.*	Grupos de noticias de España
microsoft.public.es.*	Muy buenos datos, trucos y consultas sobre Windows y Office

Servidores

Para acceder a los grupos de noticias necesita conectarse a un **servidor de noticias** (***newsgroup server*** *o* ***nntp server***). Pregunte, entonces, a su proveedor de Internet el nombre de su servidor de noticias. Si su proveedor no ofrece este servicio (lo más probable), puede utilizar un **servidor público de noticias**, pero al tener más usuarios, resulta más lento. Acá hay algunos que funcionaban bien en el momento de escribir este libro:

LISTADO DE SERVIDORES PÚBLICOS
www.geocities.com/siliconvalley/lab/4757/nntp2.html

Algunos servidores públicos gratuitos

Servidor	Cantidad de grupos
news-reader.wcg.net	65.000
server.internetoutlet.net	30.000
news.netcom.ca	17.000
news.fibertel.com.ar	7.000

Como pueden ver, cada servidor tiene disponible cierta cantidad de grupos de noticias. E incluso dentro de un mismo grupo, no todos almacenan igual número de mensajes o no los renuevan con la misma frecuencia. Hay servidores públicos de noticias que sólo tienen grupos específicos:

SERVIDOR PAGO DE NEWSGROUPS
Lo encontrará en www.newsguy.com

Algunos servidores públicos específicos

msnews.microsoft.com	Sobre productos Microsoft, muy buenos. Hay en español
nodens.fisica.unlp.edu.ar	Grupos de la Argentina
msnnews.msn.com	Temas varios mantenidos por Microsoft Network
secnews.netscape.com	Sobre Netscape
service.symantec.com	Productos de Symantec

¡Basura!
En muchos grupos de noticias (especialmente los de sexo) sólo encontrará un mensaje de propaganda tras otro. No se desanime, hay algunos grupos de noticias donde hay buen nivel. Tiene que revolver un poco entre la basura para encontrar las perlas.

¿CÓMO FUNCIONAN LOS *NEWSGROUPS*?

Si yo me conecto a un servidor de noticias en la Argentina y dejo un mensaje en el grupo de noticias **rec.birds**, ¿lo podrá ver un japonés que lea este grupo de noticias desde un servidor en Japón? Sí, porque cada nodo de la red Usenet se conecta periódicamente con los demás nodos del mundo para actualizar la base de mensajes. Así, cuando mando mi mensaje público a un grupo de noticias, éste rápidamente se copia en todos los servidores de *newsgroups* del mundo.

¿Cómo puede ser que no se llenen los servidores de noticias con semejante cantidad de mensajes? Sencillo: los mensajes tienen un tiempo de expiración, luego del cual son borrados del grupo de noticias. Este tiempo límite suele ser de una semana, aunque si el grupo de noticias recibe demasiados mensajes, pueden durar menos; esto lo decide cada servidor.

PASO A PASO — Participando en un grupo de noticias

Outlook Express está preparado para, además de manejar su correo electrónico, acceder a los grupos de noticias. Si es la primera vez que utiliza este servicio, tendrá que configurar el programa como se muestra a continuación.

1 Abra Outlook Express y en la pantalla inicial vaya a `Leer Noticias`.

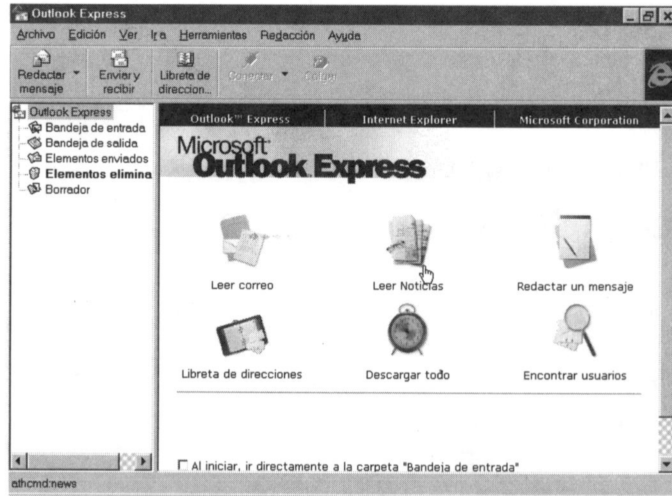

2 En las siguientes pantallas deberá tipear su nombre, dirección de correo electrónico, el servidor de noticias que usará (elija uno de los servidores públicos que mencioné anteriormente) y un nombre descriptivo para esta cuenta.

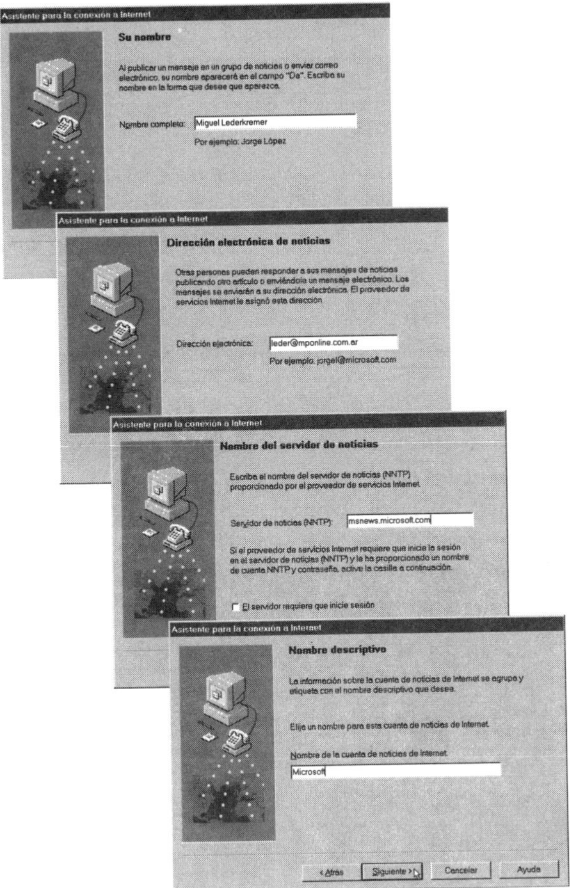

EN EL CD

Free Agent 32 1.1
Completo lector de grupos de noticias
Sección Utilitarios

3 En tipo de conexión, puede seleccionar `manual`, para que Outlook Express no se ponga a marcar en los momentos menos pensados.

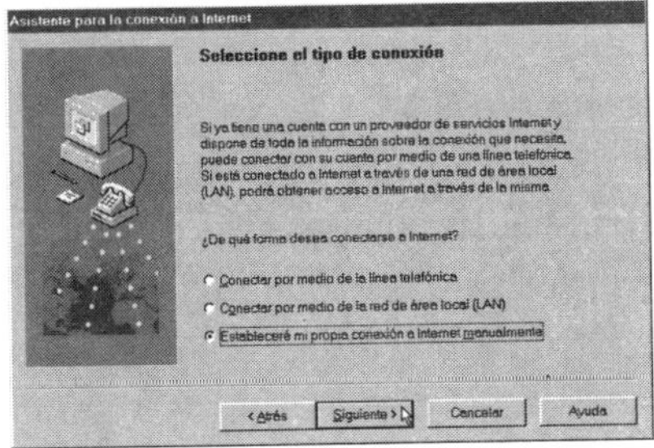

4 A continuación, debe descargar los nombres de todos grupos de noticias disponibles en el servidor. Esto puede demorar varios minutos.

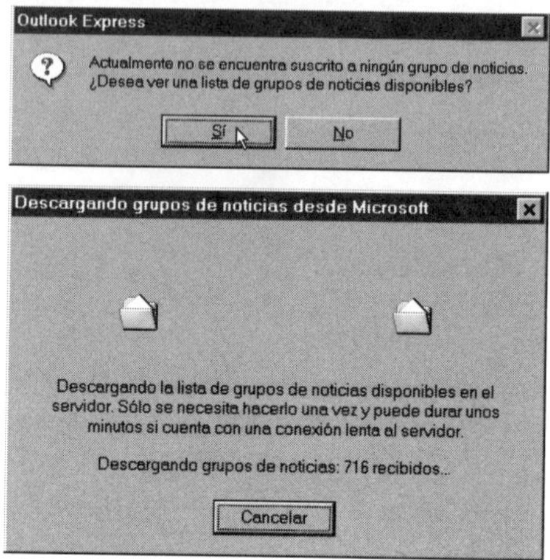

5 Y acá los tiene; seleccione el grupo de noticias que le interesa ver, luego haga clic en `Realizar suscripción` (o en `Ir a`, si no desea que el grupo quede en la lista de carpetas de Outlook).

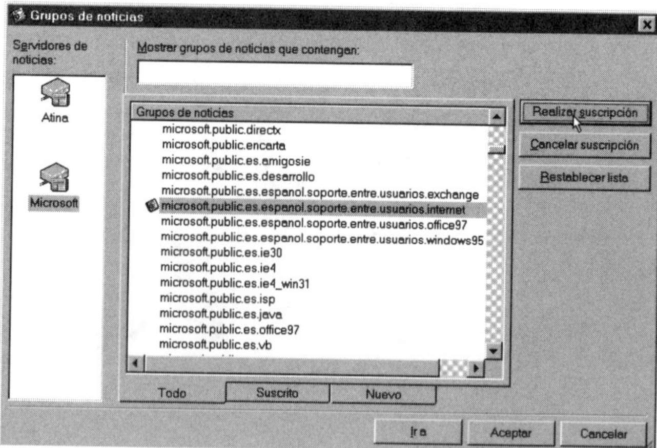

6 ¡Voilá! Tiene ante usted un bullicioso intercambio de mensajes públicos. Éstos están organizados por **conversación**, esto es, se muestran juntos todos los que se refieren al mismo `Asunto`. Sólo se muestra el primer mensaje de la conversación y, para ver los siguientes, haga clic en el `+`. Igual que en el correo electrónico, al seleccionar un mensaje, lo verá en el panel inferior. Si quiere responder

a un mensaje, tiene dos opciones:

- Hacerlo en forma privada por correo electrónico (clic en el botón **`Responder al autor`**).
- Contestar públicamente participando en la discusión (**`Responder al grupo`**). Ésta es la que elegiremos nosotros.

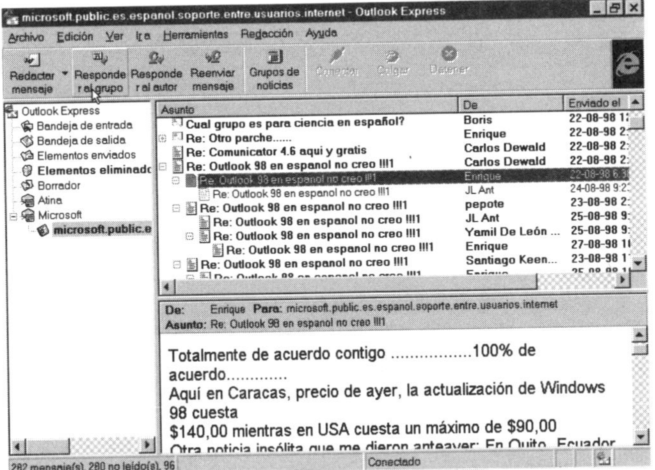

7 Aparece una ventana muy similar a la de enviar correo electrónico, con dos diferencias: el destinatario del mensaje ahora no es una persona, es un grupo de noticias, y el botón **`Enviar`** se reemplazó por **`Publicar`**. Felicitaciones, ¡en pocas horas su mensaje será leído por miles de personas!

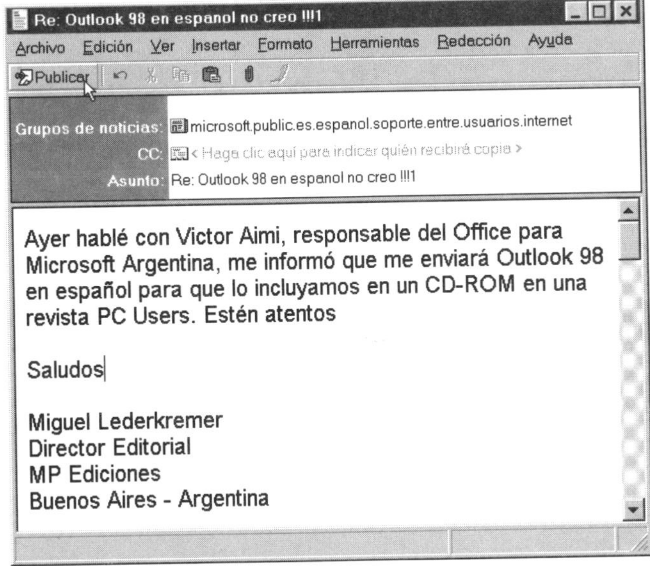

VARIOS SERVIDORES

Puede agregar otro servidor de noticias yendo a `Herramientas` ➡ `Cuentas` ➡ `Noticias` ➡ `Agregar` ➡ `Noticias`. ¿La quiere más fácil? Abra Internet Explorer y tipee como dirección `news://`*`nombre.del.servidor`*.

Participando desde la Web

En el sitio **www.dejanews.com** usted puede acceder a los grupos de noticias desde la Web, con servicios de búsqueda muy poderosos:

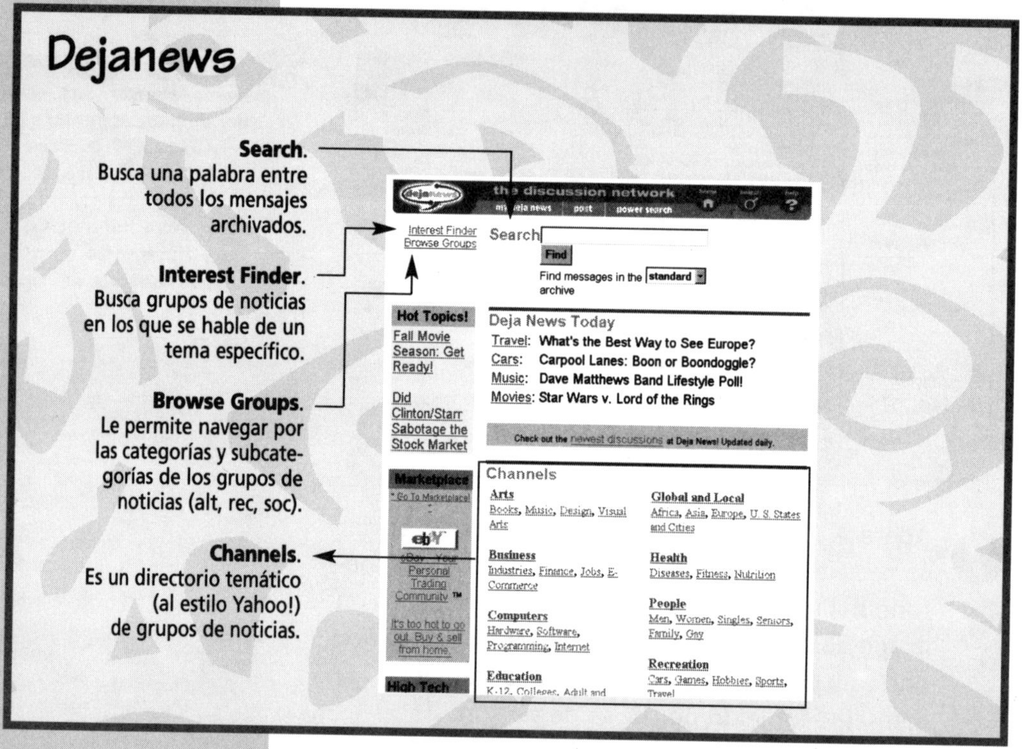

Dejanews

Search. Busca una palabra entre todos los mensajes archivados.

Interest Finder. Busca grupos de noticias en los que se hable de un tema específico.

Browse Groups. Le permite navegar por las categorías y subcategorías de los grupos de noticias (alt, rec, soc).

Channels. Es un directorio temático (al estilo Yahoo!) de grupos de noticias.

Foros en la Web

Finalmente, hay grupos de discusión a los que **sólo se accede desde la Web**; son los llamados ***Web Forums***. No confundir con DejaNews, que es un sitio web para buscar grupos de noticias tradicionales.

PASO A PASO — **Accediendo a un foro en la Web**

El mejor lugar para buscar un foro en la Web sobre el tema de nuestro interés es **www.forumone.com**, que tiene un impresionante índice de 210.000 foros.

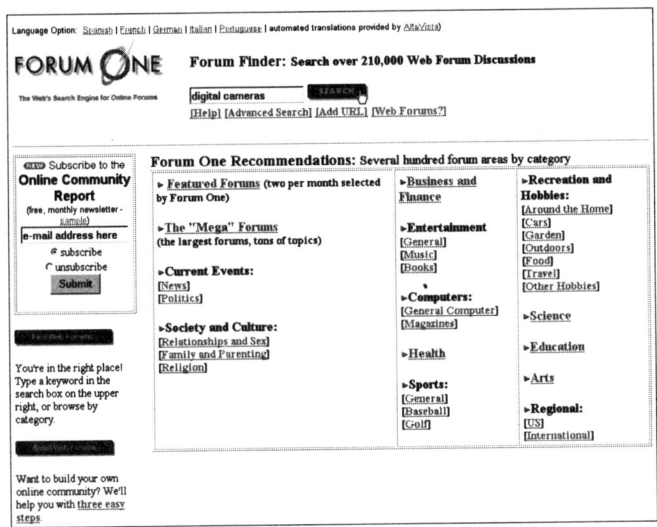

2 Una vez encontrado el que nos interesa, los mensajes aparecen ordenados por fecha y discusión. Un clic en cualquiera de ellos lo muestra en pantalla.

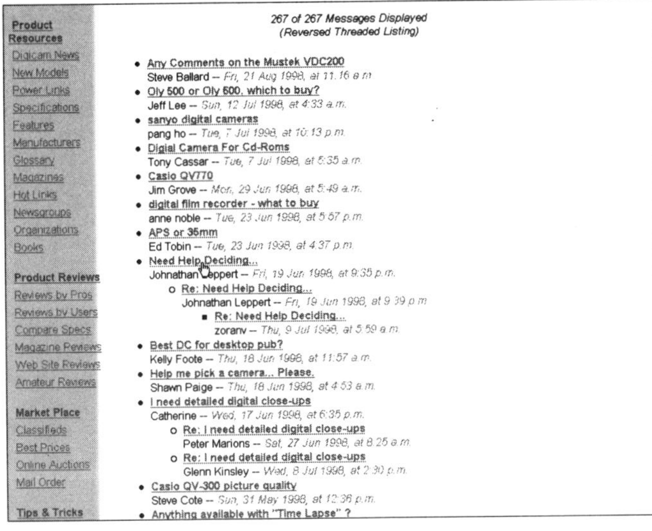

3 Los mensajes, al ser en HTML, permiten fotos, colores y vínculos. Este hombre, por ejemplo, recomienda una cámara digital mostrando una foto que le sacó a su perro.

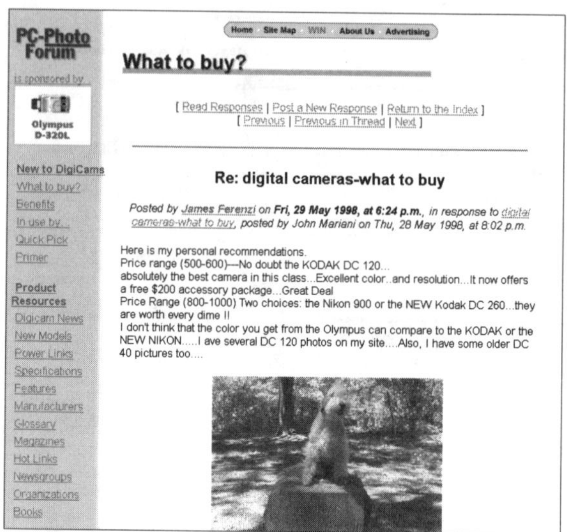

4 Para responder o publicar un mensaje en el foro hay que buscar un botón que diga `Post` (publicar). Los mensajes se escriben en formularios como los que estamos acostumbrados a ver en la Web.

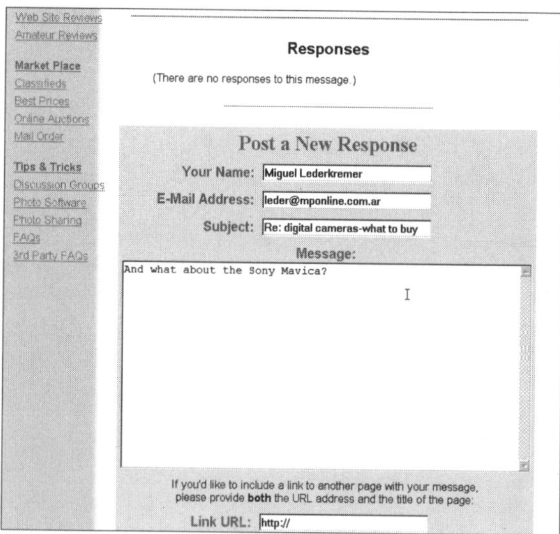

Reglas de cortesía

Una de las características que hacen tan especiales a los grupos de discusión es que son absolutamente ¡LIBRES! Cualquier persona del mundo puede dejar el mensaje que quiera. Esta ausencia de autoridad hace que la esencia de los grupos de noticias sea colaborativa. Esto significa que depende de cada uno de nosotros que la lectura de los grupos de noticias sea una actividad enriquecedora y placentera o frustrante. Por lo tanto, se recomienda insistentemente seguir algunas reglas de cortesía, llamadas **nettiquete** (la etiqueta de Internet):

ANÓNIMOS

Los mensajes a un grupo de noticias siempre llevan como remitente su dirección de correo electrónico. Por lo tanto, no puede mencionar asuntos fuera de la ley como drogas, terrorismo o paidofilia, ¿no? Sí. Existen sistemas que se encargan de convertir sus mensajes en anónimos. Usted les envía el mensaje, y ellos lo reenvían a destino con una dirección electrónica de fantasía. No doy más datos, porque sé que ninguno de mis lectores mencionaría temas ilegales.

¿Mensaje público o privado?

Usted siente deseos de contestar al mensaje que dejó el señor X en un grupo. Pero antes de responder públicamente, pregúntese cuidadosamente: ¿le va a interesar a todo el mundo o en realidad sólo al señor X? Si se trata del último caso, su mensaje sólo molestará a los demás, así que mejor conteste por correo electrónico privado al señor X.

¡Pispee antes!

Si es la primera vez que entra en un grupo de noticias, antes de comenzar a escribir lea los mensajes publicados durante los últimos días para ponerse a tono con el espíritu del grupo y evitar repetir temas ya tratados. Esto, en inglés, se llama *lurking.*

Respete el tópico del grupo de noticias

Es fundamental para que los participantes no se la pasen leyendo mensajes que no son de su interés. Los mensajes fuera de tópico (*off-topic)* son considerados una grave falta de *netiquette*.

Ignórelo

Si un mensaje publicado por un usuario le parece ofensivo o fuera de lugar, no le responda, porque seguramente creará polémica que terminará dándole al mensaje desubicado más importancia de la que merece.

La actitud más eficaz ante alguien que busca molestar en un grupo de noticias es ignorarlo y que nadie le conteste. Así evitará las insoportables *flame wars* (interminables guerras de insultos).

Dar y recibir

Es una mala costumbre entrar en un grupo de noticias, comenzar a realizar montones de preguntas y enojarse porque nadie contesta. Primero dar, después recibir, ¡como en el amor! Seguramente, podría contestar esa pregunta que puso alguien y usted salteó, y contribuir así al grupo de noticias. Trate, además, de que sus mensajes no sean solamente opiniones (¡opinar, opina cualquiera!), sino que tengan también buenos argumentos, información y preguntas piolas.

Acúselo con el postmaster

Si alguien publica un mensaje que considera gravemente ofensivo (mensajes racistas, criminales, etc.) o inunda el grupo de discusión con misivas publicitarias (*spam*), no dude en enviar un aviso al proveedor de la persona que lo envió (si la dirección es pepe@proveedor.com, envíe el mensaje a postmaster@proveedor-.com). El *postmaster* se encargará de reprenderlo.

Asunto

Utilice bien el Asunto del mensaje. Si coloca como Asunto "No me parece", esto no le dirá nada a nadie. "Qué mal los baches" es mucho mejor, ya que no obliga a los demás a leerlo todo entero para enterarse de qué se trata. Y si contesta un mensaje, respete el asunto original para que se pueda seguir fácilmente la conversación.

Citas

Cuando cite el mensaje de otra persona en su respuesta, seleccione sólo los trozos importantes, no lo repita entero.

Lea el FAQ

En muchos grupos de noticias se publica periódicamente un mensaje en el que están recopiladas las respuestas a las preguntas más comunes que la gente hace en el grupo de noticias (*Frequently Asked Questions*). Estos mensajes suelen ser muy jugosos, y es muy, muy recomendable leerlos al entrar por primera vez a un grupo de noticias, antes de formular alguna pregunta. Seguramente, ya estará contestada ahí.

VER...
Pág. 284
Emoticones

Sea claro y preciso

Es muy fácil malinterpretar el contenido de un e-mail, ya que no tiene la expresividad de otros medios de comunicación. Los emoticones pueden ayudar a dar cierta expresividad. Sin embargo, abusar de los emoticones hace que dejen de tener significado. Trate de extremar las precauciones siendo muy claro en lo que dice.

EN EL CD

Test de autoevaluación

¿Vio?, era más fácil de lo que pensaba. Ahora ya sabe cómo participar de los grupos de discusión. Si le gustó la idea, entonces no se pierda el próximo capítulo; las listas de correo son una variante muy interesante para mantener discusiones públicas.

Listas de correo

¿Le gustaría recibir más mensajes en su correo electrónico? Suscríbase a una lista de correo, un grupo de gente que intercambia mensajes sobre un tema de interés en común. Son apasionantes y existen sobre todas las temáticas, en inglés y en español.

Capítulo 11

Las listas de correo, también llamadas **listas de distribución** o ***mailing lists***, son la manera más fácil de participar de un grupo de discusión en Internet, ya que no debe aprender ningún programa nuevo: participa de una lista **utilizando el correo electrónico**, que a esta altura ya debe dominar cómodamente.

Cuando usted envía un mensaje a una lista de correo, éste se hace público: lo reciben todas las personas que están **suscriptas a la lista**. De la misma manera, cada vez que un participante de la lista envíe un mensaje a la misma, usted lo recibirá en su correo. Así, es posible desarrollar discusiones grupales a través del correo electrónico.

Listas de correo versus *newsgroups*

Si hacemos una comparación, los *newsgroups* (grupos de noticias) son como pegar carteles por las calles invitando a una fiesta, y las listas de correo son como enviar invitaciones personales a cada casa.

Ustedes ya leyeron mi entusiasmo por los *newsgroups*. Bueno, cuando me suscribí a unas cuantas listas de correo para escribir este capítulo, ¡me gustaron mucho más! Al tener mayor intimidad, por lo general tienen un nivel de discusión más serio, hay menos pavada y la gente no deja mensajes sobre cualquier cosa alejada del tópico en discusión. Esto se debe a que suscribirse a una lista de correo significa mayor compromiso que entrar en un grupo de noticias, dejar un mensaje e irse. En las listas de correo no puede entrar cualquier desubicado a poner (*"postear"*) impunemente un mensaje agraviante como en los *newsgroups*. La sensación es más de estar en familia, en una reunión en una casa, que en una enorme discoteca.

El hecho de recibir los mensajes públicos mezclados con nuestro correo privado es la principal desventaja que yo le encuentro a las listas de correo, comparándolas con los grupos de noticias. Dependiendo de la actividad del grupo de discusión, pueden ser decenas de

mensajes por día. Así, recibir el correo todos los días puede demorar bastante. El principal motivo por el que la gente se borra de una lista es el aumento desmesurado en la cantidad de correo recibido.

Además, por cuestiones de organización personal, es algo molesto tener que buscar nuestros mensajes personales mezclados con decenas de mensajes públicos. Lo que yo hago para que no se mezclen es crear una carpeta aparte en mi programa de correo. Apenas recibo mi correspondencia, separo todos los mensajes de las listas y los meto en una carpeta. Outlook Express puede hacer esto automáticamente con su `Asistente para la bandeja de entrada`.

Otra desventaja de las listas de correo es que los mensajes ocupan lugar en nuestro disco rígido, mientras que en los *newsgroups* quedan en un servidor central.

VER...
Pág. 246
Reglas de cortesía

Por último, recordemos que, al igual que en los *newsgroups*, al enviar mensajes a una lista estamos entrando en una discusión grupal, y debemos seguir las leyes de cortesía.

Cómo funcionan

Como todos los servicios de Internet, para acceder a una lista de correo hay que interactuar con un servidor (una computadora conectada a Internet que ofrece el servicio). Lo interesante es que toda la interacción con el servidor se hace por correo electrónico: nuestros pedidos los hacemos enviando un mensaje con un comando especial al **administrador de la lista**. Éste es un programa especial que recibe nuestros mensajes y nos devuelve por correo lo que pedimos. Para administrar listas de correo, los servidores utilizan distintos programas; los más populares son **Majordomo** y **Listserv**.

Todo lo que necesita saber para participar de una lista de correo es la dirección electrónica de su administrador: la **dirección administrativa de la lista**.

Veamos un ejemplo.

Viendo todas las listas que mantiene un administrador

La Universidad de Buenos Aires mantiene varias listas de correo; la dirección del programa que administra estas listas es `majordomo@ccc.uba.ar`.

1. Entre en Outlook y cree un nuevo mensaje dirigido a `majordomo@ccc.uba.ar`.
2. Como `Asunto` del mensaje no ingrese nada.
3. En la primera línea del mensaje, coloque solamente `lists`.
4. Antes de enviarlo, seleccione `Formato` ➡ `Texto sin formato`:

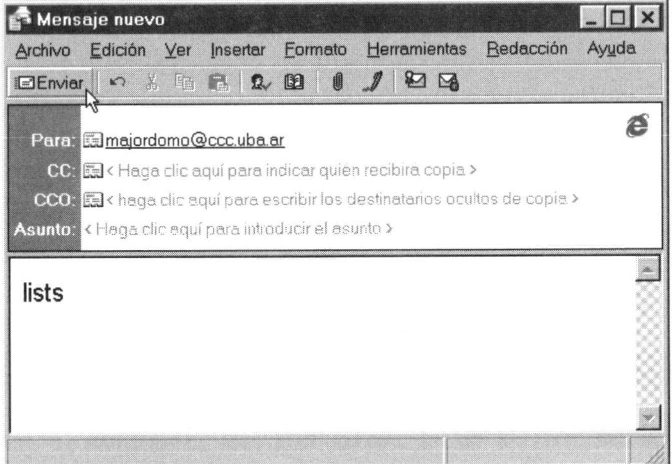

5. Luego de un par de horas, chequee su correo. Habrá recibido el mensaje que ve abajo. El comando que usted envió (`lists`) le pidió al administrador el registro de todas las listas que mantiene.

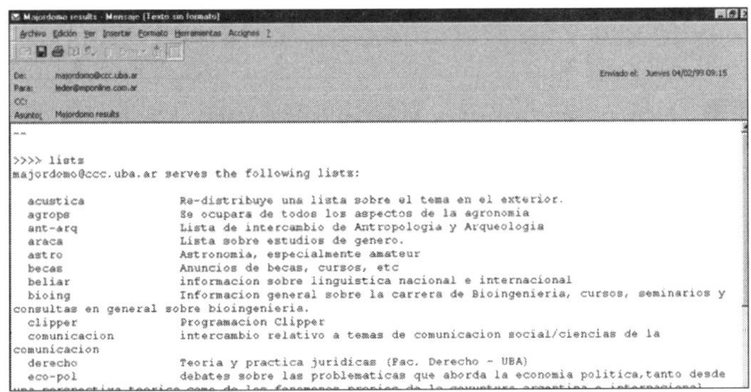

DATOS ÚTILES

EN ESPAÑA

Otro administrador que mantiene un montón de listas en español es `listserv@listserv.rediris.es`. Pruebe a enviarle el comando `lists`.

❻ Si quiere más información sobre alguna de las listas, envíe otro mensaje al administrador con el comando `info lista` como primera línea de texto.

¡ES GRATIS!
La suscripción a las listas de correo (como casi todos los servicios de Internet) es gratuita. Las listas son mantenidas por personas e instituciones que tienen un vivo interés en el tema de discusión.

Cómo participar de una lista

Entonces, para participar de una lista de correo, usted debe:

❶ Encontrar una lista de su interés.
❷ Suscribirse enviando un mensaje especial a la **dirección administrativa de la lista**.
❸ Comenzará a recibir los mensajes de los otros participantes en su casilla de correo electrónico.
❹ Puede participar enviando sus mensajes; éstos serán mensajes públicos: los leerán todos los que estén suscriptos a la lista. ¡Pero no necesita enviar el mensaje a cada participante! Usted lo envía a la **dirección de la lista**, y ahí un programa se encargará de reenviar su mensaje a todos los suscriptores.

Veamos cómo hacer uno por uno estos pasos.

PASO A PASO Buscando una lista de su interés

Buscando una lista de su interés

Si a usted le gusta la cocina, seguramente le encanta intercambiar recetas. Hay distintos sitios en la Web que tienen disponible un registro de listas de correo; el más poderoso debe de ser, seguramente, **Liszt**, así que hacia allí nos dirigimos. Para buscar una lista de correo sobre un tema específico, Liszt tiene, al igual que Yahoo!, un motor de búsqueda y un directorio organizado por categorías.

1 Nos conectamos a **www.listz.com**, hacemos clic en el campo vacío e ingresamos el tema buscado; como la gran mayoría de las listas está en inglés, lo anotamos en ese idioma (recetas, en inglés, se dice *recipes*). Clic en go. Otra opción es recorrer las categorías que se muestran.

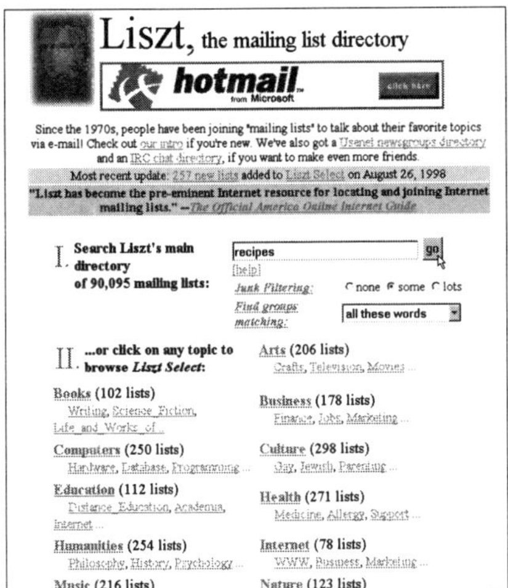

❷ Liszt busca las palabras pedidas entre:

I. Las 300 **categorías** del directorio (llamado Liszt Select).

II. Las 3.000 listas de correo que figuran en el directorio.

III. Las 90.000 listas que tienen anotadas Liszt (estén clasificadas en el directorio o no).

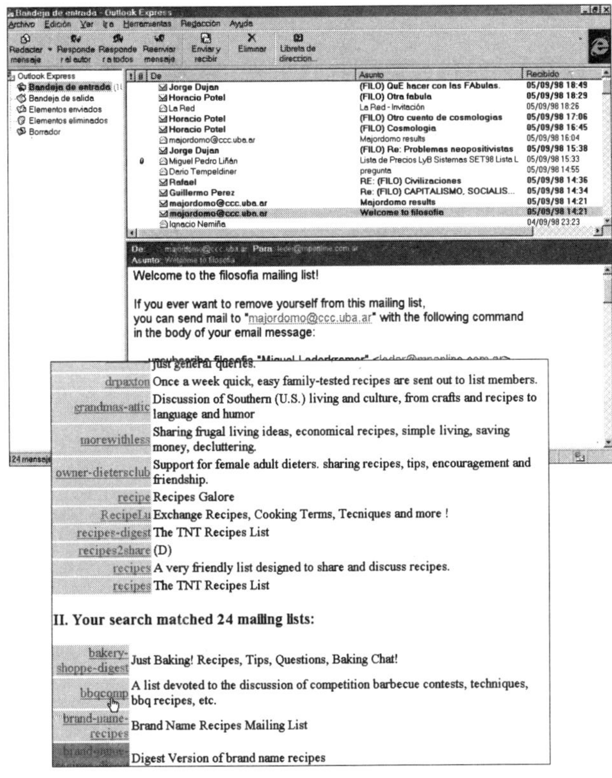

LISTAS EN ESPAÑOL

Hay, por supuesto, muchas listas en español y sitios en la Web que dan el índice de estas listas. Uno en España es http://sun.rediris.es/list-/buscon.es, otro en la Argentina es http://www.uba.ar/servicios/servicio-3.html. Por si no se dio cuenta, ¡lo que le acabo de dar es una lista de listas de listas!

❸ Me interesó mucho una lista dedicada a los concursos de asado (?). Al hacer clic en ella, obtuve más información y, en algunos casos, el sitio web de la lista. Ahí se me informó que, para suscribirme a la lista, debo enviar un mensaje a listserv-@netrelief.com con la frase `subscribe bbqcomp` en la primera línea de texto.

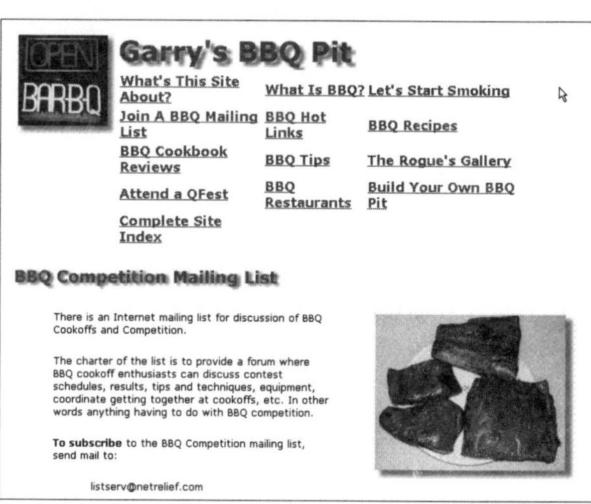

Cómo suscribirse a una lista de correo

Muy bien, ya sabemos cómo encontrar listas de correo que nos interesen, ahora veamos cómo suscribirnos. Navegando por el sitio de la Universidad de Buenos Aires (UBA) mencionado en esta página, encontré, por ejemplo, una lista de filosofía. Anoté los siguientes 3 datos claves para poder suscribirme a ella:

❶ **La dirección administrativa de la lista**:
`majordomo@ccc.uba.ar`

❷ **El nombre de la lista**:
`filosofia`

❸ **El mensaje a enviar para suscribirse**:
`subscribe filosofia`

Con estos tres datos, vamos a suscribirnos.

Suscripción a una lista de correo

PASO A PASO

1. Abro el programa de correo electrónico y creo un mensaje nuevo dirigido a la dirección administrativa de la lista, sin Asunto y con `subscribe filosofia` en la primera línea.

2. Pero atención, el mensaje debe ser de **texto puro** para que lo entienda el administrador. Outlook Express, por defecto, envía los mensajes en HTML, así que, antes de enviarlo, debo ir al menú `Formato` y seleccionar `Texto sin formato`. Ahora sí, envío el mensaje.

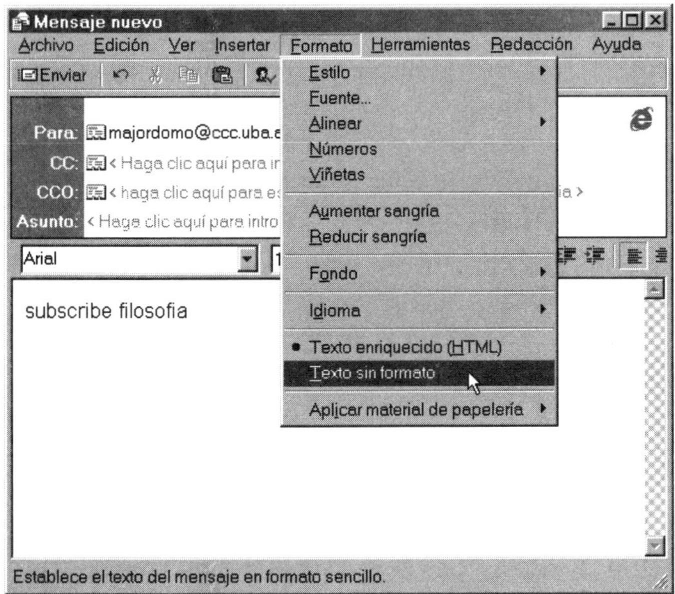

3. Si consulto el correo al cabo de un rato de haberlo enviado, encontraré un par de mensajes del administrador de la lista confirmándome mi suscripción. Si la lista es movidita, ya empezaré a recibir los primeros mensajes.

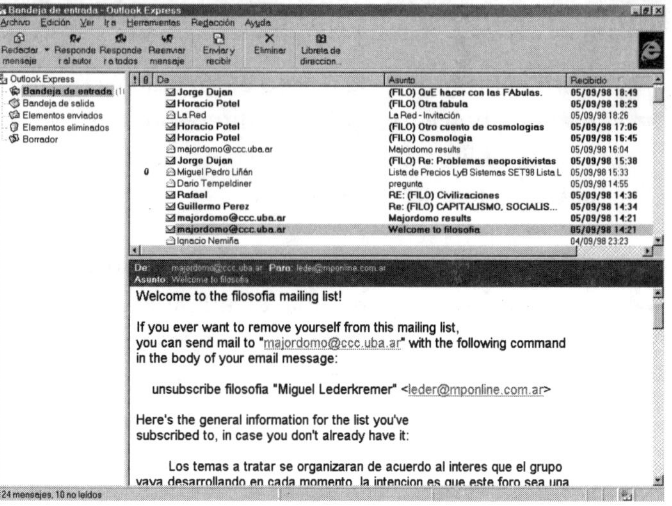

4 Si hago clic en `Responder`, contesto en forma privada al e-mail del remitente. Para enviar mi respuesta públicamente, debo dirigir mi mensaje **a la dirección de la lista** (no a la administrativa): `filosofia@ccc.uba.ar`.

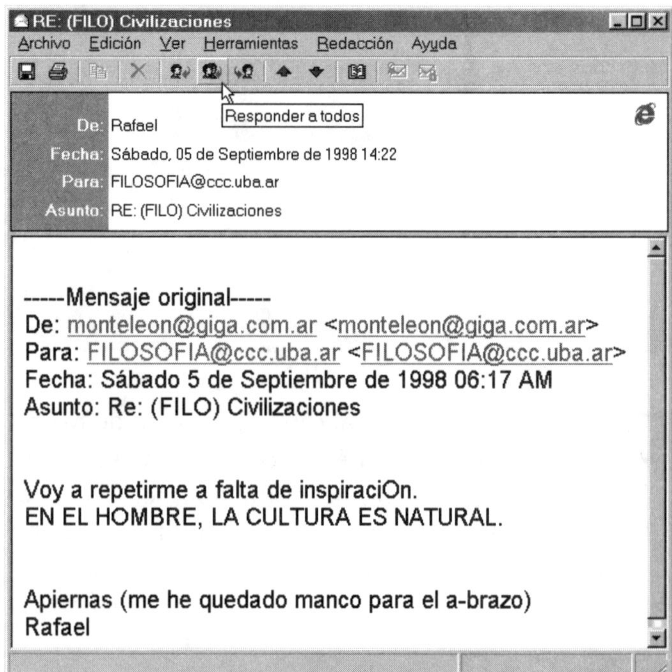

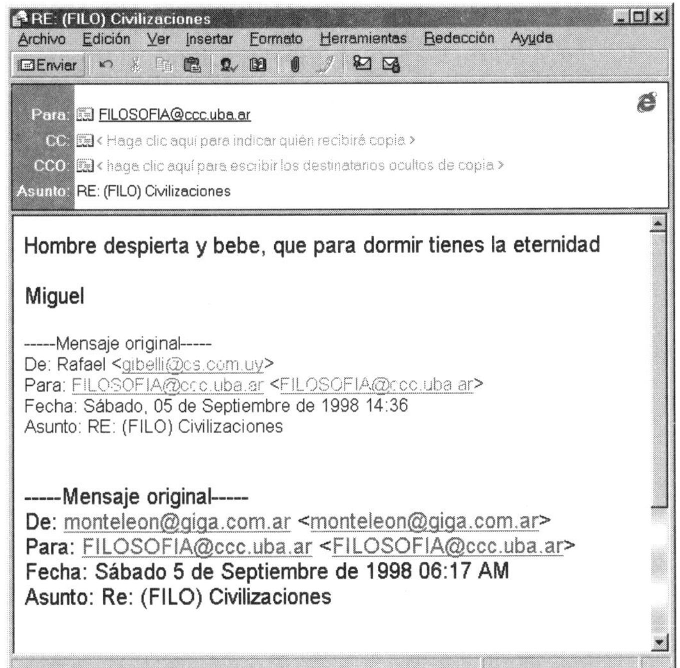

¡No se equivoque!
Las listas de correo tienen dos direcciones.
1. La dirección administrativa de la lista (ej. majordomo@ccc.uba.ar). A esta dirección enviamos los mensajes para suscribirnos, borrarnos, etc.
2. La dirección de la lista propiamente dicha (ej. filosofia@ccc.uba.ar). Aquí mandamos nuestros mensajes públicos. Nunca envíe un mensaje administrativo a esta dirección, ya que sólo logrará que todo el mundo lea mensajes indeseados como "unsubscribe" en su correo. Éste es el error más común de los principiantes.

Tipos de listas

Hay distintos tipos de listas de correo según sus reglas y funcionamiento:

- **Listas abiertas:** cualquiera puede enviar un mensaje a la lista, aunque no esté suscripto.
- **Listas cerradas:** sólo las personas suscriptas pueden enviar mensajes a la lista.
- **Listas moderadas:** los mensajes que uno envía son leídos primero por una persona que los filtra, y elimina los que están fuera del tema o los inapropiados.
- **Listas no moderadas:** en este caso, los mensajes enviados a la lista se remiten automáticamente a todos los suscriptos a la misma, sin intervención humana.
- **Listas de sólo lectura:** son los **boletines** o ***newsletters***. Sólo permiten recibir mensajes, no enviarlos. Son despachados periódicamente por empresas o sitios en la Web para mantenernos al tanto de sus novedades. Desde muchos sitios de Internet puede

suscribirse a uno de estos boletines con sólo ingresar su dirección de correo en un formulario. Uno que le recomiendo es el de la revista PC Users, al que puede acceder en **www.pcusers.com.ar**.

DATOS ÚTILES

EL CODO

Anótese en la lista de distribución de esta discoteca de Capital Federal (www.elcodo-.com), y le mandarán entradas gratis periódicamente. Es gracioso presentarse en la puerta del boliche con un e-mail en la mano. Eso sí, no caiga antes de las 3 AM, porque no pasa nada.

Lista de comandos

Las instrucciones para suscribirse y borrarse de las listas de correo varían según el programa que las administra. Además de suscribirse y borrarse, hay una serie de comandos especiales que puede enviar al administrador de una lista. La serie de comandos que doy no es exhaustiva, sólo puse los más comunes, pero no siempre pueden estar disponibles, depende de la lista en particular. Para obtener una lista más completa de comandos, envíe un mensaje al administrador de la lista con la palabra `help` en el cuerpo del mensaje.

El tipo de programa que administra la lista puede verse en su dirección electrónica. Por ejemplo, **majordomo-@sopapita.com** o **listserv@moncho.edu**. Las listas mantenidas a mano generalmente llevan la palabra "request" en su nombre.

Todos los comandos listados deben enviarse a la dirección administrativa de la lista. La mayoría de las listas pide que los comandos vayan en el cuerpo del mensaje, otras en el `Asunto`. Los parámetros entre corchetes son [totalmente] optativos.

Comandos disponibles en las listas de correo

· Suscribirse a una lista	
Listproc	SUBSCRIBE *lista Nombre Apellido*
Listserv	SUBSCRIBE *lista Nombre Apellido*
Mailbase	JOIN *lista Nombre Apellido*
Mailserv	SUBSCRIBE *lista Nombre Apellido* [*nuestro_e-mail*]
Majordomo	SUBSCRIBE *lista* [*nuestro_e-mail*]
· Borrarse de la lista	
Listproc	UNSUBSCRIBE *lista*
Listserv	SIGNOFF *lista* o UNSUBSCRIBE *lista*
Mailbase	LEAVE *lista*
Mailserv	UNSUBSCRIBE *lista* [*nuestro_e-mail*]
Majordomo	UNSUBSCRIBE *lista* [*nuestro_e-mail*]
· Pedir ayuda	
Todas	HELP
· Recibir todos los mensajes en un solo compilado diario o semanal (digest). Muy recomendable si hay demasiados mensajes.	
Listproc	SET *lista* MAIL DIGEST
Listserv	SET *lista* DIGEST
Mailbase	no disponible
Mailserv	no disponible
Majordomo	SUBSCRIBE *lista*-digest UNSUBSCRIBE *lista*
· Cancelar el modo compilado, recibir los mensajes por separado	
Listproc	SET *lista* MAIL ACK
Listserv	SET *lista* NODIGEST
Mailbase	no disponible
Mailserv	no disponible
Majordomo	UNSUBSCRIBE *lista*-DIGEST SUBSCRIBE *lista*
· Suspender por un tiempo la recepción de la lista sin borrarnos de ella. Esto evitará, si nos vamos de vacaciones, que nuestro correo electrónico se inunde de mensajes si no lo revisamos durante varios días.	
Listproc	SET *lista* MAIL POSTPONE
Listserv	SET *lista* NOMAIL
Mailbase	SUSPEND MAIL *lista*
Mailserv	no disponible
Majordomo	no disponible

WWW.SHAREWARE.COM

En este sitio se puede suscribir a algunas listas de sólo lectura (*newsletters*) que valen la pena. Browser Alert, por ejemplo, le enviará un e-mail cada vez que salga una nueva versión de Netscape o de Internet Explorer. Conéctese a esta página en la Web, haga clic en `Free Newsletter`, ingrese su e-mail y clic en `Subscribe`.

SU PROPIA LISTA DE CORREO

La puede implementar con un programa como Listbot, www.listbot.com.

· Volver a recibir los mensajes	
Listproc	SET *lista* MAIL ACK
Listserv	SET *lista* MAIL
Mailbase	RESUME MAIL *lista*
Mailserv	no disponible
Majordomo	no disponible
· Obtener el detalle de todos los suscriptos a la lista	
Listproc	RECIPIENTS *lista*
Listserv	REVIEW *lista* F=MAIL se pueden ordenar por nombre o país: REVIEW *lista* BY NAME F=MAIL REVIEW *lista* BY COUNTRY F=MAIL
Mailbase	REVIEW *lista*
Mailserv	SEND/LIST *lista*
Majordomo	WHO *lista*
· Ocultar nuestra dirección electrónica en los mensajes públicos	
Listproc	SET *lista* CONCEAL YES
Listserv	SET *lista* CONCEAL
Mailbase	no disponible
Mailserv	no disponible
Majordomo	no disponible
· Que vuelva a figurar nuestra dirección electrónica	
Listproc	SET *lista* CONCEAL NO
Listserv	SET *lista* NOCONCEAL
· Obtener el registro de todas las listas mantenidas por este servidor	
Listproc	LISTS
Listserv	LISTS Para obtener todas las listas de mundo mantenidas por programas Listserv: LISTS GLOBAL Para buscar las listas con determinada palabra en su descripción: LISTS GLOBAL /*palabra*
Mailbase	LISTS
Mailserv	DIRECTORY/LIST
Majordomo	LISTS

· Obtener una lista de los archivos donde se guardan los mensajes antiguos (no todas las listas los guardan)	
Listproc	INDEX *lista*
Listserv	INDEX *lista*
Mailbase	INDEX *lista*
Mailserv	INDEX *lista*
Majordomo	INDEX *lista*
· Pedir un archivo	
Listproc	GET *lista archivo*
Listserv	GET *archivo tipo lista* F=MAIL
Mailbase	SEND *lista archivo*
Mailserv	SEND *lista archivo*
Majordomo	GET *lista archivo*
· Buscar una palabra en los archivos	
Listproc	SEARCH *lista "palabras"*. Se pueden hacer búsquedas complejas usando "&" (y), "l" (o) y "~" (no)
Listserv	Usa un complejo y poderoso lenguaje de búsqueda. Para pedir detalles, enviar el mensaje GET LISTDB MEMO F=MAIL a listserv@uminn1.bitnet
Mailbase	Los archivos de las listas Mailbase se buscan mediante su servidor Gopher: gopher://gophermailbase.ac.uk
Mailserv	no disponible
Majordomo	no disponible

Suscríbase a todas las listas que quiera. Si se arrepiente, luego se puede borrar; es la manera más rápida de familiarizarse con el correo electrónico y conocer gente por Internet. ¿Dije la más rápida? Bueno, en realidad, la más rápida es el chat, que veremos en el capítulo que viene...

MENSAJE DE BIENVENIDA

Cuando nos suscribimos a una lista, ésta nos manda un mensaje de bienvenida. Guárdelo bien, porque ahí nos suelen enviar el manual de instrucciones para la lista.

EN EL CD

Test de autoevaluación

Teleconferencias

Las teleconferencias son una manera totalmente nueva y fascinante de relacionarse. La sensación de seguridad que dan la distancia y el anonimato hace que las inhibiciones de la "vida real" desaparezcan y hasta el más tímido se convierta en fogoso conversador.

Capítulo 12

Las **teleconferencias** (nombre técnico: **IRC** –Internet Relay Chat–, nombre vulgar: "el **chat**") son un servicio de Internet que permite **intercambiar mensajes escritos** entre los participantes. Pero, a diferencia del correo electrónico, estos mensajes son **en tiempo real** (en vivo): usted escribe una línea de texto y, en el momento en que pulsó la tecla Enter, la línea aparece en las computadoras de toda la gente que esté **chateando** (conversando por escrito) con usted.

En el correo electrónico usted envía un mensaje que **queda almacenado** hasta que el otro lo lee. Los participantes de una teleconferencia, por el contrario, deben estar en ese mismo momento todos sentados frente a sus respectivas computadoras para participar de la misma.

Las teleconferencias son una especie de café electrónico, un lugar donde la gente se junta a charlar. Hay muchos cafés virtuales distintos en Internet: los **servidores de chat**. Dentro del café, cada una de las mesas se llama **salón** o **canal** (***room*** o ***channel***).

Y como en una verdadera mesa de café, además de decir algo en voz alta para todos los presentes (**mensaje público**), podemos susurrar algo al oído de alguien (**mensaje privado**).

Siguiendo con la metáfora, cuando en la mesa hay demasiada gente, la conversación se pone caótica, ¡no se entiende nada! En ese caso, sólo tenemos que invitar a nuestros íntimos a sentarnos a otra mesa, esto es, abrir un **nuevo salón**. Nosotros podemos leer solamente los mensajes que se envían dentro del salón en el que estamos (sólo podemos escuchar la conversación de nuestra mesa), aunque si usted lo desea, puede chatear en varios salones al mismo tiempo.

El ambiente de las teleconferencias es el de un bullicioso bar de moda. Entramos, saludamos a los conocidos, conocemos gente nueva y (antes de que pregunten)... ¡hay levante! Sí, no es raro conocer una señorita (o un señor) de algún remoto país, y al rato estar en una conversación privada de lo más caliente. Aunque hay una pregunta que nadie se quiere hacer: ¿habrá realmente una chica del otro lado?

Tampoco es raro, si uno vive en la misma ciudad, encontrarse luego en persona. Sí, ya sé, ¡uno se puede

DEFINICIONES

SERVIDORES DE CHAT

Como todos los servicios en Internet, para entrar en un chat nos tenemos que contactar con un servidor de chat, una computadora a la que se conectan todos los que quieren participar en la teleconferencia.

llevar cada sorpresa! Sólo les puedo contar que mi experiencia fue siempre positiva: todas las chicas que conocí por computadora, con las cuales después me encontré en persona, resultaron ser lindas (claro que en todos los casos había enviado antes el clásico mensaje: *"¿Cómo sos físicamente?")*.

Las teleconferencias son un verdadero fenómeno social, una nueva manera de comunicarse, con características únicas. Es un contacto extraño, en el que no existen las inhibiciones del contacto cara a cara. La persona más tímida aquí se convierte en fogoso conversador. La desinhibición y sensación de seguridad que da este medio nos permite entrar rápidamente en confianza. Podemos escuchar las más íntimas confesiones de una persona desconocida a los pocos minutos de conocerla.

Les voy a contar la historia de mi amigo el Gordo. Pesa más de 100 kg y se está por casar con una chica que conoció en teleconferencia. Creo que si ellos se hubieran conocido en una discoteca, la chica seguramente habría dicho: *"Este tipo es muy gordo, no me interesa"*. Pero se conocieron en teleconferencia, que es una manera muy espiritual de relacionarse: uno no se ve las caras, no se escucha las voces, sólo conoce del otro sus ideas, sus sentimientos... Es como volver a los romances por carta del siglo pasado. En fin, cuando tiempo después el Gordo y esta chica se encontraron en persona, la chica lo habrá visto y habrá dicho: *"Y...la verdad es que es medio gordo, pero yo ya estoy enganchada, el tipo me gusta"*. Así se conocieron, saltando por encima de condicionamientos y prejuicios que uno tiene en la "vida real".

Ya muchos estarán protestando: *¡Esto es inhumano, relacionarse con la gente a través de una computadora!* Nadie dice que esto reemplace el contacto cara a cara; pero hay que admitir al menos una gran ventaja del chat sobre "la vida real": **nos libera de la tiranía de las distancias**. Con sólo prender la computadora, nuestra habitación se llena de amigos de todas partes del mundo: uno en España, otro en México y el tercero en Australia, todos charlando amigablemente. ¡Esto no es posible cara a cara!

Por otro lado, creo que las teleconferencias son realmente terapéuticas para la gente excesivamente tímida, como los típicos *nerds* (aparatos) que vivimos encerrados en nuestro cuarto con la PC. Las teleconferencias pueden ser un primer paso revolucionario para sociabilizarnos, antes de animarnos a salir a la calle. Creo que habría que instalar Internet en las cárceles para que los presos pudieran comenzar a integrarse en la sociedad sin que ésta se sintiera amenazada.

¿Ya están todos tan entusiasmados como yo? Bueno, vamos a los papeles.

Microsoft Chat

ES GRATIS
Las teleconferencias, como todos los servicios de Internet, son gratis (sólo tiene que pagar por el acceso a Internet, claro). Miles de servidores públicos en todo el mundo permiten a la gente conectarse libremente.

Aparte de nuestra conexión Internet, todo lo que vamos a necesitar para entrar en una teleconferencia es un programa para hacer chat. Su nombre técnico, por si quieren saberlo, es **cliente IRC**. Y tengo buenas noticias para darles: Windows 98 ya viene con un programa de chat incluido: **Microsoft Chat 2.1**. De todos modos, pueden encontrar MS Chat 2.5 en el CD-ROM que acompaña este libro.

Hay otros programas muy populares para chatear, como mIRC y Pirch, que ofrecen más posibilidades, pero en este libro explicaré MS Chat por tres ventajas sobre los otros: viene incluido con Windows 98, está en español y es muy sencillo. MS Chat, por otro lado, es el único programa que permite chatear dentro de una historieta, cada uno de los que chatea es representado por un personaje, y lo que usted tipea aparece en un globito.

EN EL CD

Programas de chat
MS Chat 2.5
Mirc 5.4
pirch98

VER ➡ OPCIONES

Siempre que esté aprendiendo a utilizar un programa, investigue el menú de opciones; no es tan complicado como parece y se enterará de muchos trucos. Generalmente, tiene que ir primero al menú `Ver` o `Herramientas`, para después buscar un submenú llamado `Opciones` o `Preferencias`.

Instalándolo

A pesar de que MS Chat viene en el CD-ROM original de Windows 98, en la instalación estándar del mismo, MS Chat 2.1 no se incluye. Vaya a `Inicio` ➡ `Programas` ➡ `Internet Explorer`; si no figura MS Chat es porque no lo tiene instalado.

Para instalar MS Chat 2.1 bajo Windows 98:

❶ Vaya al `Panel de control` ➡ `Agregar o quitar programas` ➡ `Instalación de Windows`. Seleccione `Comunicaciones` y haga clic en `Detalles`.

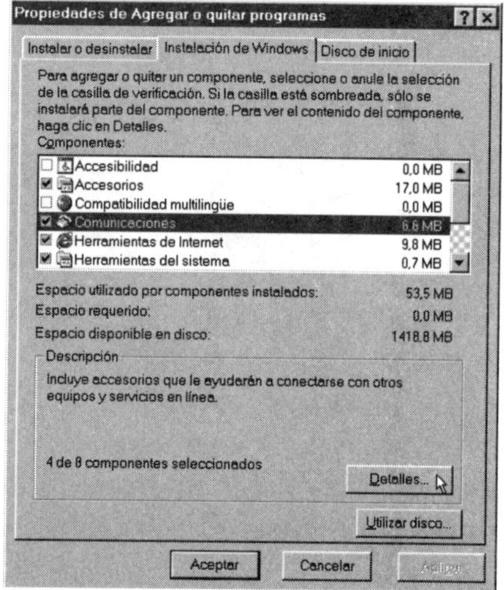

❷ Seleccione `Microsoft Chat 2.1`, inserte el CD-ROM de Windows 98 y haga `Aceptar` ➡ `Aceptar`.

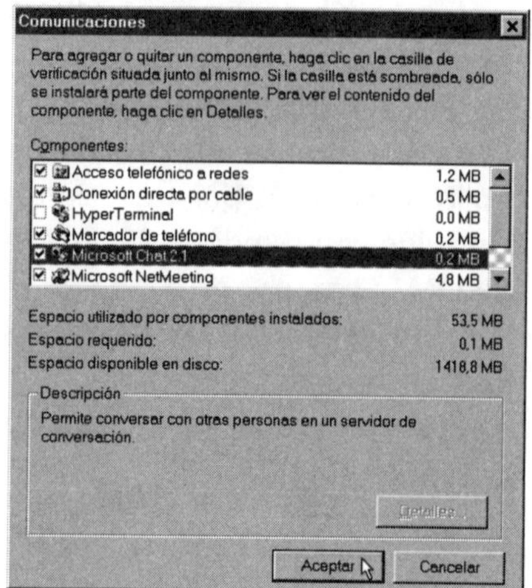

Nuestra primera sesión de chat — PASO A PASO

1 Vamos a `Inicio` ➡ `Programas` ➡ `Internet Explorer` ➡ `Microsoft Chat`. Nos aparecerá la siguiente pantalla. El programa nos sugiere conectarnos al servidor de Microsoft (`mschat.msn.com`) y a un salón en español (`#Español_Chat`). Esto, por ahora, no lo vamos a cambiar, pero antes de conectarnos, por ser la primera vez, debemos ir a la pestaña `Información personal` para completar nuestros datos.

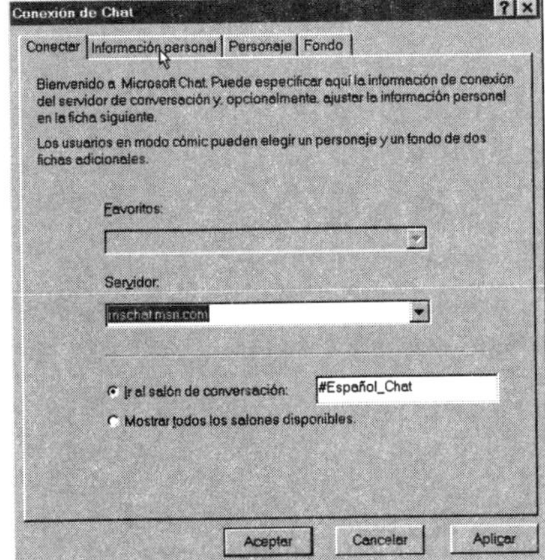

2 En esta pantalla debe introducir la información sobre usted para que los demás lo conozcan. Deberá elegir un sobrenombre (en inglés *nick*, abreviatura de *nickname*), por el cual lo conocerán los otros participantes del chat. No deje vacíos los campos **Nombre real** y **Dirección electrónica**, porque muchos servidores no le permitirán entrar (si quiere mantener su anonimato, puede inventar un poco). A continuación, haga clic en **Personaje**.

3 Aquí tiene que elegir el personaje que lo representará cuando esté en modo cómic. Haciendo clic en las caritas de abajo, puede ver sus diferentes expresiones. Ahora sí, configurada su información personal y su personaje, haga clic en **Aceptar** para entrar al servidor de chat.

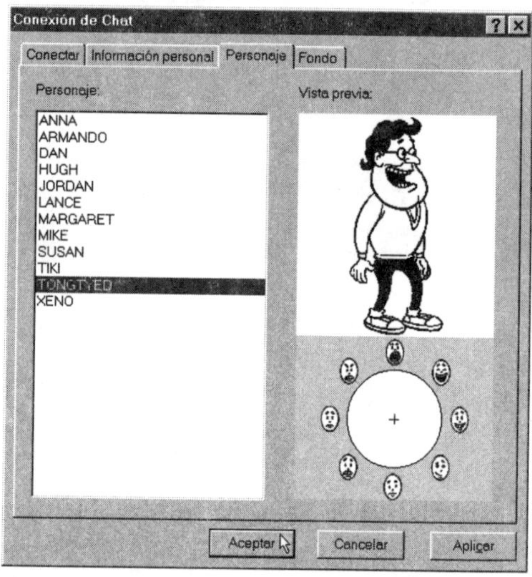

Conectándose manualmente

Si su PC está correctamente configurada, cuando cualquier programa (como MS Chat) necesita acceder a Internet, Windows llama automáticamente al proveedor. Si no lo hace, para conectarse a Internet debe ir a Mi PC ➡ Acceso telefónico a redes, *hacer doble clic en su proveedor Internet y clic en* Aceptar.

4 Si todo anda bien, su PC llamará a su proveedor Internet, y unos instantes después de establecida la conexión, aparecerá el mensaje de bienvenida, indicando que se conectó exitosamente al servidor de chat. Fíjese con atención: ¡hay 6.618 usuarios y 2.297 canales en este servidor de Microsoft!

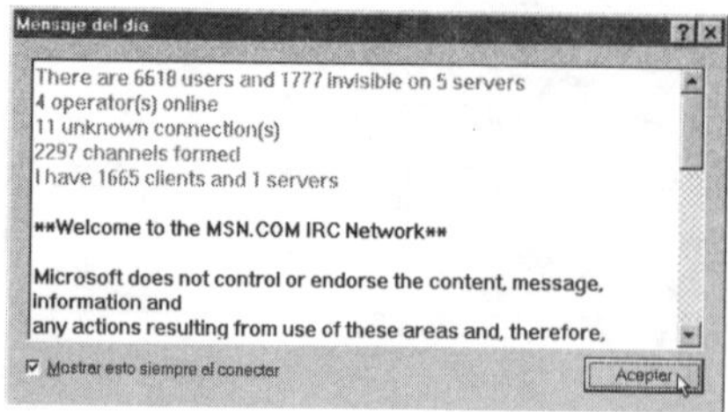

5 ¡Y aquí estamos!

Microsoft Chat en modo cómic

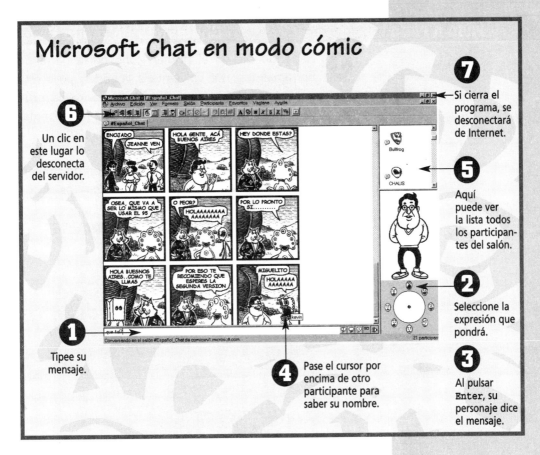

1 Tipee su mensaje.

2 Seleccione la expresión que pondrá.

3 Al pulsar `Enter`, su personaje dice el mensaje.

4 Pase el cursor por encima de otro participante para saber su nombre.

5 Aquí puede ver la lista todos los participantes del salón.

6 Un clic en este lugar lo desconecta del servidor.

7 Si cierra el programa, se desconectará de Internet.

Nuestra segunda sesión

Ya sé, posiblemente no pudo mantener una conversación decente, no pudo entender bien quién era quién y terminó con dolor de cabeza. Tranquilo, ya sabe que la primera vez nunca es la mejor. El chat tiene sus códigos y secretos, que sólo la práctica le enseñará. La práctica... ¡y este libro!

El primer problema es que entramos en un servidor internacional, con demasiada gente y, para hacerlo más difícil, extranjera. Vamos a ingresar en **un servidor nacional y en un salón con menos gente**.

El segundo problema es que este invento de Microsoft de conversar como si fuera una historieta es muy lindo, pero no se entiende nada (por eso los chateros viejos no lo usan), así que, a partir de ahora, vamos a hablar en **modo texto**.

EXPRESIONES AUTOMÁTICAS

En modo cómic, puede seleccionar la expresión de su personaje; pero si dice `Hola`, `Hehe`, incluye `!` o `?` en lo que dice, la expresión cambiará acorde.

PASO A PASO — Chateando en modo texto

1. Haciendo clic en el primer ícono de la barra de herramientas, nos volvemos a conectar, pero esta vez introducimos como servidor `conectados.ciudad.com.ar`; éste es el servidor de chat más popular de la Argentina (es de Clarín, quévacer).

2. En lugar de ir directamente a un salón de conversación, hacemos clic en **Mostrar todos los salones disponibles.**

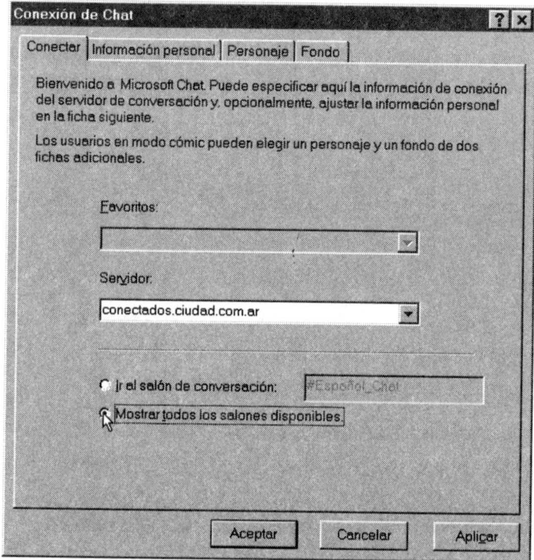

3. Como podemos ver, éste es un servidor con 10 veces menos cantidad de gente que el anterior, con 557 usuarios y 130 canales.

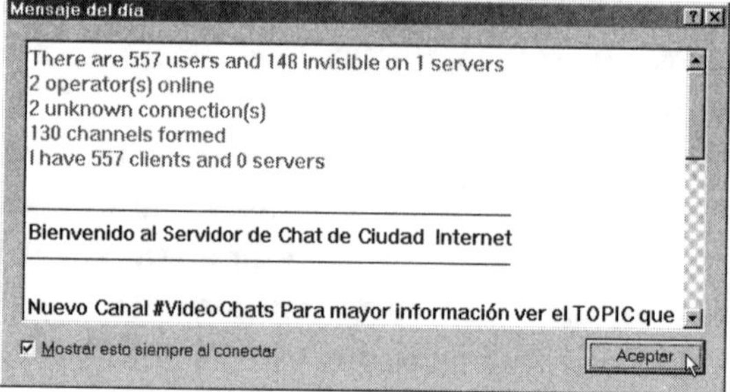

4. Aparece en pantalla la lista de salones. Haga un par de clics en el cartel `Participantes` para que los salones se ordenen por cantidad de concurrentes.

Para empezar, le recomiendo elegir un salón con pocos asistentes, no más de 20. Pero como para este ejemplo estamos buscando un poco de acción, entremos en un salón con 40 personas, `GenX`, donde suelen reunirse treintañeros. Seleccionamos, entonces, el salón y hacemos clic en `Ir a`.

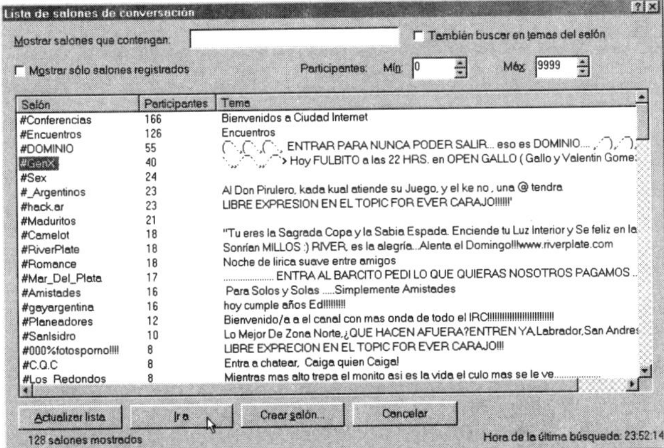

5 ¡Aquí estamos!

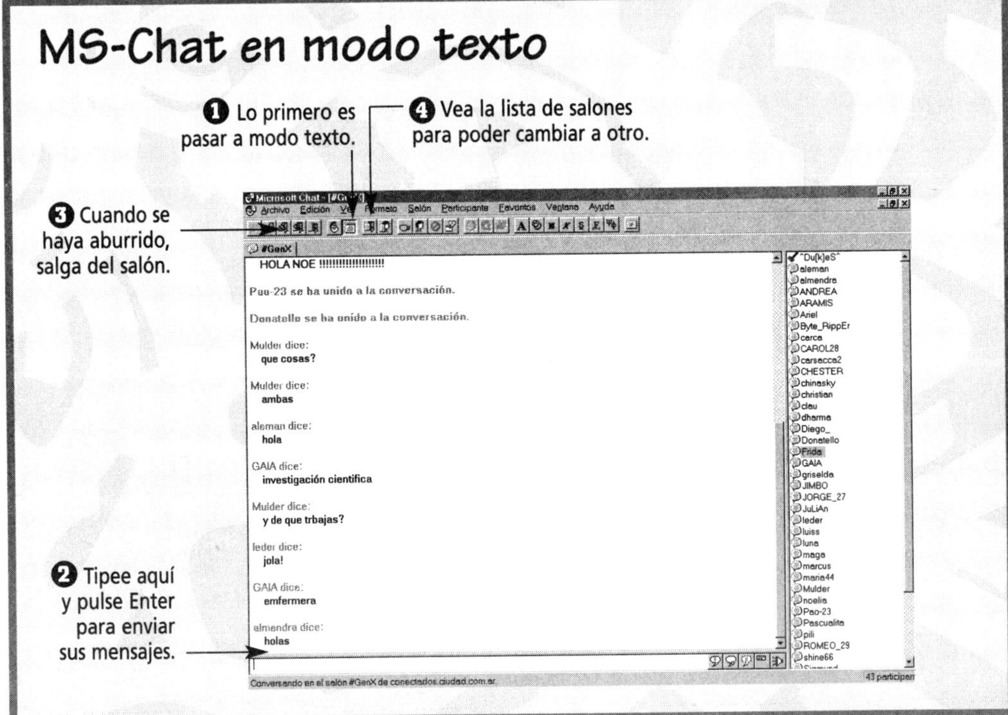

La tercera es la vencida

La cosa mejoró mucho, pero vamos a cambiar algunas opciones para hacer más cómodo el uso de MS Chat.

1 Pulse **Ctrl+Q** para ir a las opciones de Microsoft Chat. Vaya a la pestaña `Vista de texto` y seleccione las opciones como le muestro para aprovechar mejor la pantalla.

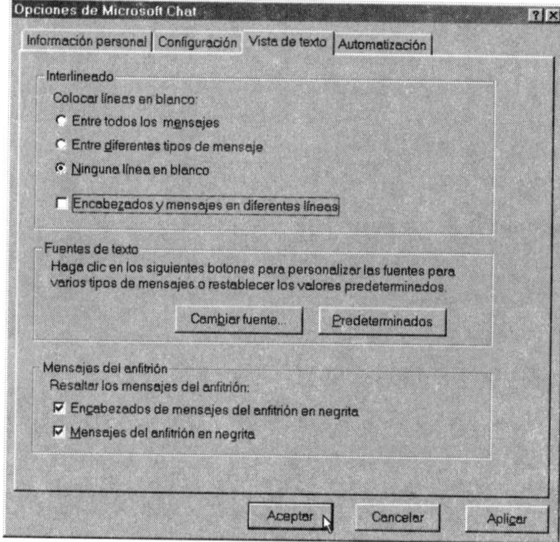

2 Vaya a la pestaña `Configuración` y desmarque el casillero `Mostrar llegadas y salidas`, para evitar que el sistema llene la pantalla de mensajes.

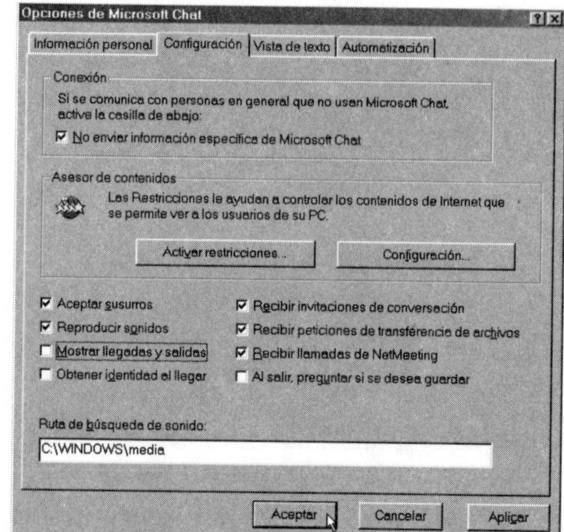

Ahora que tiene configurado el programa como a mí me gusta, vamos a dar una rápida referencia de todos sus elementos.

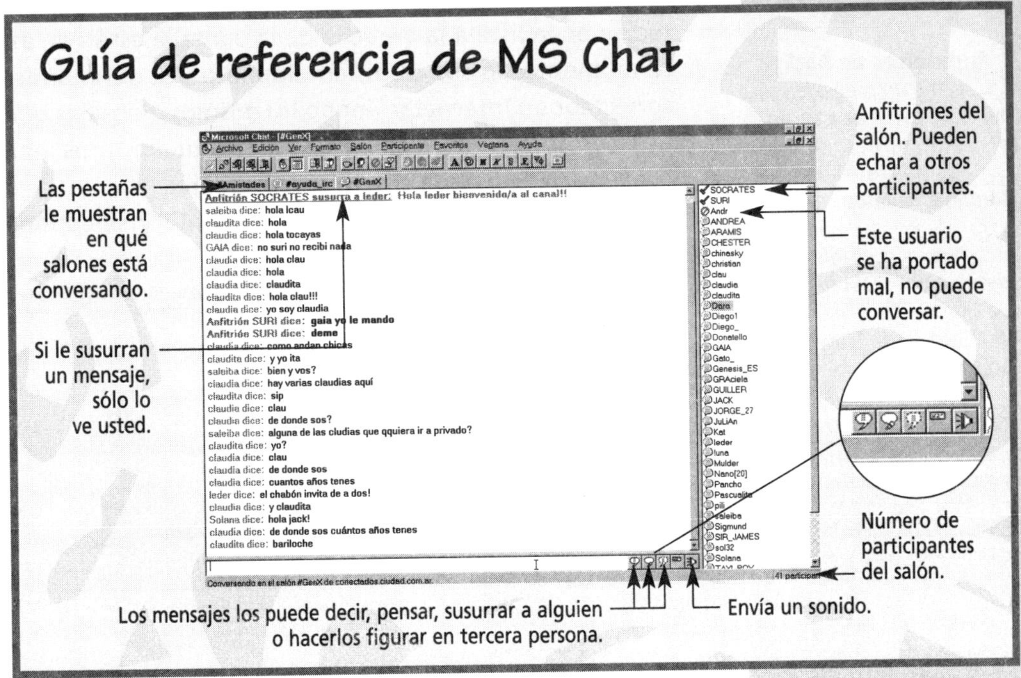

Aprendices de hacker

Si recibe un mensaje como éste, conteste que no. Es un niño travieso tratando de meterse en su máquina. Tampoco acepte la transferencia de ningún programa ejecutable (que termine en .COM o .EXE), ya que puede tratarse de un "Caballo de Troya", un programita que se instala en su máquina y le permite al niño travieso controlar su PC.

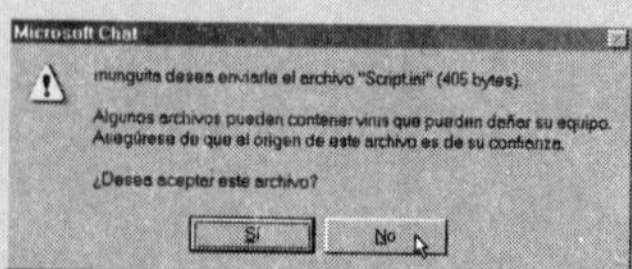

Conversaciones privadas

Por si no quedó claro: todos los participantes que usted ve en la lista a la derecha de la pantalla están en este momento en sus casas, en alguna parte del mundo, conectados a Internet y viendo los mismos mensajes que usted. Ahora, supongamos que usted quiere tener una conversación privada con un participante:

❶ Haga clic derecho sobre el asistente y seleccione `Caja de susurros`.

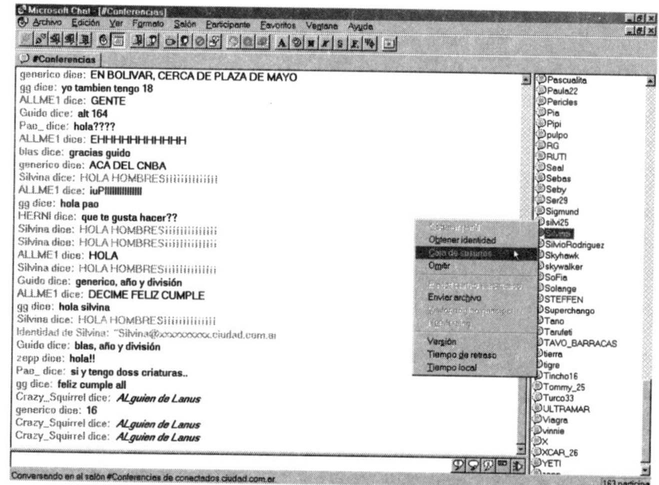

❷ Se abrirá una pantalla en la que usted puede tener una conversación privada. Puede mantener todas las conversaciones privadas que quiera al mismo tiempo y, si es capaz, también seguir conversando en el salón público.

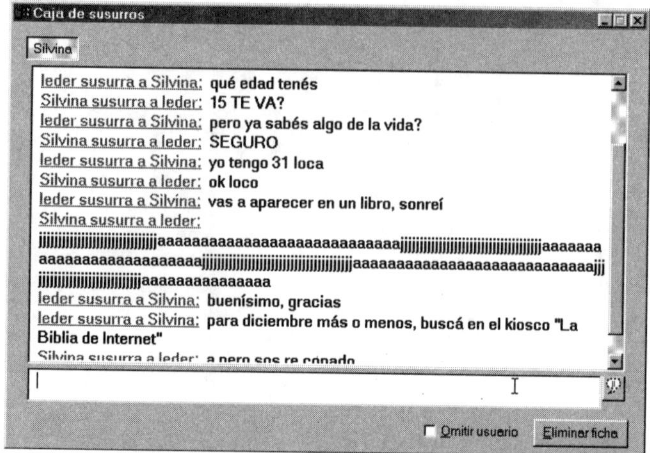

Algunos servidores

Por si no quedó claro, para chatear, usted debe elegir:

❶ Servidor de chat al que se conectará.

❷ Canal (también llamado ***channel***, **salón** o ***room***) al que entrará dentro de ese servidor.

❸ Sobrenombre (***nick*** o ***nickname***) que usará. Si alguien más lo está usando, deberá elegir otro.

❹ En muchos servidores es obligatorio, para poder entrar, tener el nombre real y la dirección electrónica completos.

Los nombres de los canales empiezan siempre con el símbolo #.

Acá va una lista de servidores y canales de onda para que pruebe. Para que vea el estilo de cada uno, le muestro la lista de los canales de cada uno un miércoles a las 20, ordenados por cantidad de participantes.

Clarín

Hay siete canales fijos, y no se permite crear nuevos; por eso, los que hay están demasiado poblados. El ambiente es adolescente e inofensivo. En el canal #conferencias, Clarín organiza chats con famosos. **chat.clarin.com**.

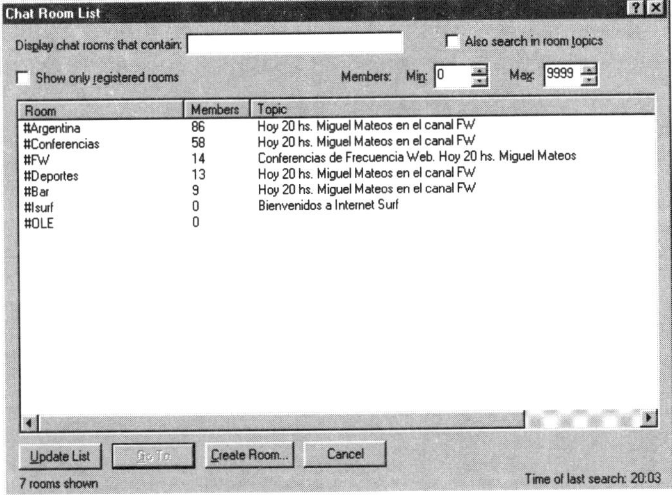

Room	Members	Topic
#Argentina	86	Hoy 20 hs. Miguel Mateos en el canal FW
#Conferencias	58	Hoy 20 hs. Miguel Mateos en el canal FW
#FW	14	Conferencias de Frecuencia Web. Hoy 20 hs. Miguel Mateos
#Deportes	13	Hoy 20 hs. Miguel Mateos en el canal FW
#Bar	9	Hoy 20 hs. Miguel Mateos en el canal FW
#Isurf	0	Bienvenidos a Internet Surf
#OLE	0	

ROBOTS

Usted no puede saber si el participante con el que habla es varón o mujer. ¡Pero tampoco puede saber si es humano! Hay programas (llamados *bots*) diseñados para interactuar con otros usuarios y enviarles mensajes automáticos.

Protección al menor
Si un chico entra al chat, en muchos canales se verá expuesto a lenguaje vulgar y contenido sexual fuerte. Si lo quiere hacer hombre de golpe, todo bien, pero si quiere protegerlo, haga que el chico entre al chat con usted al lado, y elija de antemano un canal moderado.

Ciudad Internet

El más poblado del país, porque es el servidor de chat del proveedor Ciudad Internet (también de Clarín), y porque permite, además, acceso desde la Web (**www-.clarin.com.ar**). A partir de las 20 empieza la hora pico, con unos 500 usuarios, mayoritariamente de la Argentina. En el canal #GenX, para mayores de 25 años, se puede intentar una conversación decente con no mucha gente. **conectados.ciudad.com.ar**.

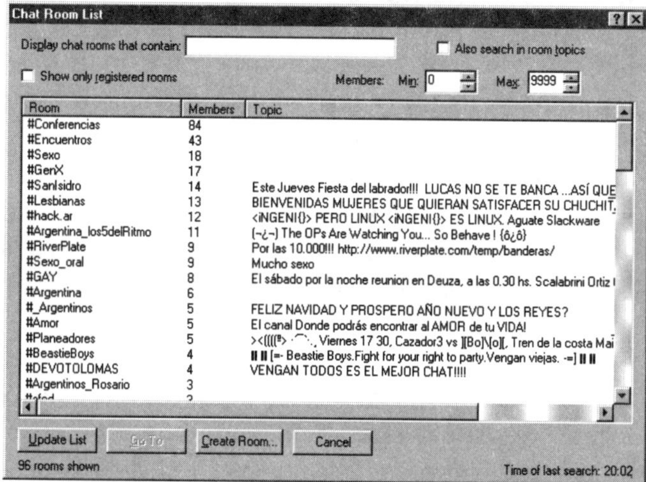

Interserver

Pequeño y tranquilo servidor nacional. El único canal poblado es el pionero #Amigos_Para_Siempre, donde mantienen una conversación amigable unos 30 usuarios. **chat.interserver.com.ar**.

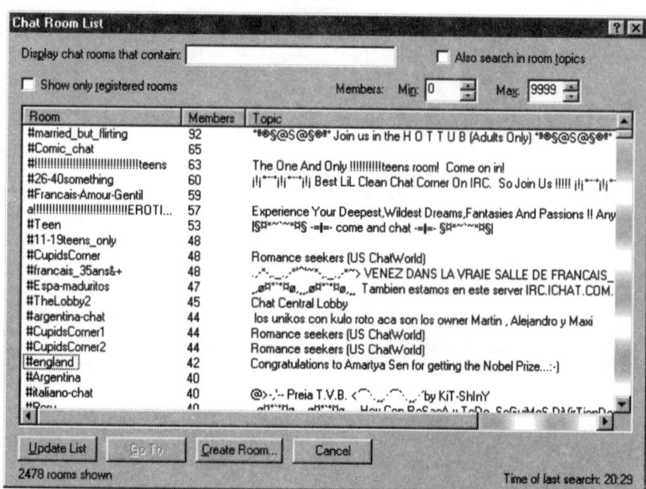

Dalnet

Gigantesca red internacional de servidores. La cantidad de usuarios puede estar entre 10.000 y 20.000, y la de canales formados, en 5.000. Hay canales de todos los países del mundo y de todas las perversiones sexuales imaginables (en distintos idiomas). El canal #Argentina es popular entre los argentinos que viven en el exterior. **irc.dal.net**.

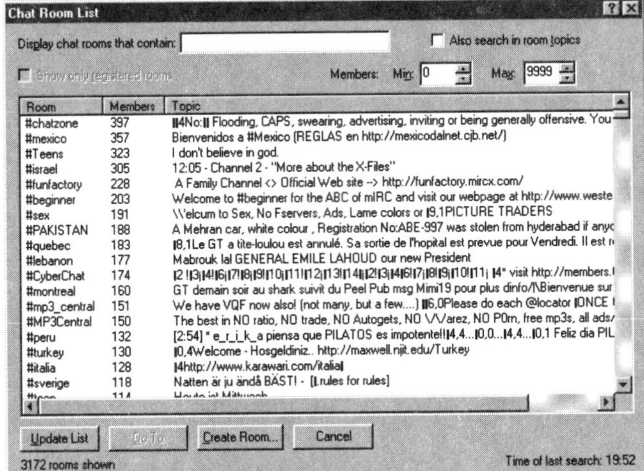

Undernet

Similar a Dalnet, más descontrolado aun. Muchos canales mantenidos y atendidos por robots, que permiten intercambiar imágenes pornográficas (son los canales que tienen caracteres raros en su nombre). **us.undernet.org**

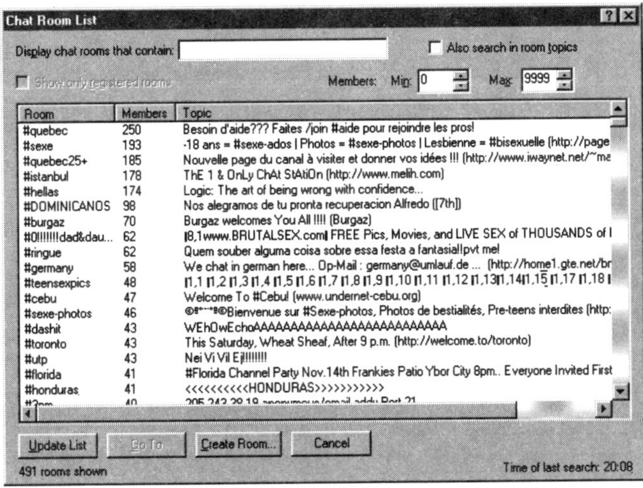

REDES DE SERVIDORES

Muchos servidores de chat se conectan entre sí formando redes de varias decenas de servidores. Así, podemos conversar con alguien, aunque esté conectado a otro servidor, mientras pertenezca a la misma red que el nuestro. ¡Estas redes pueden tener 20.000 usuarios conectados al mismo tiempo! Algunas de las redes más populares de IRC son Undernet (us.undernet.org) y Dalnet (irc.dal.net). Si se conecta a distintos servidores que pertenecen a la misma red, verá los mismos canales y a la misma gente. Es como una gigantesca fiesta con muchas entradas distintas.

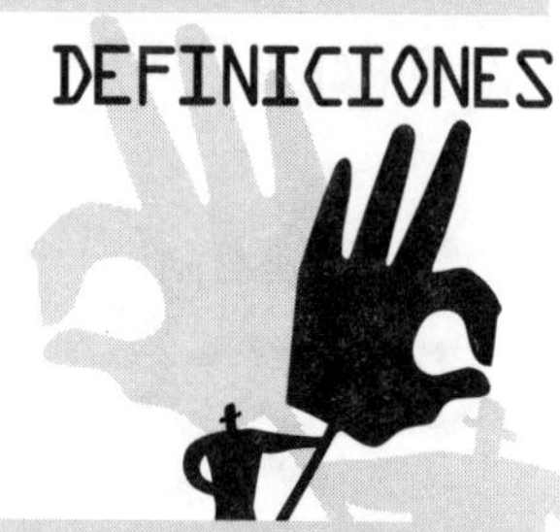

ANFITRIÓN DE UN SALÓN
También llamado "operador del canal" o "host". Es un participante que tiene privilegios especiales, como poder echar a otros. Cuando usted crea un salón nuevo, pasa a ser su operador. Un operador puede nombrar a otro para que desempeñe el mismo cargo (puede haber varios en un canal). Hay varios niveles de operador. El *owner* ("dueño") de un canal tiene más poderes que el *host*. El *sysop* es el todopoderoso operador general del servidor.

Microsoft

Esta red de servidores es la única en la que la mayoría de los usuarios utiliza el modo Cómic del MS Chat. Como en todos los servidores internacionales, busque el canal #Argentina o #Español para conversar en nuestro idioma. **mschat.msn.net**.

Emoticones

Un problema con la conversación escrita es que es algo fría e inexpresiva, no escuchamos la voz y la entonación del otro como en el teléfono; ni siquiera podemos ver su letra, como en las cartas comunes. La gente empezó a utilizar, entonces, los **emoticones** (*smileys*), unos signos que forman caritas, para darles un poco de calidez a los fríos mensajes electrónicos. Con el uso, se convirtieron en la manera aceptada de transmitir emociones electrónicamente. Acá van algunos de los más usados. Para leerlos, coloque este libro de costado.

:)	¡Te sonrío!
:(	Estoy triste
:o	¡Ohhh! ¡Sorpresa!
>:(	Me enojé
8-)	Soy un anteojudo
:-b	Te saco la lengua
:-*	¡Besito!
;)	Guiño cómplice
:)-3	Una chica bien provista
:{	Un bigotudo
:)>	Un barbudo

Diccionario del chat avanzado

Ban: mediante esta acción se impide la entrada de un usuario a un canal. Sólo pueden "banear" (y levantar los bans) aquellos que son op (operadores).

Bot: programa (robot) empleado normalmente para mantener un canal. Puede realizar tareas programadas como, por ejemplo, dar op a gente que ha registrado un canal, mostrar mensajes de bienvenida, etc., pero, lógicamente, no puede mantener conversaciones.

Bug: error de programación o compilación en un software.

Caerse: término empleado cuando alguien se desconecta del servidor de forma involuntaria.

Clon: como la palabra indica, es una copia de un usuario, pero con un *nick* distinto. Se pueden llegar a cambiar todos los datos del clon, excepto el IP (dirección de una PC conectada a Internet). La forma de crear clones es abrir distintas sesiones de IRC. Pero tengan cuidado, porque algunos bots los "kickearán" del canal en el que introduzcan clones, o peor, les mandarán un *kline*.

Flood: (inundar) enviar muchos mensajes seguidos. La mayoría de los servidores echa automáticamente al usuario por *"excess flood"*.

Kick: (patear) expulsar a algún usuario de un canal. Sólo pueden "kickear" los ops.

Kline: impide la entrada de un usuario (identificándolo por su IP) en el servidor. Si éste es su caso, tendrá que cortar y volver a llamar a su proveedor para que se le asigne un nuevo IP.

Lag: retardo que sufre la información debido a la saturación del servidor. Podemos ver la cantidad de *lag* de un usuario enviándole un *ping*.

Lamer: insulto que describe a alguien que no sabe mucho y quiere aparentar.

Massban: banear a todos los usuarios de un canal.

Massdeop: quitar el op a todos los usuarios de un canal. Hay que ser op para hacerlo.

Masskick: kickear a todos los usuarios de un canal.

Netsplit: ocurre cuando un determinado servidor, por cualquier circunstancia, se separa del resto de la red.

Netjoin: tras el *netsplit* viene esta acción. El servidor separado se une de nuevo a la red.

Nick: alias o apodo de un usuario en el IRC.

SALUDOS AUTOMÁTICOS

Los *scripts* son programitas que realizan tareas automáticas. Por ejemplo, se usan para saludar automáticamente a cada persona que entra al canal. Para configurar saludos automáticos en MS Chat, vaya a `Ver` ➡ `Opciones` ➡ `Automatización`. ¡Pero un saludo automático no es un saludo!

Nuke: ataque a un usuario con programas especiales para hacer que se le cuelgue la conexión Internet. Algunos programas vienen con protección *antinuke*.

Op: (operador) es el que tiene una '@' al lado de su nombre (un martillo en MS Chat). Tiene el control absoluto del canal.

Script: pequeños programas interpretados por algunos programas de chat para realizar ciertas acciones automáticamente.

Lista de comandos IRC

En su origen, los programas de chat no eran gráficos; las distintas acciones se realizaban con comandos escritos, en lugar de los bonitos íconos que tienen programas como Microsoft Chat. No es necesario conocer estos comandos para las operaciones básicas en IRC, pero le permitirán realizar algunos truquitos que dejarán con la boca abierta a sus compañeros de salón. Para utilizarlos, tenga en cuenta lo siguiente:

- Los comandos de IRC comienzan con barra **/**. Todo lo que no empiece con / se lo interpreta como un mensaje, y se enviará al canal en el que está.
- Algunos comandos sólo los puede ejecutar un **operador**.
- Muchos comandos no son soportados por Microsoft Chat; tendrá que usarlos desde otro programa de IRC, como mIRC.
- Los parámetros entre corchetes son [totalmente] opcionales.
- Lo que está en *itálica* debe reemplazarse por el parámetro deseado, lo demás debe tipearse tal como figura.
- Cuando hay dos opciones separadas por "I", debe elegir una de ellas.

Para los usuarios más pretenciosos, entonces, acá va una lista de comandos IRC.

DATOS ÚTILES

CONVERSACIONES SIMULTÁNEAS

Cuando tenga varias ventanas abiertas en MS Chat, preste atención a la barra de tareas. Una caja azul y un sonido le indican que alguien envió un mensaje en alguna ventana que usted no está mirando.

LISTA DE COMANDOS IRC

Comando	Función	Ejemplo
/describe *usuario acción*	Envía al canal una frase en tercera persona sobre otro usuario (no aparece como enviado por nosotros).	/describe Cacho se saca un moco. Aparecerá: `Cacho se saca un moco`
/ignore *usuario all/msg/invite/none*	No recibimos más los mensajes de un usuario molesto.	/ignore ganso msg
/invite *usuario #canal*	Invita a otro usuario al canal.	/invite #noche
/join *#canal*	Entrar al canal.	/join #espanol
/kick *#canal usuario*	Echa al usuario del canal (sólo para operadores).	/kick #Argentina Gallina
/list [*#texto*] [-min *número*] [-max *número*]	Lista los canales disponibles. Se puede pedir sólo los que tengan cierto texto y/o un mínimo o máximo de gente.	/list #sex -max 4 /list -min 5 -max 15
/me	Envía al canal un mensaje en tercera persona sobre nosotros (*Action*).	/ME se rasca el ombligo. Los demás leerán: `Miguelito se rasca el ombligo`
/mode #canal/usuario +/-*modo parám.*	Poderoso comando sólo para operadores que cambia las propiedades de un canal o usuario.	Véase tabla más abajo
/msg *usuario mensaje*	Envía un mensaje privado al usuario.	/msg Bichi Hola corazón
/nick *nombre*	Cambia nuestro nombre. No funciona en irc.quarterdeck.com.	/nick ElZorro
/part [*#canal*]	Dejar un canal.	/part #espanol
/query usuario	Abre una charla privada con el usuario en una ventana aparte.	/query adriana
/quit *razón*	Nos desconecta de IRC y envía un mensaje opcional al canal.	/quit #pelmazos
/topic *#canal tópico*	Cambia el tópico del canal.	/topic #Argentina ¡Che! ¿No hay argentinos por acá?

COMANDOS MODE (SÓLO PARA OPERADORES)

Acción que realiza	Comando	Ejemplo
Prohibe la entrada de un usuario al canal.	/mode #*canal* +b *usuario*	/mode #Futbol +b gallina
Lo deja entrar de nuevo.	/mode #*canal* -b *usuario*	/mode #Futbol -b gallina
Sólo se puede entrar al canal con invitación del operador.	/mode #*canal* +i	/mode #Intimo +i
El canal sólo permite un número máximo de usuarios.	/mode #*canal* +l *número*	/mode #tranquis +l 5
El canal es moderado, sólo pueden hablar los operadores.	/mode #*canal* +m	/mode #politica +m
No recibir mensajes (/msg) desde fuera del canal.	mode #*canal* +n	mode #loscortados +n
Convierte a otro usuario en operador del canal.	mode #*canal* +o *usuario*	mode #charla +o conde
Le quita a un operador su rango.	mode #*canal* -o *usuario*	mode #charla -o conde
El canal es privado: no figura en la lista de canales.	mode #*canal* +p	mode #franela +p
El canal es secreto: no figuran ni el canal ni los usuarios que están adentro.	mode #*canal* +s	mode #paranoicos +s
El tópico del canal es moderado, sólo los operadores lo pueden cambiar.	mode #*canal* +t	mode #argentina +t
Nos hacemos invisibles.	mode *usuario* +i	mode Miguelito +i
Le da voz a un usuario en un canal moderado.	mode *usuario* +v	mode cacho +v

Chat en la Web

¿Quiere chatear, pero no quiere complicarse instalando y aprendiendo un nuevo programa? No se haga problema. Como ocurre con otros servicios de Internet (como el correo electrónico y los grupos de noticias), también se puede entrar en teleconferencias desde la Web con Internet Explorer, sin necesidad de utilizar un programa aparte. Para encontrar sitios en los cuales se chatee en español desde la Web, puede ir a Yahoo! en español (**espanol.yahoo.com**), y buscar `chat`.

El servidor de chat de Clarín es un caso interesante, porque permite conectarse de las dos maneras: desde la Web o con un programa de chat, indistintamente. Entre en **www.clarin.com** y busque las teleconferencias. Al conectarse a la página para chatear, Internet Explorer pasará a comportarse como un programa de teleconferencias rudimentario, sin las posibilidades avanzadas de un programa específico, pero perfectamente funcional. A pesar de sus limitaciones, es mucha la gente que entra a chatear desde la Web, por su facilidad de uso. Aquí, un ejemplo del popular sitio argentino de webchat: **www.elsitio.com.ar**.

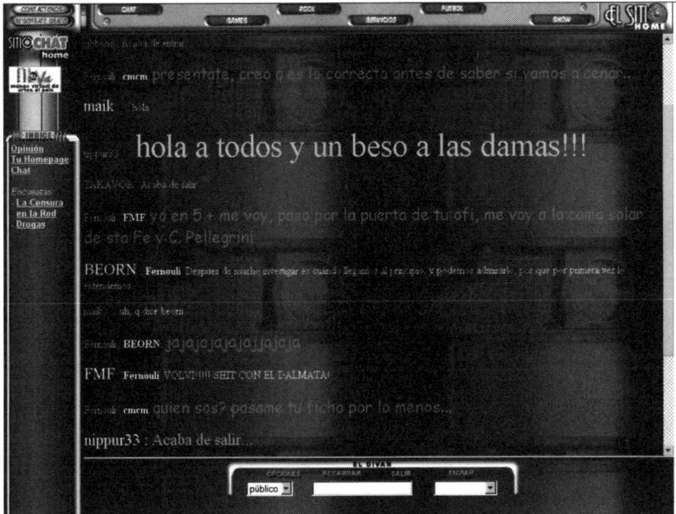

ICQ

Este programa es tan popular que se lo puede definir como un servicio más de Internet. La idea es ésta: si usted quiere encontrarse para chatear con alguien, el procedimiento puede ser bastante complicado; debe enviarle un e-mail y quedar en una hora, un servidor y un canal donde encontrarse. Lo mismo sucede si uno quiere entablar una conversación con un programa como Netmeeting. ICQ es un programa que le permite saber al instante quiénes de sus amigos están conectados y con ICQ prendido.

Cuando usted instala el programa por primera vez, se le asigna un número de usuario, y puede buscar (por

SÓLO PARA GENIOS

¿QUÉ PROGRAMA USA LA GENTE?

¿Quiere saber qué programa utiliza alguien conectado al chat? En MS Chat, haga clic derecho sobre su nombre y seleccione `Versión`. Si no responde nada, es porque entró a chatear desde la Web.

EN EL CD

Un curso completo de ICQ
Sección Tutoriales

Mensajería instantánea
ICQ 98
Yahoo Pager
Sección Chat

MUNDOS VIRTUALES

¿Quiere ir aun más lejos en esta idea de conectarse a distancia? Hay programas para chatear en mundos virtuales: usted no sólo ve el nombre y el mensaje del otro, ve también su avatar, es decir, su representación en el ciberespacio. Estos avatares se mueven en entornos tridimensionales, utilizando las técnicas de realidad virtual. Los más populares de estos mundos virtuales son The Palace y (tiene que probarlo, no lo va a creer) Active Worlds.

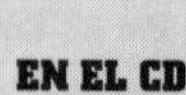

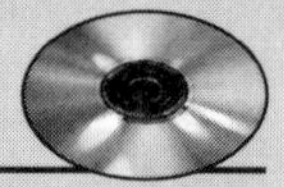

Test de autoevaluación

dirección de e-mail, por nombre, etc.) a todos sus conocidos que usen ICQ. Cada vez que usted se conecte a Internet, ICQ le mostrará cuáles de sus amigos o familiares están conectados en ese momento. Haga clic en alguno y podrá enviarle un mensaje instantáneo o un archivo, comenzar una sesión de chat, de Netmeeting u otro programa de conexión en tiempo real. El sistema es muy práctico, ya que permite comunicarse instantáneamente y con mucho menos trámite que el chat o el correo electrónico. Sólo requiere que usted tenga ICQ funcionando mientras está conectado a Internet.

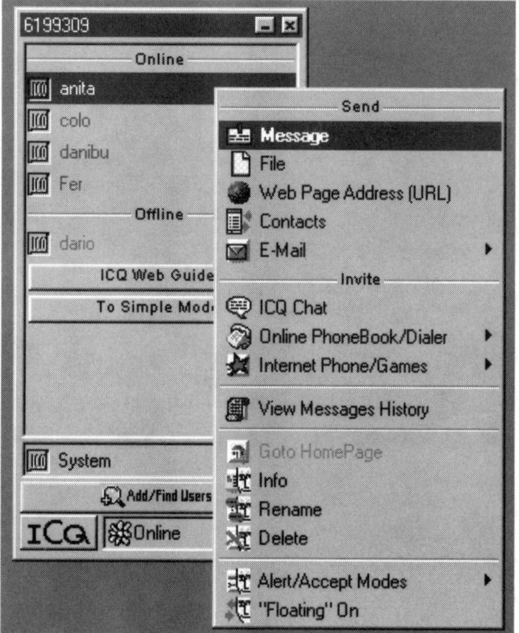

Si entró al chat, es posible que se quede trabado en este capítulo, porque las teleconferencias (para los que tienen tiempo libre) son realmente adictivas. No se reprima, quédese hasta las 4 de la mañana chateando, y en unas semanas volverá a su vida normal, o no...

página
291

Telefonía y videoconferencia

¿Está sorprendido de todo lo que se puede hacer con Internet?¡No vio nada todavía! En este capítulo usaremos Netmeeting para realizar una videoconferencia y Net2phone para llamar desde su PC a un teléfono común de cualquier parte del mundo.

Capítulo 13

Una de las características más sorprendentes de Internet es que uno puede conectarse a cualquier computadora del mundo pagando nada más que una llamada telefónica local. Pensando en esto, en febrero del 95, Vocaltec, una desconocida empresa israelí, se dijo: "¿Por qué no usar Internet para transmitir voz?" y desarrolló un programita llamado **Internet Phone** para hablar telefónicamente vía Internet, permitiendo hacer llamadas de larga distancia prácticamente gratis. El revuelo que armó fue enorme; las empresas telefónicas internacionales, viendo que se les iba de las manos un inmenso negocio, intentaron prohibir la transmisión de voz por Internet. Pero ya sabemos que es muy difícil prohibir algo en la Red. Desde entonces salieron docenas de programas similares, y la telefonía por Internet es uno de los temas calientes de la tecnología.

EN EL CD

Internet Phone 5.01
Sección Chat

¿Cuál fue el paso siguiente? ¡Agregarle video, por supuesto! Hay camaritas que se conectan a la PC por menos de $ 200, como la QuickCam. Con una de éstas, usted puede realizar una videoconferencia de PC a PC. ¿Se acuerda de los supersónicos y su videófono? ¡Ya está entre nosotros! ¡Usted habla y ve a la otra persona en una ventanita!

Cómo funciona

El proceso para realizar una videoconferencia es sencillo:

❶ Usted y su interlocutor se conectan a Internet y ejecutan un programa de videoconferencia (por ahora, debe ser el mismo).

❷ Usted habla al micrófono conectado a la tarjeta de sonido de su PC.

❸ Mientras, una camarita de video, también conectada a su PC, toma su imagen.

❹ La PC convierte su voz y su imagen en información digital (ceros y unos), la comprime todo lo posible y la envía por Internet a la máquina remota de su interlocutor.

❺ Su voz sale por los parlantes de su interlocutor y su imagen aparece en la pantalla. ¡*Hola*!

Netmeeting

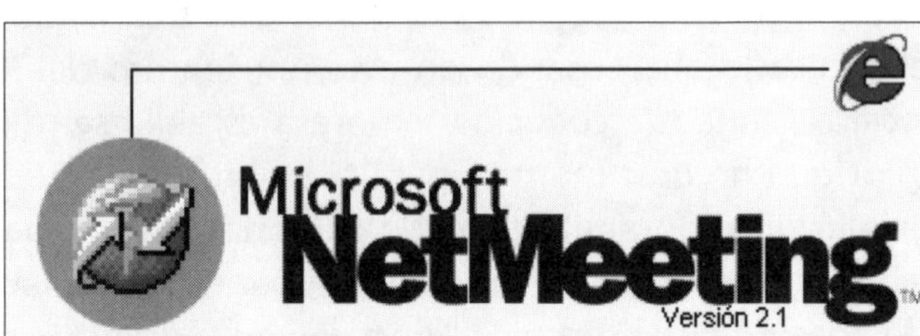

Con Windows 98 viene incluido **Netmeeting 2.1**, un programa que le permite:

- Hablar con alguien a través de Internet
- Ver a la persona que llama
- Intercambiar mensajes escritos ("chatear")
- Trabajar en conjunto con cualquier programa
- Dibujar y escribir entre todos en una pizarra
- Intercambiar archivos entre participantes de la conferencia

A pesar de no haber sido de los pioneros de la telefonía y la videoconferencia por Internet, como **Internet Phone** y **CUSeeme**, Netmeeting es el que ofrece más posibilidades y, además, es gratis, por eso es el que explicaremos acá.

DATOS ÚTILES

VAYA A LAS FUENTES

Si utiliza un programa con regularidad, visite al menos una vez al mes su home page, se enterará de nuevas versiones, trucos, soluciones a problemas frecuentes y mucho más. La home page de Netmeeting es www.microsoft.com/netmeeting. Otro sitio con buena información es www.meetingbywire.com.

Instalación

Windows 98: si no puede encontrar Netmeeting en el grupo de programas de Internet Explorer, es posible que no lo tenga instalado. Para hacerlo, vaya al `Panel de control` ➡ `Agregar o quitar programas` ➡ `Instalación de Windows` ➡ `Comunicaciones`; y marque el casillero `Microsoft Netmeeting`.

Windows 95: instale Internet Explorer 4 desde el CD-ROM que acompaña este libro.

PASO A PASO Nuestra primera videoconferencia

Abra el programa yendo a `Inicio` ➡ `Programas` ➡ `Internet Explorer` ➡ `Microsoft Netmeeting`. Si es la primera vez que corre Netmeeting, le pedirá los datos de siempre (nombre, dirección de correo electrónico, etc.) y hará una prueba de sonido, la cual es muy importante para controlar la conexión y el volumen correcto de parlantes y micrófono.

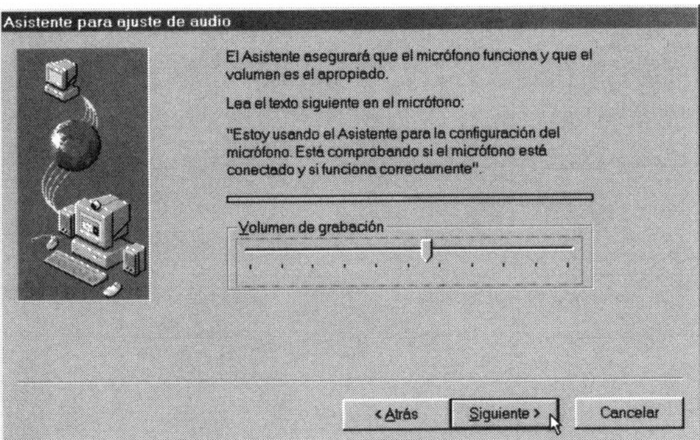

❷ A continuación, su PC discará al proveedor Internet, y luego de aproximadamente un minuto aparecerá en pantalla una lista de usuarios. Ya puede intentar su primera llamada.

❸ Buscando a quien llamar

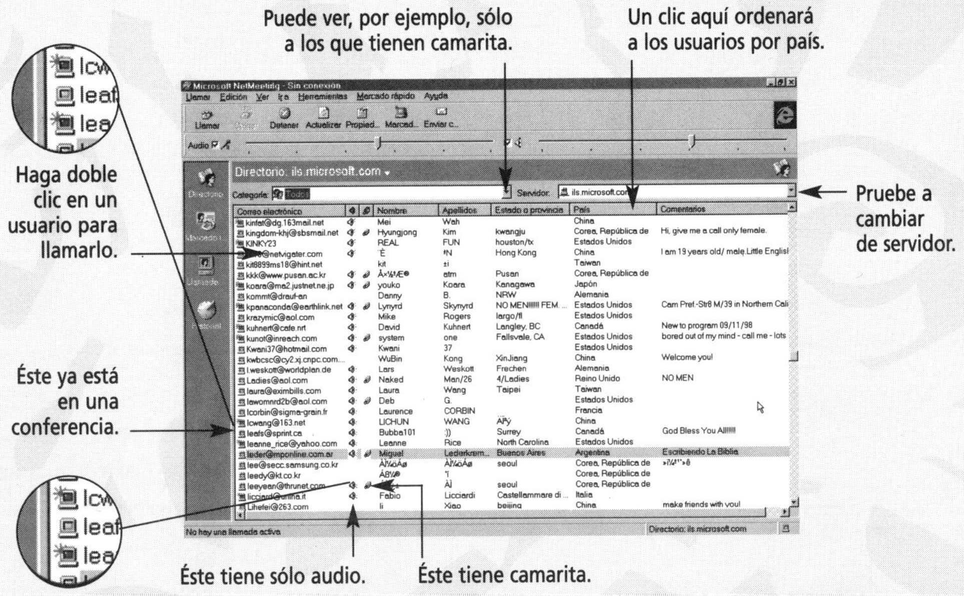

Puede ver, por ejemplo, sólo a los que tienen camarita.

Un clic aquí ordenará a los usuarios por país.

Haga doble clic en un usuario para llamarlo.

Pruebe a cambiar de servidor.

Éste ya está en una conferencia.

Éste tiene sólo audio.

Éste tiene camarita.

¿Problemas?
Pág. 303

4 Al hacer doble clic en un usuario, Netmeeting intentará ubicarlo para entablar una conferencia, y luego de unos 10 segundos obtendrá el resultado. No espere lograr una comunicación exitosa en el primer intento ni en el segundo, ni en el tercero, tenga paciencia. Más adelante le doy la lista de todo lo que puede pasar al llamar a alguien en Netmeeting, pero con un poco de suerte podrá entrar finalmente...

5 En conferencia

Elije un programa de los que tiene abiertos para compartir con los demás.

Permite que varios usuarios utilicen el programa compartido al mismo tiempo.

Abre una ventana de chat para conversar por escrito (útil cuando no se entiende nada).

Abre una pizarra en la que todos pueden dibujar.

En conferencia con varios usuarios al mismo tiempo, sólo puede intercambiar audio y video con uno de ellos, aquí lo selecciona.

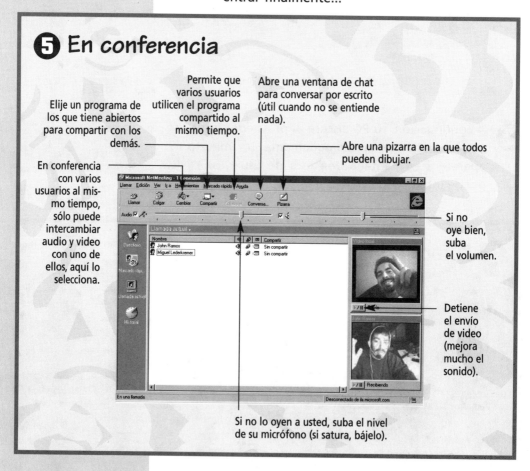

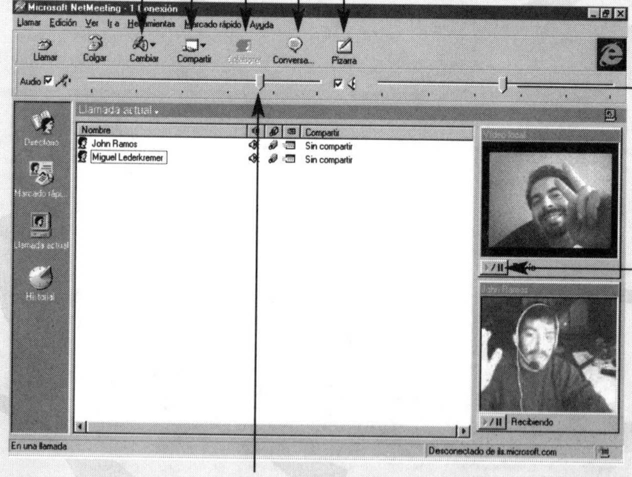

Si no oye bien, suba el volumen.

Detiene el envío de video (mejora mucho el sonido).

Si no lo oyen a usted, suba el nivel de su micrófono (si satura, bájelo).

Cuando está en una conferencia de varios usuarios, sólo puede intercambiar audio y video con uno por vez. Sólo en el chat pueden participar todos juntos.

Directorios

Un directorio es una lista de personas que están conectadas y utilizando Netmeeting en determinado momento. Hay muchos directorios disponibles en distintos servidores de Internet. En cada uno encontrará una lista diferente de usuarios.

En el momento de entrar en Netmeeting, usted **inicia la sesión** en alguno de los servidores de directorio: su nombre, país y comentario aparecerán en esa lista y otras personas los podrán ver.

Recuerde que usted sólo ve a las personas que:

- Están conectadas al servidor seleccionado
- Han optado por mostrar sus nombres
- Pertenecen a la categoría seleccionada (por ejemplo, personal o negocios).

CUSeeMe 3.11
Permite videoconferencia múltiple.
Sección Chat

Ver otro directorio

Aunque usted haya iniciado la sesión en un servidor en particular, puede ver la gente registrada en otros servidores:

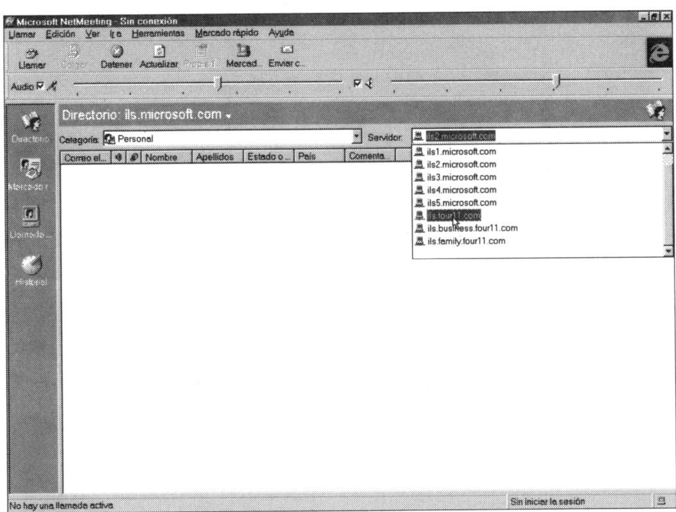

Como la cantidad de usuarios de Netmeeting está creciendo en forma explosiva, los servidores de directorio suelen estar atascados: la lista de usuarios demora muchísimo en aparecer o directamente es imposible conectarse.

DIRECTORIOS EN LA WEB

Si no logra ver un directorio desde Netmeeting, puede verlo desde la Web haciendo `Ir a` ➡ `Directorio Web`.

En estos casos le aparecerá el siguiente cartel y deberá intentar en otro servidor:

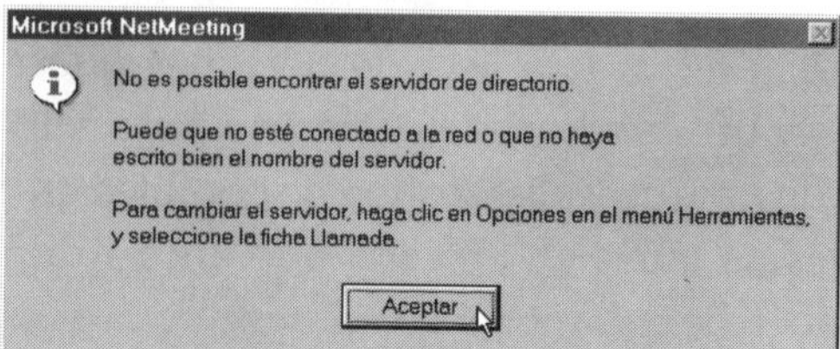

Cambiar el servidor de inicio de sesión

Si utiliza Netmeeting regularmente, no cambie el servidor de inicio de sesión muy a menudo, pues nadie lo podrá ubicar. Sin embargo, si al comenzar el programa siempre tiene problemas para iniciar la sesión, cámbielo:

❶ En Netmeeting vaya a **`Herramientas`** ➡ **`Opciones`** ➡ **`Llamada`** y seleccione otro servidor.

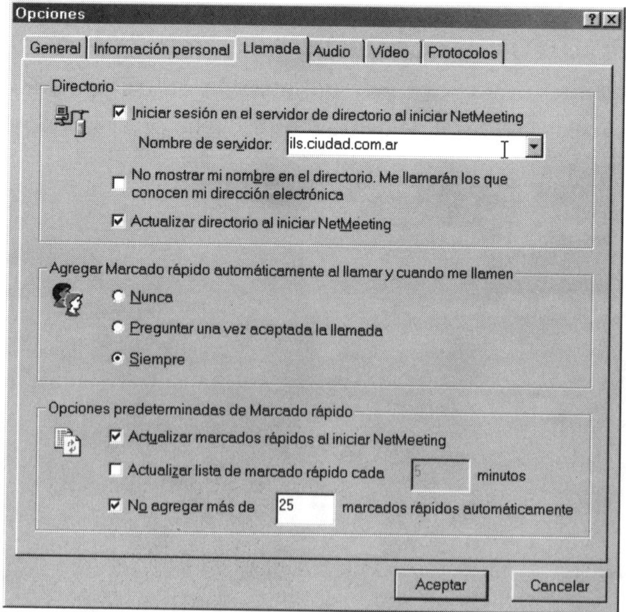

❷ Luego le aparecerá este cartel invitándolo a iniciar la sesión en ese directorio.

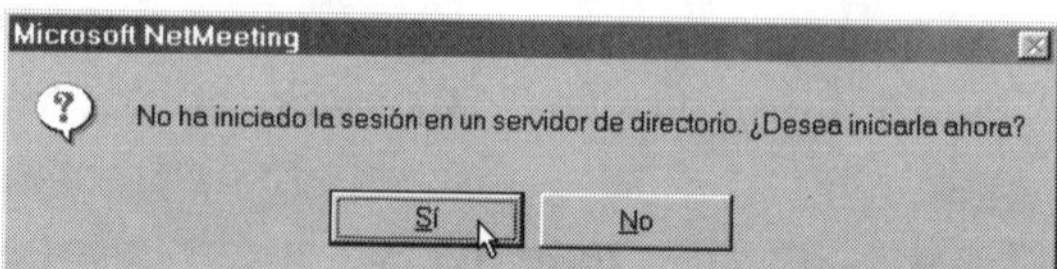

Nuevas costumbres

Una vez más, Internet está creando nuevos hábitos. Qué haría si recibiera en su casa una llamada telefónica de un perfecto extraño:

"¡Hola! Soy Roberto, de Cuba, ¿quieres platicar un ratico?"

Seguramente, le cortaríamos. Sin embargo, en Internet es totalmente común recibir llamadas de extraños sólo para charlar. La gente se conecta, mira la lista de usuarios conectados, busca un nombre que le resulte simpático, ¡y lo llama! Les aseguro que es de lo más extraña la sensación de conectarse con un desconocido en otra parte del mundo sólo por charlar...

Llamar a teléfonos comunes

Ya sé lo que usted está pensando: *"Buenísimo lo de poder hablar a larga distancia por Internet, pero mi tía de Acapulco no tiene PC y ni siquiera oyó hablar de Internet"*. Tengo buenas noticias para usted: **puede llamar desde su computadora a un teléfono común**.

¿Cómo se logra esta maravilla? A través de **gateways** que conectan a programas de voz por Internet con la red telefónica estándar. Cuando usted llama desde su PC al teléfono de su tía de Acapulco, su voz viaja por Internet hasta un *gateway* de México y recién ahí se utiliza la red telefónica estándar para llamar al teléfono de su tía.

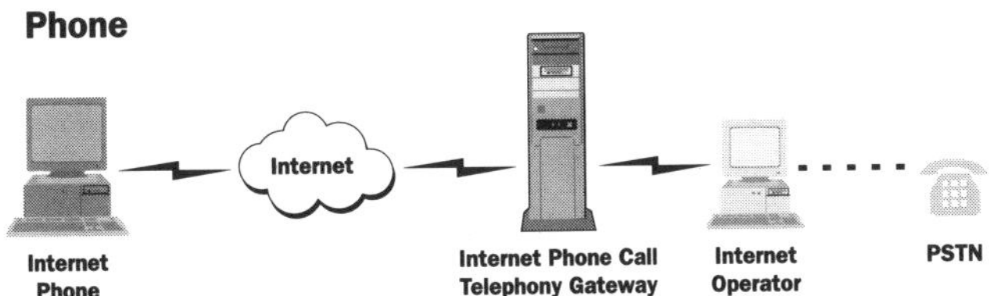

Eso sí, la llamada desde una PC a un teléfono común no es gratis como las que se hacen de PC a PC utilizando Netmeeting. Pero como usted paga sólo el último tramo de llamada telefónica, el precio puede ser hasta 20 veces menor de lo que paga por una llamada de larga distancia común.

SÓLO PARA GENIOS

AVERIGUANDO LA DIRECCIÓN IP

La manera más rápida de llamar a alguien es sabiendo su dirección IP, así no tiene que conectarse a ningún directorio. Para saber su propia dirección IP, haga `Inicio ➡ Ejecutar` **y tipee** `winipcfg`**. Para saber la dirección IP de una persona con la que ya está en conferencia, abra una sesión DOS (**`Inicio ➡ Programas ➡ MS-DOS`**) y tipee** `netstat -a -30` **para obtener *hosts* y** `netstat -n -30` **para obtener direcciones IP.**

GATEWAY

La traducción literal es "compuerta". Es una máquina que interconecta dos tecnologías o protocolos distintos sirviendo como puente entre una y otra. Por ejemplo, la red de área local de una empresa (que usa el protocolo IPX de Windows) se conecta a Internet (protocolo TCP/IP) a través de una máquina configurada como *gateway*.

Net2phone 9.0
Net2Phone 7.67
(si tiene una 486)
Sección Chat

Net2Phone

El programa que mejor implementó esto es **Net2Phone**, una verdadera maravilla: el servicio es el más barato de todos, la calidad es excelente, es muy fácil de usar y está disponible en español.

Acá van algunos precios del minuto de llamada:

Estados Unidos, Canadá, Francia, Inglaterra	$ 0,10
Italia	$ 0,14
Israel	$ 0,17
España	$ 0,23
Argentina	$ 0,52

Notará que para llamar dentro de la Argentina no conviene, posiblemente porque no hay un *gateway* en el país, sino en uno cercano.

Cómo llamar

❶ Instale Net2Phone desde el CD que acompaña este libro.

❷ Conéctese a Internet.

❸ Al ejecutar el programa por primera vez, se mostrará el archivo **Readme** y se realizará la prueba de sonido. Para la prueba de Red deberá estar conectado a Internet.

❹ Complete el formulario de registro. **No saltee este paso**, si no, no podrá utilizar Net2Phone. Debe estar conectado para registrarse. No se preocupe, el registro es gratis.

❺ Ahora lo más divertido: pruebe el programa sin gastar un peso haciendo una llamada a un teléfono gratis de los Estados Unidos, por ejemplo, 1-800-892-8466, el teléfono de reservaciones en español de la aerolínea TWA. Ingrese el número y pulse el botón `Llamar`.

❻ ¿Ya se convenció de que esto funciona? Vaya a `Teléfono` ➡ `Comprar Tiempo` y con su tarjeta de crédito puede comprar en pocos minutos un crédito de $ 25 que le durará muchísimo.

❼ Ahora sólo tiene que ingresar el número telefónico al que desea llamar; para EE.UU. ingrese 1+código de área+teléfono; para cualquier otro país: 011+código de país+código de área+teléfono.

¿Problemas?

A continuación veremos los problemas más comunes con **Netmeeting**.

Se escucha mal

- Vaya a `Herramientas` ➡ `Asistente para ajuste de audio`. Ahí se asegurará de que tiene bien conectados y configurados parlantes y micrófono.
- Si el sonido se escucha como mezclado, pruebe ir a `Herramientas` ➡ `Opciones` ➡ `General` y configure el

AURICULARES CON MICRÓFONO

Cómpreselos sin dudar si está decidido a lograr la mejor comunicación posible.

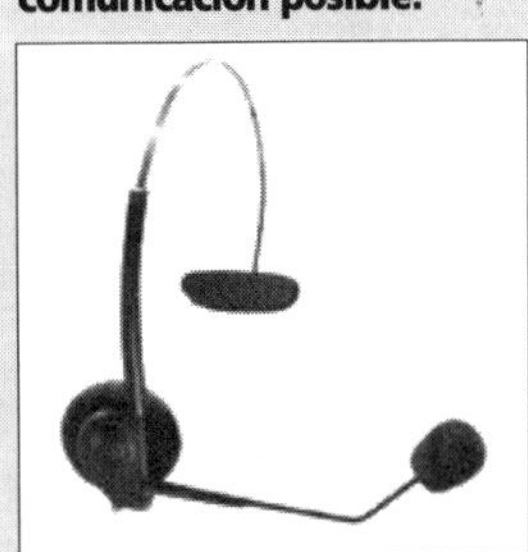

HALF-DUPLEX
Las placas de sonido antiguas sólo permitían conversaciones *half-duplex*: puede hablar sólo uno por vez, al estilo radioaficionado (*"hola, cambio"*, *"cómo estás, cambio"*).

SOUND BLASTER 16
Si tiene una SB16, puede llevarla a *full-duplex* actualizando el driver en www-.creaf.com

`Ancho de banda de red` como para un módem de 14.400.

- Si al superponerse las voces se corta el sonido, es porque alguno de los dos interlocutores tiene una placa de sonido **half-duplex**, y hay que actualizarla.
- La voz demora en viajar por Internet; no hay nada que hacer, haga una pausa antes de contestar al otro para no superponerse.
- Algunos problemas se solucionan yendo, en el `Panel de control`, a `Multimedia` ➡ `Propiedades avanzadas` ➡ `Rendimiento` y poniendo la `Aceleración de hardware` al mínimo.
- En algunos casos se puede mejorar la respuesta del micrófono yendo en el control de volumen a `Opciones` ➡ `Propiedades` ➡ `Grabación` ➡ `Aceptar`. Luego, a `Opciones` ➡ `Controles avanzados`. Finalmente, haga clic en `Avanzados` debajo del control del micrófono y marque el casillero `Control de ganancia`.
- La calidad de su voz varía muchísimo según el micrófono, hay algunos pésimos dando vueltas. Si puede, pruebe con varios.

No puedo conectarme con nadie

Intentó una y otra vez entrar en conferencia con alguien que ve en el directorio, pero no hay caso, le aparecen infinidad de carteles diciendo que no se puede. Acá van los que suelen aparecer, ordenados del más común al más raro:

Si nadie acepta sus llamadas:

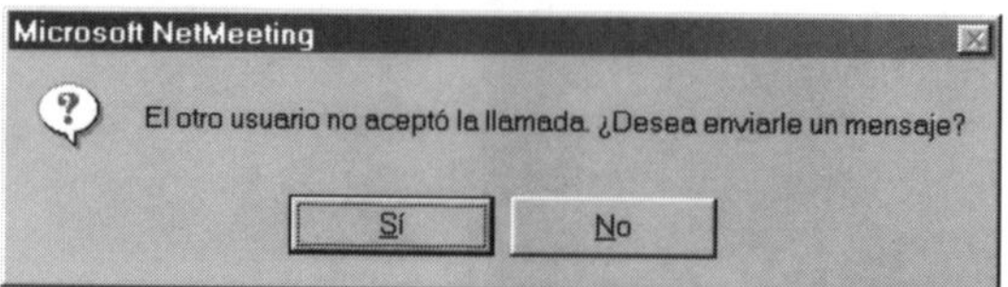

- Póngase un sobrenombre y haga un comentario más amistoso en su descripción.
- Llame a gente que hable en su idioma.
- Como último recurso, utilice un nombre de mujer, nunca falla.

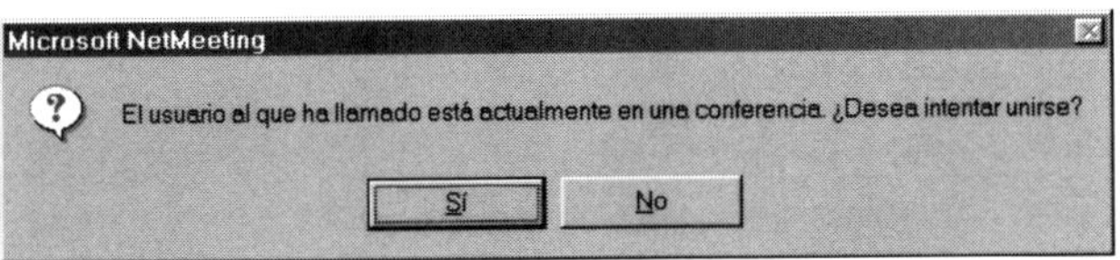

Mejor llame solamente a usuarios libres (iconito gris), raramente lo dejarán participar si ya están en conferencia (iconito rojo); si lo intenta, le aparecerá:

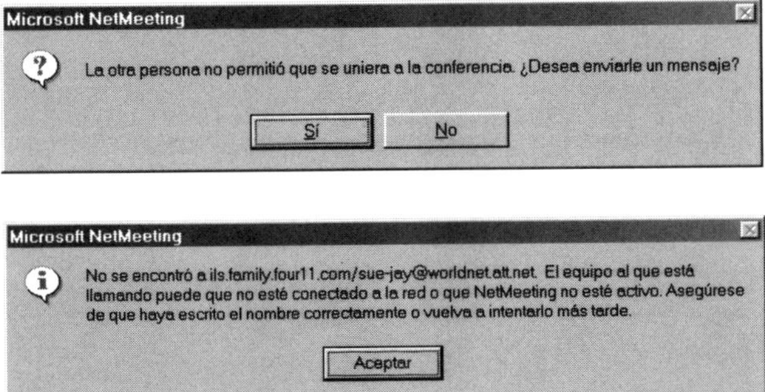

La lista de usuarios está desactualizada, figura gente que ya se desconectó. Haga clic en el botón `Actualizar` de la barra de herramientas.

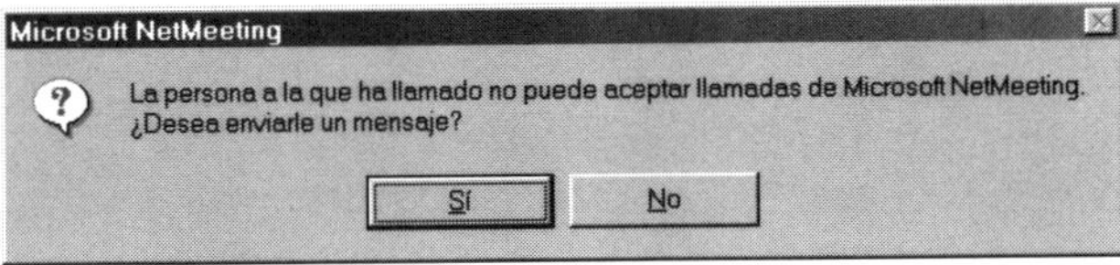

Si alguien descubre a qué se debe este error, que me escriba.

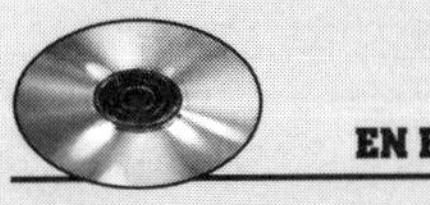

EN EL CD

Test de autoevaluación

No lo puede creer, ¿eh? Yo tampoco pude al principio, cuando sorprendía a mis amigos de todo el mundo con llamadas telefónicas y hablaba media hora sin culpas. Dentro de unos años, las llamadas de larga distancia tradicionales desaparecerán, así que ¡lo mejor es adoptar la nueva tecnología lo antes posible!

Palabras finales

Word que me trataste mal...
El último truco
¡Internet es un invento argentino!

DATOS ÚTILES

MÚSICA ESCUCHADA DURANTE LA GESTACIÓN DEL LIBRO:

John Coltrane, Grupo Sombras, Rolling Stones, Wagner, Gilda, Bob Marley, Los Carabajal, Cosmic Baby, Soledad, Nat King Cole y Los Auténticos Decadentes.

Word que me trataste mal...

Usted no tiene una idea del trabajo que es hacer un libro, por eso necesito hacerle compartir algo de mi sufrimiento de tantos meses escribiendo. Éstos son algunos de los carteles que me aparecieron una y otra vez todas las noches, resultado de trabajar en Word archivos de más de 300.000 caracteres y utilizando subdocumentos:

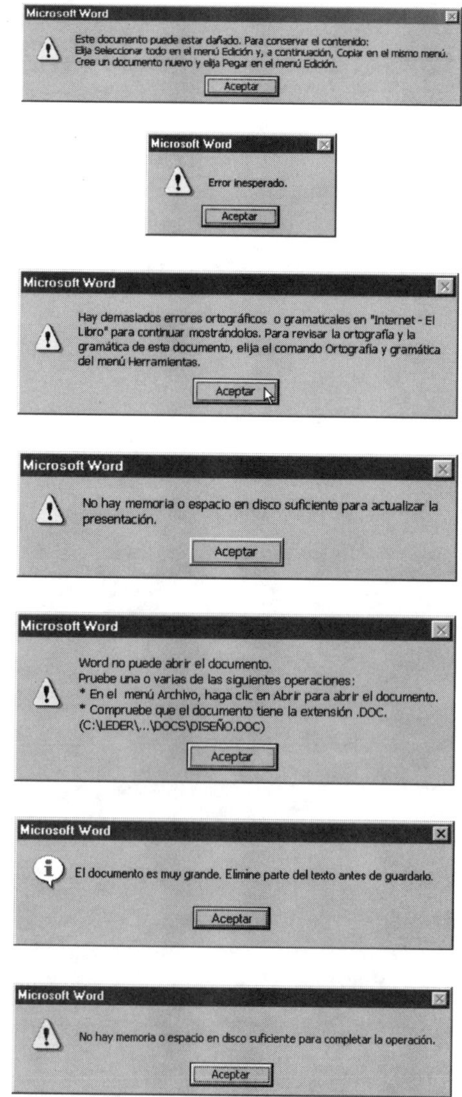

El último truco

Ningún libro con trucos está completo sin uno para cortar cebolla sin llorar. Seguramente, usted leyó muchos por ahí, pero acá está **el truco definitivo**:

❶ Compre unos anteojos para natación, pueden ser de los más baratos. Éstos los compré en un "Todo por $ 2":

❷ Tenga los anteojos colgados en la cocina y colóqueselos antes de picar cebolla. ¡Listo! Ahora puede llorar por cosas que realmente valgan la pena (por ejemplo, lo lenta que está la conexión Internet).

¡Internet es un invento argentino!

La publicidad, con esta impresionante Morocha Argentina, fue tomada de una revista nacional de **los años 50**, cuando en el mundo aún ni se soñaba con la Red de Redes. Esto demuestra que, como la birome y el dulce de leche... **¡Internet es un invento argentino!**

Apéndice A

¡Tocáme las teclas!

A lo largo de todo el libro explico cómo realizar las distintas operaciones utilizando el mouse, pero para cada tarea hay una combinación de teclas, mucho más práctica cuando uno se habitúa a ellas. Acostúmbrese a utilizarlas, ganará en rapidez y precisión. Acá va la lista; experimente un poco.

Outlook Express

En todas las ventanas	
Pedir ayuda	F1
Seleccionar todo	Ctrl + E

En ventana principal y ventana de ver mensajes	
Crear mensaje nuevo	Ctrl + U
Responder un mensaje	Ctrl + R
Responder a todos	Ctrl + Mayús + R
Reenviar un mensaje	Ctrl + F
Ir a la Libreta de direcciones	Ctrl + Mayús + B
Imprimir el mensaje seleccionado	Ctrl + P
Eliminar un mensaje (abre el siguiente)	Ctrl + D
Ver siguiente mensaje	Alt + —>
Ver mensaje anterior	Alt + <—
Ir al siguiente mensaje no leído	Ctrl + Mayús + T

En ventana principal	
Ir a la Bandeja de entrada	Ctrl + I
Enviar y recibir correo	Ctrl + M
Recibir correo	F5
Mostrar u ocultar la lista de carpetas	Ctrl + L
Abrir el mensaje seleccionado	Enter o Ctrl + A
Marcar un mensaje como leído	Ctrl + Enter o Ctrl + Q
Moverse entre lista de mensajes, lista de carpetas y el panel de ver mensaje	Tab
Buscar un mensaje	Ctrl + Mayús + F

En ventana de ver o redactar mensajes	
Cerrar un mensaje	Esc
Buscar texto	F3

En ventana de redactar mensajes	
Comprobar destinatarios	Ctrl + O
Comprobar ortografía (debe tener instalado Office)	F7

Insertar firma	Ctrl + Mayús + S
Enviar el mensaje	Ctrl + Enter o Alt + S

Internet Explorer 4.01

Para	Teclee
Ir a la página siguiente	ALT + FLECHA A LA DERECHA
Ir a la página anterior	ALT + FLECHA A LA IZQUIERDA
Mostrar un menú contextual para un vínculo	MAYÚS + F10
Avanzar entre marcos	Ctrl + Tab
Retroceder entre marcos	MAYÚS + Ctrl + Tab
Desplazarse hacia el principio de la página	FLECHA ARRIBA
Desplazarse hacia el final de la página	FLECHA ABAJO
Subir una pantalla	Re Pág
Bajar una pantalla	Av Pág
Ir al principio del documento	Inicio
Ir al final del documento	Fin
Actualizar la página actual	F5
Detener la descarga de una página	Esc
Conectarse a una dirección	Ctrl + A
Abrir una ventana nueva de Internet Explorer	Ctrl + N
Guardar la página actual	Ctrl + S
Imprimir la página actual o el marco activo	Ctrl + P
Activar un vínculo seleccionado	Enter
Buscar algo en la página	Ctrl + F
Ver a pantalla completa (¡muy bueno!)	F11

La tecla Windows

Ésta es la tecla con el logo de Windows, está buenísima y nadie la usa, ¡asombre a sus amigos!

Mostrar la barra de tareas y el menú Inicio	Tecla W
Abrir el Explorador de Windows	Tecla W + E
Buscar archivos o carpetas	Tecla W + F
Buscar una computadora de la red	Ctrl + Tecla W + F
Minimizar todas las ventanas	Tecla W + M
Deshacer la minimización	Shift + Tecla W + M

Mostrar la ventana Ejecutar	Tecla W + R
Recorrer aplicaciones de la barra de tareas	Tecla W + Tab
Mostrar las propiedades del sistema	Tecla W + Pause

Microsoft Chat

Seleccionar todo el texto del panel	Ctrl + E
Copiar el texto seleccionado al Portapapeles	Ctrl + C
Cortar el texto seleccionado y colocarlo en el Portapapeles	Ctrl + X
Pegar el texto que ha copiado en el panel de redacción	Ctrl + V
Deshacer la acción más reciente realizada en el panel de redacción	Ctrl + Z
Enviar el contenido del panel de redacción	Ctrl + Y
Enviar el contenido del panel de redacción como un pensamiento	Ctrl + T
Enviar el contenido del panel de redacción como un susurro	Ctrl + W
Enviar el texto como un título (acción) al panel de la tira cómica	Ctrl + J
Reproducir un sonido	Ctrl + H
Poner la selección en negrita	Ctrl + B
Poner la selección en cursiva	Ctrl + I
Subrayar la selección	Ctrl + U
Dar color a la selección	Ctrl + K
Dar formato a la selección en una fuente de punto fijo	Ctrl + F
Dar formato a la selección en la fuente Símbolo	Ctrl + D
Abrir una nueva conexión después de desconectarse de otra	Ctrl + N
Abre una conversación anterior	Ctrl + A
Ver el cuadro de Opciones	Ctrl + Q
Guarda la conversación actual	Ctrl + G

Apéndice B

Códigos de países en Internet

AE Emiratos Árabes Unidos
AF Afganistán
AG Antigua y Barbuda
AI Anguila
AL Albania
AM Armenia
AN Antillas Holandesas
AO Angola
AQ Antártida
AR Argentina
AS Samoa Americana
AT Austria
AU Australia
AW Aruba
AZ Azerbaiján
BA Bosnia - Herzegovina
BB Barbados
BD Bangladesh
BE Bélgica
BF Burkina Faso
BG Bulgaria
BH Bahrain
BI Burundi
BJ Benin
BM Bermuda
BN Brunei
BO Bolivia
BR Brasil
BS Bahamas
BT Bután
BV Islas Bouvet
BW Botswana
BY Bielorrusia
BZ Belice
CA Canadá
CC Islas Cocos (Keeling)
CF República Centroafricana
CG Congo
CH Suiza
CI Costa del Marfil
CK Islas Cook
CL Chile
CM Camerún
CN China
CO Colombia
CR Costa Rica
CU Cuba
CV Cabo Verde
CYE Chipre
CZ República Checa
DE Alemania
DJ Djibouti
DK Dinamarca
DM Dominica
DO República Dominicana
DZ Argelia
EC Ecuador
EE Estonia
EG Egipto
EH Sahara Occidental
ER Eritrea
ES España
ET Etiopía
FI Finlandia
FJ Isla Fidji
FK Islas Malvinas
FM Micronesia
FO Islas Faroe
FR Francia
FX Francia, región metropolitana
GA Gabón
GB Gran Bretaña (Reino Unido)
GD Grenada
DA Georgia
GFD Guayana Francesa
GH Ghana
GI Gibraltar
GL Groenlandia
GM Gambia
GN Guinea
GP Guadalupe
GQ Guinea Ecuatorial
GR Grecia
GS Islas Georgia y Sandwich del Sur
GT Guatemala
GU Guam
GW Guinea-Bissau
GY Guyana

HK Hong Kong
HM Islas Heard y Mc Donald
HN Honduras
HR Croacia
HT Haití
HU Hungría
ID Indonesia
IE Irlanda
IL Israel
IN India
IO Territorio de la India británica oceánica
IQ Irak
IR Irán
IS Islandia
IT Italia
JM Jamaica
JO Jordania
JP Japón
KE Kenia
KG Kirguistán
KH Cambodia
KI Kiribati
KM Comores
KN Islas Saint Kitts y Nevis
KP Corea del Norte
KR Corea del Sur
KW Kuwait
KY Islas Caimán
KZ Kazakstán
LA Laos
LB Líbano
LC Isla Santa Lucía
LI Liechtenstein
LK Sri Lanka
LR Liberia
LS Lesotho
LT Lituania
LU Luxemburgo
LV Lituania
LY Libia
MA Marruecos
MC Mónaco
MD Moldova
MG Madagascar
MH Islas Marshall
SS Macedonia
ML Mali
MM Myanmar
MN Mongolia
MO Isla Macao
MP Islas Marianas del Norte
MQ Isla Martinica
MR Mauritania
MS Isla Montserrat
MT Malta
MU Isla Mauricio
MV Maldivas
MW Malawi
MX México
MY Malasia
MZ Mozambique
NA Namibia
NC Nueva Caledonia
NE Níger
NF Isla Norfolk
NG Nigeria
NI Nicaragua
NL Holanda
NO Noruega
NP Nepal
NR Naurú
NT Zona Neutral
NU Isla Niue
NZ Nueva Zelanda
OM Omán
PA Panamá
PE Perú
PF Polinesia Francesa
PG Papúa Nueva Guinea
PH Filipinas
PK Pakistán
PL Polonia
PM San Pedro y Miquelón
PN Pitcairn
PR Puerto Rico
PT Portugal
PW Palau

PY Paraguay
QA Qatar
RE Isla Reunión
RO Rumania
RU Federación Rusa
RW Ruanda
SA Arabia Saudita
SB Islas Salomón
SC Isla Seychelles
SD Sudán
SE Suecia
SG Singapur
SH Isla Santa Elena
SI Eslovenia
SJ Islas Svalbard y Jan Mayen
SK Eslovaquia
SL Sierra Leona
SM San Marino
SN Senegal
SO Somalía
SR Surinam
ST Santo Tomé y Príncipe
SU URSS (ex)
SV El Salvador
SY Siria
SZ Suazilandia
TC Islas Turcos y Caicos
TD Tchad
TF Territorios Franceses del Sur
TG Togo
TH Tailandia
TJ Tadjikistán
TK Tokelau
TM Turkmenistán
TN Túnez
TO Tonga
TP Timor del Este
TR Turquía
TT Trinidad y Tobago
TV Tuvalu
TW Taiwán
TZ Tanzania
UA Ucrania
UG Uganda
UK Reino Unido
UM Islas distantes de Estados Unidos
US Estados Unidos
UY Uruguay
UZ Uzbekistán
VA Ciudad del Vaticano
VC Islas San Vicente y Las Granadines
VE Venezuela
VG Islas Vírgenes (británicas)
VI Islas Vírgenes (estadounidenses)
VN Vietnam
VU Vanuatu
WF Islas Wallis y Futuna
WS Samoa
YE Yemen
YT Mayotte
YU Yugoslavia
ZA República Sudafricana
ZM Zambia
ZR Zaire
ZW Zimbabwe

Índice alfabético

Indice alfabético

D